U0112297

投资
图解固定收益类产品投资入门

基本功

闫威 ——著

人民东方出版传媒
东方出版社

图书在版编目（CIP）数据

投资基本功：图解固定收益类产品投资入门/闫威 著 . —北京：东方出版社，2020.5

ISBN 978-7-5207-1339-9

Ⅰ.①投⋯　Ⅱ.①闫⋯　Ⅲ.①金融产品—金融投资—图解　Ⅳ.① F830.59-64

中国版本图书馆 CIP 数据核字（2019）第 288168 号

投资基本功

（TOUZI JIBENGONG）

- -

作　　者：闫　威

责任编辑：袁　园

出　　版：东方出版社

发　　行：人民东方出版传媒有限公司

地　　址：北京市朝阳区西坝河北里 51 号

邮　　编：100028

印　　刷：北京联兴盛业印刷股份有限公司

版　　次：2020 年 5 月第 1 版

印　　次：2020 年 5 月第 1 次印刷

开　　本：640 毫米 × 940 毫米　1/16

印　　张：26.25

字　　数：284 千字

书　　号：ISBN 978-7-5207-1339-9

定　　价：62.00 元

发行电话：（010）85924663　85924644　85924641

- -

序言

在构思这本书的时候，我一直在问自己一个问题：如何写一本不一样的投资工具书？在很多人看来，投资工具书应该是教人如何快速赚钱、实现财富翻倍增长的。就如同一本绝世武功秘籍，学会其中招数，便可一统江湖。但事实上，即使是乾坤大挪移这样的神功，一旦修炼方式不当，也会走火入魔，损害自身，而投资亦是如此。很多人通过投资实现了财富自由，创造了财富神话。但同样不可忽视的是，有更多人因投资失败，本金尽失，陷入困局之中。

所以，收益与风险永远是相伴投资左右的。我们在仰望收益光芒的同时，不应遗忘风险的黑暗。

这本书写的是固定收益类产品，这是一类注定无法实现投资者暴富梦的产品。但为何这一类产品仍受到市场的追捧与认可呢？是因为这一类产品，其安全性、稳定性较高，能够带给投资者稳定的收益。就像是人到中年，我们追求更多的是安宁、平稳的生活，而不是年轻时刺激、冒险的生活。固收类产品，看似其貌不扬，却稳定可靠。

通过这本书，一方面读者可以看到各式各样的固收类产品，这些产品既有自身的特点与优势，也有不足与风险。但正是因为它们并不完美，所以值得我们深入了解与学习。另一方面，读者可以看到针对固收类产品不同的筛选分析方法，筛选产品并不是只看收益和期限就够了，产品是不是靠谱的、会不会出风险，要结合关键信息做出判断。我们不能永远依靠自己的直觉去投资产品，面对日益复杂化、风险化的金融市场，我们要做的不是横冲直撞，而是武装好自己、保护好自己。

同时在《资管新规》打破刚兑的大背景下，我们无法像过去一样，"闭着眼睛选产品"。即使是以安全性为主打的固收类产品，也面临着风险。在过去这两年中，从P2P行业爆雷潮，到公司债券大规模违约，再到私募、信托等产品深陷兑付困局，固收类产品市场中雷声不断，而每一声雷响的背后，是无数遭受损失的投资者。所以，更加全面、细致、专业地梳理与分析固收类产品已刻不容缓。

所以，这本书既是写给投资者的，也是写给固收类产品市场中的参与者的。

对于投资者而言，这本书不是一本实现财富自由的投资秘籍，却是一本可以规避投资风险、挖掘优质固收类产品的投资指南。想要年赚20%以上的投资收益并不是一件容易的事情，这需要大量的投资经验、技巧、运气，当然还有机遇。但是，想要避免投资损失是一件可以做到的事情，我们只需要多用心去了解所投资的产品，提升专业能力，在筛选产品时站在理性、客观、专业的角度，发掘产品的亮点与风险，就可以做出稳健、安全的投资选择。

对于理财师而言，这本书不是一本推介固收类产品的销售宝典，却是一本可以更好地了解固收类产品，更好地服务客户的入门指南。固收类产品作为家庭资产配置中最基础的一类产品，需要灵活运用与掌握，将其作为家庭资产配置中的托底一环，发挥其最佳效能。

对于固收类产品市场中的参与者而言，这本书不是一本固收类产品花式"安利"的宣传资料，却是一本回顾固收市场，梳理总结各类固收类产品经验教训的读物。固收类产品未来将何去何从？答案就藏在固收类产品的过去与现在之中。所以，我们需要回顾过去，立足现在，以展望未来。

《投资基本功——图解固定收益类产品投资入门》是一本不一样的投资工具书，它关注的不仅仅是固收类产品所带来的收益，更是这些产品背后的投资逻辑与分析要点。希望通过这本书能够让更多人了解固收类产品，让优质的产品被发掘，让劣质的产品被剔除，助力整个行业的专业化、合规化发展。

这本书凝聚了我这几年在金融行业中的所学所思所想，从法律行业转身到金融，从对行业一无所知，到深入了解，再到总结成书，每一步都值得追忆，希望这一路中我的经验与思考能够传递给每一个阅读这本书的人。

期待通过这本书，与各位读者相遇、相识、相知。以书会友，不亦乐乎。

闫威

写于 2019 年 12 月 24 日夜

目　录

第一部分

走进固定收益类产品

第一章

什么是固定收益类产品？

投资基本功第一招

知己知彼
搞懂固收类产品有哪些套路

固定收益类产品

固定收益类产品的定义

固定收益类产品特点
- 特点一：收益稳定
- 特点二：安全性较高
- 特点三：产品期限较短且固定
- 特点四：产品种类百花齐放

常见的固定收益类产品有哪些
- 银行存款
- 银行理财
- 信托
- 固定收益类基金产品（私募其他类基金）
- P2P产品
- 企业债券类产品
- 资管计划
- 货币基金
- 保险理财

投资固定收益类产品的常见问题
- 固定收益类产品能刚性兑付吗？
- 如何判断一个固定收益类产品能不能投？
- 一旦固定收益类产品出现风险了，该怎么办？

如果把投资比喻成一只调皮的小老虎，我们只能用学识、经验驯服它，让它成为我们身边最可靠的护卫，而不是放任它野蛮生长，被其反噬。

其实，投资是一件需要用心的小事，它伴随我们成长的每一步。我们童年时，它是小小的零钱罐，我们把攒下的零花钱小心翼翼地塞进去。长大后，我们有更多的需求，希望能找到"让钱生钱"的方法，像童年时幻想的魔法一样。

每个人最早开始接触的投资理财产品，是一款最为常见的固定收益类产品——银行存款，如活期存款、定期存款等。其实，从那时开始，我们已经走进了固定收益类产品的大门，而投资也成为我们人生中不可或缺的一部分。

下面，就让我们跟着闫老师一同走进固定收益类产品的世界吧。

第一节　固定收益类产品概述

想要了解固定收益类产品，第一步要知道什么是固定收益类产品。

　　首先，它是一个理财术语，指的是未来预期收益具体固定的理财产品；作为资产配置中重要的一环，其主要投资方向为低风险、流动性强、稳定性较高的资产。

　　其次，定义中有两个非常重要的关键词，大家要注意，第一个关键词是具体。它的意思是我们购买的这类产品，其未来收益是具体明确的，即我们在购买固定收益类产品时，就已经知道产品到期后拿到手的钱是多少了。比如，我们在银行存了一笔 10 万元的定期存款，约定利息是年化收益率 2%，一年到期后，我们能拿到 2000 元的利息。第二个关键词是固定，即我们在产品存续期间获得的收益不会大幅增加或降低，处于相对固定的状态。比如，我们购买了银行理财产品，约定一年期产品预期收益率 4.5%，那么在产品存续的一年间，它的收益不会突然上涨到 20%，也不会突然下降至 1%。这也是固定收益类产品和股权类产品、证券类产品的不同之处。

　　此外，除了定义中体现的具体和固定两个特点，固定收益类产品还具有很多其他的特点，这就是我们第二步要了解的内容。那么固定收益类产品有哪些特点呢？又有哪些优势、劣势呢？

特点一：收益稳定

　　如闫老师刚才举的例子，我们在购买固定收益类产品时，就已经知道在产品到期后自己能拿到多少收益，除产品出现延期或违约情况外，这个收益会与合同中约定的预期收益相一致。按照投资者投资数额、期限的不同，固定收益类产品通常会设定不同的预期收益率。如表 1-1 所示：

表 1-1 某私募固定收益类产品收益

投资数额	投资期限	预期年化收益率
100 万元—300 万元	12 个月	8%
100 万元—300 万元	18 个月	9%
300 万元以上	12 个月	8.5%
300 万元以上	18 个月	9.5%

这一特点，对于风险承受能力较低、投资收益追求较低的保守型投资者来说吸引力较大。但收益稳定的另一面是，相比于股权产品、期货产品、证券产品等，固定收益类产品收益较低，通常最高不超过 15%，这对于激进型投资者来说，吸引力并不大。

特点二：安全性较高

不同于股权、证券等高风险产品，固定收益类产品以低风险产品为主。其产品投资策略注重资产的稳定性、安全性，产品风控要求严格，也正因如此，投资固定收益类产品不可能出现一夜暴富的神话。用拟人化的方式说，高风险高收益产品就如同攀岩选手，一面是令人仰望的高峰，一面是令人恐惧的深谷；固定收益类产品就像长跑运动员，按照平稳的速度，一步步跑向终点。

特点三：产品期限较短且固定

固定收益类产品期限一般在 2 年以下，以短期产品 3 个月、6 个月、1 年为主，也有最短期限 5 日、7 日的产品。其较短的期限，使固定收益类产品拥有较大的灵活性，因此其产品波动性较小，面临的市场变化、政策变化、汇率变化等风险较低。相较于期限一般在 3—5 年，甚至更久的中长期投资产品，如股权基金产品，投资者不用煎熬地等待产品退出期的到来。

特点四：产品种类百花齐放

固定收益类产品作为家庭资产配置中的基础性产品，其种类繁多，呈现百花齐放之态。从机构主体角度划分，常见的固定收益类产品有：银行存款、银行理财、信托、固定收益类基金产品（私募其他类基金）、P2P 产品、企业债券类产品、资管计划、货币基金、保险理财等。从投资领域角度划分有：政信类资产、不良资产、地产系融资、票据类资产、上市公司类资产、房地产类资产、融资租赁类资产等。

一方面，固定收益类产品有丰富的产品种类，这为投资者提供了多元化的投资选择。固收类产品之间竞争激烈，也间接地保障了投资者的权益。但另一方面，丰富的产品种类，导致筛选难度提升，风险也在增加，投资者需要更加专业和全面地了解固定收益类产品之后，才足以做出正确的判断，选择最合适自己的产品。

【闫老师小结时刻】

走进固定收益类产品，首先要了解其定义，定义也是对产品范围的框定。其次，从定义出发，可以了解该类产品有哪些特点，进而了解这些特点给产品带来哪些优势、劣势。我们作为投资者，在购买理财产品前，一方面要正视自己的投资能力、投资偏好，比如，我们能接受的投资风险有多高，能否承担本金损失的风险？再比如，我们对所投资产品有哪些预期？希望它收益较高，还是以稳定为主，不求高收益？投资要量力而为，赌徒式的投资方式，仅适合极个别人群，对于一般投资者来说，要尽可能给自己的投资留有余地，确保产品安全。另一方面，我们要深入了解所投资产品的特点，综合其利弊与自身的条件、需求，最终做出关键的投资决定！

第二节　常见的固定收益类产品有哪些？

了解固定收益类产品的定义、特点后，下一步我们来看一下这类产品有哪些比较常见，它们之间有哪些不同，又有哪些值得关注。

按照机构主体进行划分，常见的固定收益类产品有：银行存款、银行理财、信托、固定收益类基金产品（私募其他类基金）、P2P产品、企业债券类产品、资管计划、货币基金、保险理财等。下面由闫老师将这些固定收益类产品给大家逐一介绍。

一、银行存款

银行存款是最为普遍、最为基础、最为大众熟知的固定收益类产品，堪称固定收益类产品的启蒙产品。投资者通过银行存款，逐步走进固定收益类产品的世界。按照银行存款产品体系，银行存款又可细分为活期存款、定期存款、大额存单、同业存单（根据《银行间市场同业存单发行交易规程》，投资同业存单的机构应为全国银行间同业拆借市场成员、基金管理公司级基金类产品，自然人排除在外，因此在此将不予以具体介绍）。

对于活期存款和定期存款产品，城市商业银行的利率高于四大国有商业银行（工、农、中、建），如表1-2所示：

表 1-2 2019 年某城商行存款利率

项目	年利率(％)
（一）活期存款	0.455
（二）定期存款	
1. 整存整取	
三个月	1.755
半年	2.015
一年	2.275
两年	3.055
三年	3.900
五年	4.800
2. 零存整取、整存零取、存本取息	
一年	1.755
三年	2.015
五年	2.275
3. 定活两便：按一年以内定期整存整取同档次利率的60%	

相比于其他固定收益类产品，银行定期、活期存款产品收益较低，一般作为基础性资产进行配置。

大额存单产品于 2015 年 6 月获批开展，是指由银行业存款类金融机构面向非金融机构投资人发行的、以人民币计价的记账式大额存款凭证，是银行存款类金融产品，属一般性存款。

大额存单产品采用标准期限的产品形式，个体投资人认购大额存单金额不低于 30 万元，机构投资人认购大额存单金额不低于 1000 万元。大额存单按期限分为 1 个月、3 个月、6 个月、9 个月、1 年、18 个月、2 年、3 年和 5 年共 9 个品种。同时，其发行利率以市场化方式确定。固定利率存单采用票面年化收益率的形式计息，浮动利率存单以上海银行间同业拆借利率为浮动利率基准计息。自认购之日起计息，付息方式分为到期一次还本付息和定期付息、到期还本。其 1 年期票面利率在 3% 左右，高于一般定期存款利率。

银行存款是最为基础的固定收益类产品，属于入门级产品，其产品流动性、安全性在固定收益类产品中居于前列，除个别产品存在门槛限制外，无其他投资门槛，投资简单便捷。但其整体收益率在同类产品中居于末端。

 这就是银行存款

它朴实无华却又深入人心，它平凡的另一面是安全与稳定。选择它，如同选择一位长相厮守的伴侣，陪你走过安稳幸福的一生。虽然它不能带给你耀眼的荣华富贵，但却能给你最可靠的保障。高收益或许与它无缘，安全与稳定是它的优势。

二、银行理财

在固定收益类产品中，银行理财的管理规模仅次于银行存款，普益标准 2018 年年底发布的《2018 年四季度银行理财能力排名报告》显示，419 家商业银行（不包括外资银行）季末存续 109 178

款理财产品，规模大约为 30.71 万亿元。银行理财产品种类丰富，按照期限被划分为 3 个月以内、3 个月、6 个月、12 个月、1 年以上产品，以短期产品为主。在收益方面，农商行 > 城商行 > 全国性银行，同时收益还会受到期限、产品风险等方面的影响，以 1 年期银行理财产品为例，其平均收益率为 3%—5%，在固定收益率产品中处于中下水平。

过往银行理财产品以保本刚兑产品为主，即保证本金不会损失。自 2018 年 7 月《关于规范金融机构资产管理业务的指导意见》（以下简称《资管新规》）落地以来，打破刚兑成为行业趋势，即未来银行理财产品将不再做出本金不受损失的承诺，这一点需要投资者格外注意。

相比于其他固定收益类产品，银行理财产品依托于银行的资信背景，整体安全性较高，产品收益较稳定。但其收益处于中下水平，而且不同银行之间在风控能力、管理能力、收益能力等方面都存在一定差异，投资者需要仔细甄别。

这就是银行理财

它有一个好爸爸，有一个可靠朴实的哥哥——银行存款。相比于哥哥，它性格更加外向，做事更激进。它曾经有一个撒手锏，可以保证本金不受损失，但现在它要直面市场的挑战；曾经它对标的是哥哥，但现在它要对标整个固收行业。它的收益不算高，但安全稳定的家族基因一直在它的身体之中。

三、信托

信托产品自出现以来，一直处于高速增长阶段，目前信托业管理规模仅次于银行理财。中国信托业协会发布的信托行业数据显示，截至 2018 年三季度末，我国信托业管理信托资产余额为 23.14 万亿元。不同于银行理财的低门槛，信托产品门槛较高，一般信托产品起投点 100 万元，优质信托产品甚至会要求 300 万元、500 万元，家族信托产品一般要求 1000 万元。从起投点来看，信托产品受众主要为高净值客户，这也导致其客户群体相对狭小。

按照投向划分，信托可分为贷款信托类、权益信托类、不动产信托类、融资租赁信托类、政信类等。其产品流动性较差，收益在固定收益类产品中居于前列，平均年化收益率为 7.5%—9%，不同信托产品收益受到不同的信托机构、产品风险等级、期限等因素影响。信托公司背景强大，头部机构实力强劲，产品管理专业度较高，监管执行严格，这些都保障了信托产品的安全性。不过，由于其门槛较高，非高净值客户往往难以购买。

 这就是信托

　　它是贵族出身，只有百万元的礼金才可以打动它。它的机构数量很少，截止至 2019 年 6 月，只有 68 家。它的收益很高，刚性兑付也曾是它的标签。不过如今，它也要告别这个标签了。它有点儿高冷，为想要接触它的人设置了很高的门槛，也许是为了维护它贵族的形象吧。

四、固定收益类基金产品（私募其他类基金）

固定收益类基金产品，具体指私募其他类基金。其与信托产品一样，门槛相对较高，并且其产品仅针对特定合格投资者募集，不公开募集。《私募投资基金监督管理暂行办法》第十二条规定："私募基金的合格投资者是指具备相应风险识别能力和风险承担能力，投资于单只私募基金的金额不低于 100 万元且符合下列相关标准的单位和个人：（一）净资产不低于 1000 万元的单位；（二）金融资产不低于 300 万元或者最近三年个人年均收入不低于 50 万元的个人。"

因此，对于非高净值的投资者来说，私募基金产品门槛较高，但相比于其他固定收益类产品，其收益也更高，一般年化收益率为 8%—10%，高于信托产品，收益上具有较大优势。发行固定收益类基金产品需在中国证券基金业协会备案，对管理人管理能力要求较高。目前私募其他类基金管理机构数量在 700 家左右，中小机构与头部机构之间具有一定差距，私募机构整体实力背景要弱于银行、信托机构等持牌机构。

这就是固定收益类基金

它是高富帅，有 100 万元的起投门槛。它的名声很大，但不能公开宣传，只能跟圈子里的好朋友分享。它收益很高，比身为贵族的信托还要高一点儿。它一直想成为贵族，只是家庭背景还不够强大。但它是个很努力的"高富帅"，通过不断打磨自己，以求获得大家的认同。它的发展很快，未来或许真的可以与信托不相上下。

五、P2P 产品

P2P 是英文 Peer to Peer Lending（或 Peer-to-Peer）的缩写，即互联网金融点对点借贷平台，通常被简称为互金平台。作为一种互联网金融创新产品，它自 2013 年出现，经历了飞速的发展，在飞速发展的同时，也出现了非常多违规的操作，导致爆雷事件频出，如今 P2P 行业正在经历新一轮的整顿期。

相比于其他固定收益类产品，P2P 产品是新兴的固定收益类产品，其产品的操作模式更为灵活，凭借互联网平台的优势，其募集速度更快、产品影响力更大。P2P 产品起投点较低，一般在 1000 元，也有部分产品未设置起投点。在期限设计上，主要以短期产品为主，如 30 日、60 日、90 日产品，也有超短期的 7 日产品。在收益率方面，根据产品风险等级的不同，从 6% 到 10% 不等，也有部分产品年化收益率超过 10%。

因此，P2P 产品对于小额的投资者吸引力较大，在期限和收益上都有较大优势。但 P2P 行业机构数量众多，鱼龙混杂，投资者需要仔细甄别，筛选合规、安全运营的平台，避免"踩雷"。根据网贷之家数据，截至 2018 年 8 月底，P2P 网贷行业共有平台 6406 家，其中正常运营平台数量为 1595 家，停业及问题平台 4811 家。这样的现状也决定了投资者在选择 P2P 产品时，要提升自身的专业能力，对产品进行深入的分析研究，防范投资风险。

 这就是 P2P 产品

它总被认为是野蛮人，它的出现，让同行警觉。有人说它是金融创新的产物，还有人说它是扰乱市场的恶魔。对它如何定性，有诸多争论。它的灵活性、收益性、便捷性带给市场巨大冲击，告别成长的阵痛，它或许会成为市场中最重要的一股力量。

六、企业债券类产品

企业债券通常被称为公司债券，是公司对外融资的一种方式，由企业按照法定程序发行，约定在一定期限，到期后还本付息的债券。对企业债券的发行主体的资质要求较高，一般要求发行企业净资产规模较大（股份有限公司的净资产不低于人民币 3000 万元，有限责任公司和其他类型企业的净资产不低于人民币 6000 万元）、经济效益良好（近三个会计年度连续盈利）、现金流情况良好（具有较强的到期偿债能力）、无不良记录、余额比例限制（发行债券余额未超过净资产的 40%）等。投资者投资企业债券类产品，要在证券营业网点开具证券账户，最低认购额 1000 元，其投资方式分为直接和间接两种，直接投资又分为参与公司债一级市场预约申购和参与公司债二级市场投资；间接投资是通过买入银行、券商、基金等机构发行的理财产品，间接投资企业债券。

按照期限划分，企业债券分为：长期、中期、短期。短期企业债券期限在 1 年以内，中期企业债券期限为 1—5 年，长期企业债券期限在 5 年以上。在收益上，根据企业主体信用评级的不同，收益率有较大差异。以评级较好的 AAA 级企业债券为例，中国债券信息网的数据显示，AAA 评级三年期公司债券平均收益率为 4.55%。企业债券类产品在固定收益类产品中属于稳健型，虽然收益率处于中下水平，但产品整体安全系数较高，可以自由转让，流通性较好，对保守型投资者有较大吸引力。

 这就是企业债券类产品

　　它对自己要求很高，因为不努力就会被贴上差生的标签。评级对它很重要，决定了它的安全性、稳定性、收益性。它的期限有点儿长，是个需要长期呵护的孩子。不讨它很听话，虽然成绩不是顶尖，但一直稳步上升。

七、资管计划

　　资管计划属于类信托产品，主要投资方向为股权、非标准化债权、资产收益权，通过投资操作为投资者提供固定的收益回报。其一般由公募基金公司或证券公司发行，由托管机构代为资产委托人进行投资。按照风险程度，可划分为限定性集合资产管理计划和非限定性集合资产管理计划。限定性集合资产管理计划注重产品安全性，其投资范围主要是风险系数较低的国债、债券型基金、企业债券以及其他信用较高的固定收益类产品，高风险资产占其资产比例不超过20%。非限定性集合资产管理计划则注重投资的收益性，风险系数较高，收益也较高。

　　在投资门槛方面，限定性集合资产管理计划最低投资额为5万元，非限定性集合资产管理计划最低投资额为10万元，还有较为特殊的限额特定资产管理计划要求投资额不低于100万元。在投资收益方面，其年化收益率较高，在9%左右。但投资风险略高，投资者需要注意风险防范。

这就是资管计划

它有着双重性格，一面是高收益，一面是高风险。它的投资起点不高，但对于投资者的专业度要求很高。"欲戴冠冕必承其重"，想要深入了解它，必须提升自身的专业性，才能发现它最好的一面。

八、货币基金

提到货币基金，大家接触最多的应该就是"余额宝"。货币基金是指由基金管理人管理，向社会公众募集，并由基金托管人托管的开放型基金。其主要投向为稳健安全型资产，如国债、央行票据、商业票据、银行定期存单、政府短期债券、企业债券（信用等级较高）、同业存款等短期有价证券。相比于其他开放式基金，货币基金自身安全性、流动性、稳定性较高，收益水平处于中下，具有"准储蓄"的特征。

在投资期限方面，货币基金以短期为主，期限灵活，赎回通常是"T+1"日，有较大优势。投资起点方面，购买货币基金不需要手续费、认购费、赎回费等，首次购买起点1000元。在收益方面，其收益高于定期存款，但仍处于中下水平，整体平均收益率在3%左右。货币基金产品的主打优势是其安全性与流通性，其风险系数在各类基金产品中最低。因此，在稳健型固收产品中，货币基金具有较大优势。

这就是货币基金

它曾经默默无闻，但明星产品"余额宝"的出现，让市场认识到它的存在。它一直很低调，不争不抢，但市场份额逐步走高。高收益不是它的代名词，稳健和安全才是它的标志。它操作简单，流通性好，未来或许会成为与银行存款一样的家庭基础性配置，在投资市场扮演更加重要的角色。

九、保险理财

保险理财，又称理财型保险，是保险产品中新兴的产品，集保险与投资于一身，分为分红保险、投资连结保险和万能保险。分红保险注重稳健投资，投资保守，安全性较高，但收益较低。投资连结保险，更偏重收益，投资激进，收益较高。万能保险，处于两者之间，收益高于分红险，主要投资国债、高评级企业债等稳健型资产。

在投资起点方面，保险理财起点相对较低，一般1000元起投，整体收益根据产品风险不同有高有低，一般在5%左右，也有部分高收益产品超过9%，但这类产品风险较大。在投资期限方面，保险理财投资期限较长，一般为3—5年，若提前退保，需要支付一定手续费，产品流动性变现性较差。在投向披露上，相比于其他固定收益类产品，保险理财披露完善度较低，仍需改善。因此，在固定收益类产品中，保险理财更多的是作为丰富资产配置的选择，市场份额占比较低。

这就是保险理财

　　它是固定收益类市场中另类的存在，有人说它是保险，有人说它是理财产品，事实上，它两者皆是。它的投资期限有点儿长，变现能力并不好，更像是一张长期的保单。它一直在努力改进，一点点提升自己的收益，完善自己的产品体系。现在的它，还处于起步阶段，但未来进步空间很大，也许有一天会成为固定收益类产品中的优等生。

闫老师小结时刻

　　闫老师为大家介绍了这么多常见的固定收益类产品，方便大家对这些产品有一个初步的认识与了解。下面，我们通过表格的方式，进一步对这些常见的固收类产品进行总结对比（见表1-3）。

第三节　投资固定收益类产品的常见问题

一、固定收益类产品能刚性兑付吗？

　　什么是刚性兑付呢？就是一旦产品发生风险，不管是出于什么原因，管理机构都必须将产品的本金或本金加收益兑付给投资者，也就是大家常说的保本保收益。在过去，刚性兑付是众多固定收益类产品的宣传卖点，因此，固定收益类产品受到投资者们的热捧。对于投资者来说，刚性兑付已成为其对固定收益类产品的固有印象。毕竟这是一种"稳赚不赔"的产品，又有银行、信

表1-3　常见固定收益类产品优势比较

类别	投资期限	投资门槛	投资收益	优势	劣势
银行存款	活期存款期限较短且灵活;定期存款期限1—3年不等。大额存单分1个月,3个月,6个月,9个月,1年,18个月,2年,3年和5年共9种期限。	普通存款门槛较低;大额存单门槛较高:个体投资人起点金额不低于30万元,机构投资人起点金额不低于1000万元。	较低。	安全性高,稳定性高,投资门槛低,流动性较高,操作简单灵活。	收益低。
银行理财	3个月以内,3个月,6个月,12个月,1年以上产品,主要以短期产品为主。	公募理财产品起点1万元(《商业银行理财业务监督管理办法》中将银行公募理财投资起点从5万元下调至1万元)	年化收益率3%—5%。	安全性较高,投资门槛较低,稳定性较高。	收益较低,打破刚兑后风险提升。
信托	中长期产品为主,投资期限1年以上。	一般在100万元以上,优质产品300万元以上。	收益率7.5%—9%。	安全性较高,收益较高,投资能力较强,专业度较高。	投资门槛高,打破刚兑后风险提升。
固定收益类基金产品(私募其他类基金)	中长期产品为主,投资期限1年以上。	投资于单只私募基金的金额不低于100万元且符合下列相关标准的单位和个人:(一)净资产不低于1000万元的单位;(二)金融资产不低于300万元或者最近三年个人年均收入不低于50万元的个人。	收益率8%—10%。	收益高,投资能力较强,专业度较高。	投资门槛高,投资风险较高。

续表

类别	投资期限	投资门槛	投资收益	优势	劣势
P2P产品	短期产品为主,期限灵活。	门槛较低。	收益率6%—10%,部分产品收益率超过10%。	收益高,操作简便,灵活,投资门槛低,灵活性较高。	风险高,行业尚处整顿期,鱼龙混杂,合法性地位尚不明确。
企业债券类产品	短期企业债期限在1年以内,中期企业债期限在1年以上5年以内,长期企业债期限在5年以上。	门槛较低,1000元以上即可。	收益率受风险水平及评级影响,AAA评级三年期公司债券平均收益率为4.55%。	投资门槛较低,安全性较高,稳定性较高。	受企业债券违约潮影响,投资风险增大。评级不同,收益、安全性等方面相差较大。
资管计划	中短期为主。	限定性集合资产管理计划最低投资额为5万元,非限定性集合资产管理计划最低投资额10万元,限额特定资产管理计划其最低投资额为100万元。	收益较高,平均收益率9%左右。	投资门槛相对较低,收益高。	投资专业性要求高,风险较大。
货币基金	期限灵活,短期为主。	门槛较低。	收益略高于同期定期存款。	安全性较高,稳定性较强,投资门槛低,期限灵活,保障性较好。	收益低。
保险理财	期限长,一般3—5年,甚至更久。	门槛较低。	收益水平中下,一般在5%左右。	安全性较高,具有保险性质。	尚处于完善期,信息披露不充分,期限较长,流动性差,变现能力弱。

托这样的强大背景保障，投资者对其深信不疑。

但是，2018 年 7 月，中国人民银行、中国银行保险监督管理委员会、中国证券监督管理委员会、国家外汇管理局联合印发了《资管新规》，在第六条第二款中指出："金融机构应当加强教育投资者，不断提高投资者的金融知识水平和风险意识，向投资者传递'卖者尽责、买者自负'的理念，打破刚性兑付。"

同时，在十九条中就刚性兑付行为，做出了具体的规定："经金融管理部门认定，存在以下行为的视为刚性兑付：（一）资产管理产品的发行人或者管理人违反真实公允确定净值原则，对产品进行保本保收益。（二）采取滚动发行等方式，使资产管理产品的本金、收益、风险在不同投资者之间发生转移，实现产品保本保收益。（三）资产管理产品不能如期兑付或者兑付困难时，发行或者管理该产品的金融机构自行筹集资金偿付或者委托其他机构代为偿付。（四）金融管理部门认定的其他情形。"

《资管新规》的落地，标志着固定收益类产品的变革期开始了，尤其是以刚性兑付作为主打卖点的产品。对投资者来说，要转变过往的投资观念，加强风险意识和理财投资知识的学习，提升自身的专业能力。破除刚性兑付后，固定收益类产品之间的竞争将更加激烈，对于投资者的要求将更高，这需要投资者运用投资经验、自身专业能力，辨析不同的固定收益类产品，从而做出正确的投资选择。同时，固定收益类产品的风控与安全性将成为产品的核心卖点，高风险与高收益的等价性观念将深入人心，投资市场也将进一步向合规化发展。

二、如何判断一个固定收益类产品能不能投?

判断一个固定收益类产品能不能投,需要结合具体的固定收益类产品做分析。从整体角度来看,以下这些有共性的问题值得注意,投资者可根据这些问题做出初步的判断。

1. 不能只看高收益

不要只看高收益。收益永远不是判断一个产品好与坏的关键,尤其是当前的市场环境中,收益越高,风险越大。银保监会主席郭树清在第十届陆家嘴金融论坛讲话中说:"要努力通过多种方式让人民群众认识到,高收益意味着高风险,收益率超过 6% 的就要打问号,超过 8% 的就很危险,10% 以上就要准备损失全部本金。"在打破刚兑的大背景下,绝对的零风险产品已经不复存在,在过往刚兑环境下对比收益的方法,已经不再适用。

下面举一个实践中项目融资成本的例子,让大家感受一下高收益背后的潜在风险。以一年期年化收益率为 12% 的产品为例,大家觉得它背后的融资成本有多高呢?

大家要知道,融资成本不等于我们拿到的收益,还要附加销售机构的销售费用、项目团队费用以及通道或备案费用等。即融资成本 = 投资者收益 + 销售成本 + 项目成本 + 其他费用,这里假设销售成本是 3%,项目成本 1%,其他费用 0.5%,那么加起来的融资成本是 16.5%。通俗来讲,你借了闫老师 100 元钱,一年到期后连本带息要还 116.5 元,其中利息是 16.5 元。如果把这里的 100 元换成 100 万元,其背后的融资成本就是 16.5 万元。

因此,收益越高,预示着融资成本越高,而决定这个产品能否到期安全兑付的关键,是到期后融资方或者说底层资产的兑付能力，成本越高，兑付难度就越大，就越容易有延期或违约风险。

2. 要看产品的底层资产究竟是什么

很多投资者在购买固定收益类产品时，存在一个很大的疏漏，往往只记得自己买的是哪家机构的某某产品，却不了解这个产品究竟投了些什么。比如你购买某信托公司的集合信托计划，那么这个产品具体投到了哪里？它的底层资产究竟是什么呢？对于这些问题，大家有没有深入地思考过，深入地去研究过，深入地与管理机构交涉过呢？

一个合规、专业的固定收益类产品，在其产品说明书或产品要素表中，都应对产品的投向、资金的用途进行具体的说明，并告知投资者其购买产品的底层资产究竟是什么。如果投资者接触的固定收益类产品，没有披露真实的产品投向，在产品说明书或产品要素表中将投向模糊化，甚至刻意隐瞒产品投向，像这样的产品就需要引起投资者的注意了。

一个优质且合规的固定收益类产品，其产品的披露信息一定是完善且具体的，其底层资产是详细且真实的，投资者可以了解到自己的产品究竟投了些什么。模糊的投向说明，不知所云的底层资产，将会给违规操作提供温床，导致出现资金挪用、资金池、自融、虚假标的等问题。

所以，从一个产品底层资产是否透明，就可以看出这个产品是否规范，是否存在潜在的风险。

3. 要看产品的风控措施

在固定收益类产品筛选中，必须关注和重视风控措施。对于固定收益类产品来说，风控是产品最后一道安全门，更是产品能否顺利退出的根本保障。风控措施是否完善，不仅关系到产品的安全性，还会直接影响产品出现风险后，能否尽可能降低投资者的损失。

因此，一个固定收益类产品安全性、稳定性如何，就要看其风控措施有哪些，以及这些风控措施对于产品自身发挥着哪些作用。这里要注意的是，不存在绝对零风险的投资产品，任何投资产品都不可避免地存在这样或那样的风险。风控措施能做到降低风险，增加安全性。但任何风控措施都不能消灭风险，实现百分之百的安全。在筛选固定收益类产品时，要结合其具体的风控措施进行具体分析。常见的风控措施有：抵押、担保、质押、承诺函、回购协议、现金流担保等。对于风控措施，一方面要确保这些风控措施是真实存在的，比如抵押是否已经办理，回购协议是否真实签章，以及这些风控措施是否有相关文件能够证明，而不是简单地在宣传资料中罗列。另一方面，要结合产品的情况，看风控措施是否与产品的潜在风险相匹配，能否在产品发生风险时发挥作用。

这里闫老师还要提及一点，市面上有部分固定收益类产品，在宣传中会拿备案机构的实力背景佐证其自身产品的安全性。比如某私募基金产品的风控措施之一是在中国证券投资基金业协会（以下简称"中基协"）完成备案，并获得中基协的认可。这里大家要格外注意，不管是在中基协备案、地方金融资产交易所备案还是其他备案机构获得备案，都不代表备案机构对备案产品的安全性、稳定性的认可，只是表明其备案材料或文件符合备案机构的审核要求，并不代表备案机构推荐或认可已备案的产品。

因此，固定收益类产品看风控措施，一方面要看风控措施的真实性，另一方面要看风控措施与产品之间的匹配性，还要注意以风控措施夸大宣传的情况。

4. 要看产品管理团队历史业绩

投资一个产品，也是对这个产品背后团队的信任，这个产品到底靠不靠谱，它背后的团队很重要。

在筛选固定收益类产品时，要关注管理团队的经验与能力。在打破刚兑的背景下，比拼的就是各大金融管理机构的管理实力。在衡量产品是否可投时，当然要参照其团队的过往业绩情况，确认其是否有过违约延期的情况，是否"踩过雷"。对于多次出现产品问题的管理机构，要尤其慎重。

因此，对于所投资产品的团队情况、历史业绩、风险问题处置情况，在筛选固定收益类产品时都要格外注意。对于管理机构而言，历史业绩就如同身上的白色羽毛，需要非常爱惜，一旦出现污点，必然会影响自身的发展。

三、一旦固定收益类产品出现风险了，该怎么办？

对于投资者来说，最担心的事情就是所投资的产品遭遇风险。由于很多时候，产品的风险是不可控的，那么一旦出现风险，我们该如何保障自身的权益呢？

第一点，大家要做一个区分。即产品延期兑付不等于产品不能兑付（产品违约），这两者是完全不同的概念。产品延期是产品管理过程中常见的现象，通常情况是融资方到期后由于流动性资金紧张，不能足额支付本息，一般先支付部分本息，剩余本息按照合同约定，按日计算罚息，并约定在一定期限内支付剩余本息。这种情况下，不是融资方故意不兑付本息，或者故意拖延兑付，而是有客观原因，同时这种客观原因不会导致融资方后续违约，其仍有足够的能力兑付剩余本息。为了弥补延期兑付给投资者带来的影响，融资方通常会支付一定罚息，以弥补投资者损失。因此，当产品出现延期情况时，先不要恐慌。首先，要了解是什么原因导致延期，这一原因是否合理正常。其次，要与固收产品管理机构沟通，了解产品延期后的处置方案，随时沟通产品进展。最后，若是合理正常理由导致产品延期，要确定最终的本息兑付时间，并要求出具书面文件，随时跟进后续还款进度及安排，以保障投资款项安全退出。

第二点，出现产品违约情况怎么办？出现这种情况要及时与产品管理人取得联系，督促产品管理人尽快采取措施，了解后续处置的最新进展。通过协商、诉讼等途径，与融资方达成还款协议。若融资方存在转移资产或恶意低价出售资产等行为，要及时采取法律手段，向法院申请诉前保全，查封或冻结融资方资产、银行账户，申请制裁融资方侵害投资者权益的行为等，以挽回自己的损失。

第三点，出现产品违约且管理人怠于行使权利或失联时，该怎么办？在这种情况下，若管理人存在失责，导致产品出现风险，投资者可向管理人追偿。同时投资者应积极搜集证据，与其他投资者取得联系，并聘请律师，采取法律措施。若产品存在非法集资或集资诈骗的嫌疑，可向公安、经侦部门报案，并递交搜集来的证明材料。这是最坏的一种情况，例如违规的P2P平台爆雷，导致旗下P2P产品违约。

【闫老师小结时刻】

以上三个问题是大家在投资固定收益类产品时经常会遇到的问题。大资管趋势的到来，打破了刚兑，对固定收益类产品产生了深远的影响。一方面，刚性兑付成为过去式，固定收益类产品之间竞争进一步加剧，将呈现百花齐放，竞相争艳的状态。另一方面，其也对投资者的专业度、投资经验提出了更高要求。在令人眼花缭乱的固定收益类产品市场中，鱼龙混杂，投资者要擦亮眼睛，筛选出合规的优质产品，避免掉入投资陷阱，不幸"踩雷"。

通过第一章内容的分享，希望各位读者对固定收益类产品有一个初步的认识和了解，在第二章《固定收益类产品与债权投资市场》中，闫老师将对固定收益类产品与债权投资市场之间的关系进行深入的分析，探究两者之间相互连接、相互作用的秘密。

第 二 章
固定收益类产品与债权投资市场

投资基本功第二招

英雄要问出处

固定收益类产品与债权投资市场

息息相关的债市与固定收益类产品

- 债市信用体系与投资者信心
- 债市流通性与固定收益类产品期限
- 债市稳定性与固定收益类产品风控
- 债市变动情况与固定收益类产品成本与收益

债权投资市场三大变化

- 市场上的钱少了
- 打破刚兑成为不可逆的政策主流
- 不再有绝对安全的债权投资资产

债权投资市场困局的五大核心症结

- 症结一：企业杠杆比例太高，强制降杠杆导致企业现金流紧张
- 症结二：欧гос债券、城投债进入集中兑付期，政府兑付压力巨大
- 症结三：强监管背景下，通道业务被压缩，融资渠道不畅
- 症结四：楼市新一轮暴涨后，大量民间资金被锁进楼市
- 症结五：进击的国企，衰退的民企

在第一章，闫老师带领大家了解了什么是固定收益类产品，它有哪些种类，有哪些常见的投资问题。在第二章的内容中，闫老师将给大家介绍固定收益类产品和债权投资市场之间的关系，大家可以先参照本章的思维导图，对内容框架有个初步的认识。接下来就让我们一同走进本章的内容吧。

当我们在购买投资理财产品时，经常会问理财经理一个问题："我买的这个理财产品，它具体投的是什么啊？"这时，理财经理就会告诉我们投的是"二级市场的股票"或者"一级市场的股权"。而对于我们提到的固定收益类产品，理财经理会说："你买的产品投的是债权类资产。"

这时大家会问：债权类资产是什么？它跟刚才提到的二级市场股票、一级市场股权有什么不同呢？

首先什么是债呢？从法律角度解释，债是特定当事人之间请求为一定给付的民事法律关系。从通俗的含义解释，债常见为一种借贷关系。比如：我借你一笔钱，你到期要把本金和利息一起还我，我们之间就形成一种债的关系，我是债权人的身份，你是债务人的身份。

我们通过借贷关系的视角，来理解债权投资，大家就会发现它跟股票、股权有很多不同。比如我们借给别人一笔钱时，肯定会提前说好什么时候归还，以及对方要付多少利息。我们投资固定收益类产品时也是一样的，我们在购买产品时，要知道这个产品什么时候结束，知道我们投进去的钱能产生多少收益。而不会像投资股权、股票一样，我们不知道什么时候能够获得多少收益，也不知道具体的退出时间。这就是固定收益类产品和股权类、证券类产品最大的不同。

其次，我们再深入思考一下：我们在借给别人一笔钱时，除了上面提到的时间、利息，还会考虑哪些要素？假设现在闫老师向你借 50 万元，那么你第一个的考虑肯定是：我能借给闫老师多少钱？虽然闫老师向你借 50 万元，你手里也刚好有 50 万元，但是，你肯定会想：借 50 万元是不是太多了？这笔钱我以后可能也会用到，要不先借他 20 万元吧？最终你选择借给闫老师 20 万元，那么这 20 万元从投资角度来看，就是你的投资规模。

再次，我们要考虑的是：借钱给闫老师靠不靠谱，他万一不还钱怎么办？所以我们会跟闫老师说：你要让朋友出个担保，万一你不还钱，我们可以找担保人要。再或者，我们对闫老师说："你把你那辆烂得叮当响的五菱宏光汽车抵押给我，一旦你不还钱，我就卖掉这辆车。"那么，从投资角度来看，闫老师朋友的担保和闫老师那辆五菱宏光汽车就是我们为控制投资风险而做的风险控制措施（简称风控）。

最后，我们要考虑借款到期后，闫老师以怎样的方式还上这笔钱，是现金支付呢，还是其他方式支付？比如让闫老师拿1000本书来支付，或者让闫老师来家里讲两天投资课以抵债务等。那么，从投资角度，这里就涉及退出方式，即我们以怎样的形式取得投资收益。

综上，大家理解了什么是债权投资了吗？它的投资模式、风控角度，还有退出方式都跟证券投资、股权投资有非常大的差异，因此我们要具体地分析债权投资，不能　概而论。同时债市也并不是孤立存在的，会受到证券市场、股权市场的影响，证券市场中的蝴蝶扇一下翅膀，就可能会带给相关市场一场风暴。

所以，要更深入地了解固定收益类产品，就必须从债权投资市场说起，透过风暴之眼，来追寻市场中不为人知的秘密。

第一节　息息相关的债市与固定收益类产品

为什么说债市与固定收益类产品息息相关呢？债权市场中不同的资产经过整合、打包、设计，会形成具有可操作性、收益稳定、风险可控的固定收益类投资产品。这个过程就像是制作巧克力，债权市场就如同大片的可可树，首先我们要将成熟优质的可可果摘下来，然后对可可果进行发酵、干燥、烘焙，形成可可膏，之后再将可可膏精炼，并与不同的食材结合，最终形成不同口味的巧克力，固定收益类产品就是这一粒粒美味的巧克力。

债市的波动，影响着固定收益类产品的发展。同样以制作巧克力为例，在我们购买不同品牌的巧克力时，会关注其产地在哪里，使用哪里的可可果。也就是说，如果产地的可可果收成不好，将直接影响巧克力的产量。同样的道理，如果固定收益类产品投资资产所在的债市发生波动，也会直接影响着固定收益类产品。

那么，债市与固定收益类产品的相关性体现在哪些方面呢？闫老师列举了四大方面，以便大家更深入了解债市与固定收益类产品的关系。

一、债市信用体系与投资者信心

如果将债市信用体系简单理解成借贷关系的稳定性，那么这一关系能否得以持久维护，关键在于债权、债务到期后的履行情况。

我们还是以闫老师借钱为例，闫老师向你借了 50 万元，约定一年后归还本息。那么在一年后，闫老师还钱时，存在三种情况，情况一：闫老师按照约定归还本息，大家皆大欢喜。情况二：到期后，闫老师手头紧张，只还了一半 25 万元，剩余 25 万元闫老师跟你约定说，再给我两个月时间，到时一定把剩余的本金和利息还给你。情况三：到期后闫老师耍无赖，一分钱都不肯还你。

那么，这三种情况分别会对信用体系和投资者信心有何影响呢？

表 2-1　债市信用体系对投资者信心的影响

假定情况	情况内容	对信用体系影响	对投资者信心影响
情况一	闫老师按照约定归还本息。	增强 +50	增强 +50
情况二	2.1 闫老师因为手头紧张归还一半的本金和利息,剩余本金利息约定两个月后还。【有正当理由】	减少 -10	减少 -10
	2.2 闫老师因为把手里钱都拿去投资比特币了,亏得只能还得起一半的本金和利息,剩余的钱闫老师已经还不出了。【无正当理由】	减少 -50	减少 -50
情况三	3.1 闫老师虽然耍无赖不还钱,但闫老师的好朋友小高提供了担保。【有可供执行财产】	减少 -100	减少 -100
	3.1 闫老师耍无赖不还钱,而且也没有人替闫老师担保。【无可供执行财产】	减少 -200	减少 -200

基于这三种情况,对于信用体系有着不同的影响。

情况一:闫老师按照约定还钱,出借人对闫老师的信用更加肯定,未来闫老师借钱会更加容易。这种情况,可以促进信用体系进一步运转,每一笔信用记录,都为信用体系完善添砖加瓦。

情况二:闫老师只归还了一半的本金和利息,这种情况对信用体系的影响,要分不同情况来看。比如表 2-1 中的 2.1 情形,闫老师确实有正当理由,不是不想全部归还,确实是手头紧张。这种情形下,虽然对出借人有一定影响,但通过后续履行可以弥补,比如支付一定违约金、罚息等。再比如 2.2 情形,闫老师把钱都拿去投比特币了,结果亏得一塌糊涂,虽然还了一半的钱,但剩余的钱基本还不出来。虽然表面是说延期支付,实际上却有违约的风险，这种情况对于出借人信心会有较大的影响。

情况三：闫老师耍无赖不还钱，这种情况同样分两种情形。一种是闫老师的好朋友小高，不幸成为"替罪羊"，帮闫老师还钱。另一种是，闫老师是个光杆司令，没人替闫老师还钱，出借人只能自己认亏。这种情况一旦发生，作为出借人的你，肯定再也不会借钱给闫老师了。同理，这种情况一旦发生，对于市场信用体系是毁灭性打击，将快速转变投资者对某一投资领域的信心。

再以P2P产品爆雷潮为例，在原有信用体系下，P2P公司利用自身的便捷性、高收益、安全性，吸引了大量投资者的资金进入。在原有信用体系下，到期债务人正常还款，债权人取得本金及收益，进一步增强投资者投资信心，促进了市场的繁荣。但是现在出现部分不合规P2P公司产品违约，尤其是那些涉嫌庞氏骗局的公司，以P2P为幌子，吸收投资者资金后，大肆挥霍，最终跑路，导致原有信用体系崩塌。虽然出现问题的机构占全行业的比例不到5%，却冲击了整个行业，导致投资者对于同类产品怀有戒备心，让整个行业从欣欣向荣走向了寒冬。

二、债市流通性与固定收益类产品期限

图 2-1　债市流通性与固定收益类产品期限的关联性

　　我们在最开始提到，投资固定收益类产品的特点是，我们知道产品具体的到期时间。并且与股权投资、证券投资相对比，固定收益类产品投资的显著优势是期限短。

　　那么，固定收益类产品为什么能做到期限较短呢？这与整个债市的流通性息息相关。

　　这点就像是菜市场的摊贩一样，在生意火热的菜市场里，市场人流量大，不管我们从批发商进多少蔬菜，都能赶在菜市场关门前卖光。但如果我们所在的菜市场生意冷淡，那么我们从批发商进的蔬菜，可能在关门前还剩下很多，这些蔬菜只能砸在自己手里，卖不出去。

　　同理，如果我们投资的是不良资产类产品，管理人通过对不良资产包中的资产进行出售、拍卖、出租等方式，实现快速变现，以保证到期后兑付投资者本息。那么能否快速实现流转，就与债市的流通性息息相关，在债权流通性情况好的前提下，优质资产有大量的下家接手，产品管理人可将资产快速变现，按时实现退出，分配收益。但在债市流通性差的前提下，管理人在产品到期前，无法找到下家接手，虽然是优质资产，但是管理产品的性质决定其无法长期持有。无法变现，就无法实现产品的正常退出，就会最终导致产品延期，对投资者造成影响。

三、债市稳定性与固定收益类产品风控

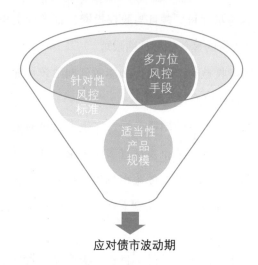

应对债市波动期

图 2-2　债市稳定性与固定收益类产品风控的关系

　　债市稳定性与固定收益类产品风控之间的关系，就像是大海与帆船，帆船在出海时要根据航线上海域的情况，决定带多少食物，挂怎样的船帆，并要根据海域情况的不同，准备不同的应急方案，以保障在航行过程中的安全性。优质的固收类产品风控也是一样，要围绕市场情况的变化而变化。债市稳定性，直接影响固收类产品的风控情况。在债市的稳定期，就如同大海风平浪静的时候，可以松弛船帆，平稳前行。但是，在债市波动期，就如同大海的风暴期，要紧绷船帆，小心行驶，这时就极为考验帆船的应急准备。

　　关于固定收益类产品的风控，首先，波动期风控标准、架构不能过于标准化，要结合每一产品市场情况变化，进行有针对性

的设计。其次，波动期要采取全方位的风控手段，一些传统的风控手段，在波动期可能会作用力下降，这时就需要追加相应的担保、抵押等措施，保障原有产品的安全性，提高安全防范。最后，波动期要适当控制产品规模，风控要起到阀门作用，减少冒进行为。

四、债市变动情况与固定收益类产品成本与收益

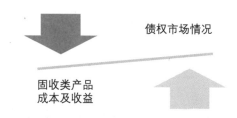

图 2-3　债市变动情况与固收类产品成本与收益关联性

表 2-2　债市变动与固收类产品成本、投资者收益情况关系

债市变动情况	固收类产品成本	投资者收益
快速上行期	低	低
平稳期	中	中
波动下行期	高	高

注：固收类产品成本涵盖融资成本、项目成本、风控成本等

通过表 2-2，大家会发现一个有趣的现象，即债市的变动与投资者收益、固收类产品成本成反比。用一句简单通俗的话就是"富贵险中求"。

表 2-2 想要告诉大家的是，投资的收益往往是跟风险成正比

的，当产品的收益大规模上涨时，一定预示着市场中风险在急剧增加，所以在做任何投资之前，不能将高收益放在首位，要看到收益背后所隐藏的风险，稳健、安全是投资中最核心的要素。

闫老师小结时刻

　　通过闫老师的介绍，大家对债市与固收类产品的关系，是不是有了更加清晰的认识呢？固定收益类产品的投资者信心、产品期限、风控、产品成本与收益，都与债权市场息息相关。所以要分析固收类产品，就要将其放入债权市场的大背景之中，从点到面进行分析。既要看到债市波动变化对固收类产品的影响，又要看到固收类产品面对影响所做出的改变与应对措施。

第二节　债权投资市场三大变化

　　如果大家有炒股经历，一定感受过证券市场剧烈的变化与波动，其实，债权投资市场也是不断在变化与波动着的，只不过相比于股市忽红忽绿的数字，债权市场变化并没有那么直观。不过债权投资市场同样受到经济大环境及其他市场的影响，同样也作用于我们的投资过程中，对投资产生非常巨大的影响。

　　而近期债权市场的三大变化，更是对未来固定收益类产品的投资产生了深远的影响，所以我们要深度了解这三大变化，提前规划未来的投资选择，保障投资安全。

债权投资市场变化一：市场上的钱少了

图 2-4　钱荒引发的连锁反应

"钱荒"是这两年整个市场中最直观的感受。

从 2008 年的 4 万亿元经济刺激计划开始，央行加足马力开动印钞机，M2 指数 [①] 一路飙升，在 2009 年达到峰值 36%，货币超发带动了整个金融资本市场的热情。而后续货币超发速度放缓，M2 指数逐年下降。2014 年央行开始降准降息，再次推高 M2 指数。2014 年后，政府动用 PSL（抵押补充贷款）来支持棚户改造，国开行、农开行、进出口开发银行三大政策银行不断高额发行国债，推动 2015 年的政信类项目，尤其是 PPP [②] 项目的快速上马。

结果造成整个市场的杠杆规模巨大，根据公开数据，截至 2018 年 3 月，中国货币总量已经超过了 174 万亿元。在如此巨大

---

① M2 指数是反映货币供应量的重要指标，广义货币（M2）= M1+ 准货币（定期存款 + 居民储蓄存款 + 其他存款 + 证券公司客户保证金 + 住房公积金中心存款 + 非存款类金融机构在存款类金融机构的存款）。

② PPP（Public–Private Partnership）模式，是指政府与私人组织之间，为了提供某种公共物品和服务，以特许权协议为基础，彼此之间形成一种伙伴式的合作关系。

的货币体量下，不管是政府机构，还是企业、居民，都已经习惯透过信用体系，加大自己的杠杆比例，用以扩大产能、购买不动产、加强基础建设投入等。在过去的环境下，不管杠杆比例有多高，都有未来资金源源不断注入，也因此形成了一个恶性循环。为了维系杠杆比例，保证信用体系、资金链不断裂，只能继续加杠杆融资。这样不断地借新还旧，买入短期内无法变现的资产，进一步拉高杠杆，将整个资金链推到绝境。在这样的背景下，"明斯基时刻"[①]仿佛就在眼前。

这里闫老师举一个简单的例子，帮助大家理解加杠杆的含义。比如正常我们买东西，都是自己手里有多少钱，买多少钱的东西。比如我们手里有 100 元钱，购买了价值 100 元的茶杯。但如果我们手里只有 100 元，想买购买价值 1000 元的手机，这时该怎么办呢？这时银行找到我们说，它来借我们 900 元，我们只要接下来十个月，每个月还 95 元就可以。这时，我们手头原有的 100 元通过银行的借贷方式，变成了 1000 元，相当于我们加了 10 倍的杠杆。同时也意味着我们用未来的收入作为保证，来获取这笔杠杆资金。

那么，为什么说高杠杆比例有风险，甚至会出现"明斯基时刻"呢？同样以上面的例子来说明，如果我们每个月收入 1000 元，每个月还银行贷款 95 元，这样的杠杆比例对我们来说很轻松。但如果我们每个月要还银行贷款 950 元呢？也就意味着我们未来每个月收入的 95% 都要被用于偿还所加的杠杆。那么，这时一旦我

---

① 是指信贷膨胀耗尽后资产价值崩盘的时刻，也可以被理解为杠杆过度累积引发市场突然下行。

们每个月收入下降，比如从 1000 元变成 800 元，我们就将无法偿还之前加杠杆所负担的债务，最终导致我们还不了钱，造成对银行的借贷违约。

面对整个市场的高杠杆比例风险，2017 年，央行开始拧紧货币闸门。中国央行公布数据显示，中国 2017 年 M2 同比增 8.2%，创历史新低；新增人民币贷款 13.53 万亿元，社会融资同比增 12%。而此前政府工作报告中指出，中国 2017 年 M2 和社会融资规模余额预期增长目标均为 12% 左右。进入 2018 年，中国 M2 指数已跌破 8%。同时，从 2017 年年底开始，监管层开始整顿金融市场，其核心政策方针是"去杠杆，让金融服务实体经济"，并发布一系列监管政策，来推动整个市场降杠杆、去杠杆。这是一项长期且艰巨的工程，而其短期内带给市场最直接的影响就是整个金融市场陷入了钱荒状态。

变化一对固定收益类产品的影响

市场上资金量减少，对固定收益类产品的影响，就像是小时候妈妈突然对我们说零花钱要减半了，这一方面会导致我们这个月不能乱花钱了，不能买喜欢的零食和玩具了，这也就意味着校门口的零食店、玩具店这个月不能从我们身上赚到钱了。类比到固定收益类产品上，其能够从市场中获得的资金少了，供不应求，会导致市场中的融资成本、产品收益相比于过去会大幅提高，投资者可以获得更高的收益。另一方面，零花钱少了，会让我们对手里的每一分钱都格外看重，买东西都要货比三家，精挑细选。类比到固定收益类产品上，其市场竞争将更加激烈。由于投资者的选择变得更加慎重，只有优质、安全的固收类产品才能脱颖而出。

债权投资市场变化二：打破刚兑成为不可逆的政策主流

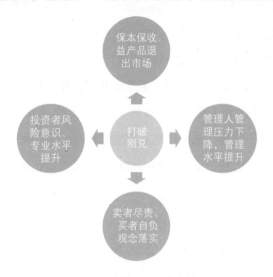

图 2-5　打破刚兑引发的连锁反应

　　什么叫刚兑呢？用通俗的话讲，就是"保本保收益"。一直以来，刚性兑付都是债权投资市场中众所周知的潜规则。尤其对于投资者来说，保本保收益已经成为他们对债权投资产品的基本印象。而各大资产管理机构，在其产品宣传时，也或多或少会向投资者透露出保本保收益的意思。

　　从 2018 年开始，我们发现"打破刚兑"不再是监管层的口头说说，而是落到实处的制度与政策。如闫老师在第一章中提及的《资管新规》，便是打破刚兑的被具体落实的文件。这一文件中，不但具体列明了刚性兑付行为，还就刚性兑付行为做出了具体的处罚要求，对举报刚性兑付情况的个人或机构给出了相应的奖励。

而在债权投资产品中，银行理财和信托一直以刚性兑付而闻名。现在要求打破刚兑，影响的不仅仅是投资者对于固定收益类产品的信心，更会影响投资管理机构对未来产品方向、风控的设计，以及整个债权投资市场的升级与洗牌。

因此，在"打破刚兑"的政策背景下，信托接连曝出产品延期新闻，从 2017 年年底的云南城投延期，到 2018 年年初天津市政建设集团有限公司违约事件，市场中的每一个参与者都在适应政策变化后的新环境。

刚性兑付对于债权投资市场来说，是一把双刃剑。一方面，刚性兑付为债权投资吸引了大批客户，并使其被认为是最安全的投资方式之一；另一方面，它也带给行业巨大的桎梏，导致诸如管理机构自行垫付资金、借新还旧保证兑付等问题的出现，造成行业内部的困扰。

因此，可预见的是，未来保本保收益的固定收益类产品将会逐步退出舞台。对于投资者而言，只有打破固定收益类产品保本保收益的传统观念，提升自身的风险意识，并增强自身投资专业水平，在刚性兑付被完全打破的环境下，才能选择出安全系数较高的产品。

变化二对固定收益类产品的影响

对于固定收益类产品而言，打破刚性兑付，就像摘下了金箍的孙悟空，从此可以不再受紧箍咒的困扰，在固收行业大展拳脚，拥有了可以充分发挥自身法力的一片天地。打破刚性兑付这把套在固定收益类产品头上的枷锁，有助于贯彻"卖者尽责、买者自负"的理念，降低固定收益类产品管理人承担的压力，促进市场的进一步完善，推动不同固定收益类产品管理人管理水平、风控水平的提升。此外，刚性兑付神话不再，势必会导致固定收益类产品流失一部分客户，对其募集端造成一定的压力。

债权投资市场变化三：不再有绝对安全的债权投资资产

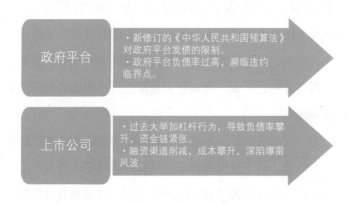

图2-6　两大强信用主体的风险危机

风险低，安全性高，一直是债权投资引以为豪的优点。但伴随着2017年年底的债权市场爆雷潮，整个市场都陷入惶恐与反思：

现在还有绝对安全的债权投资资产吗?

在过去的债权投资市场两大强信用主体——政府平台与上市公司,一直被视为安全性极高,甚至零风险的投资标的。但这两大强信用主体,近期都陷入了爆雷风波。一方面,对于政府平台,根据新修订的《中华人民共和国预算法》,除发行地方政府债券外,地方政府及其所属部门不得以任何方式举借债务。同时财政部明确表示,自新修订的预算法实施后,地方国有企业(包括融资平台公司)举借的债务依法不属于政府债务,其举借的债务由国有企业负责偿还,地方政府不承担偿还责任。也就是说,地方政府借地方城投平台发行项目进行募资,此类债务将被视为城投公司自身债务,不再作为政府债务。

政府平台中分为省级平台、市级平台以及区县级平台,相比于省级平台、市级平台,区县级平台担保实力较弱,融资成本更高,部分区县级平台的负债率甚至高达1000%,是当地税收的几倍不止,其潜在风险更高。

越来越高的政府平台债务,就像是一个不断被吹大的气球,时刻处于爆裂的边缘。

另一方面,上市公司主体,近几年也频频曝出大新闻。从2017年的乐视网、辉山乳业爆雷,到2018年的金盾、盾安、保千里、海航、安邦债务风险,再到东方园林10亿债券发行失败等,上市公司的负债率及资金链受到越来越多的关注。在过去几年货币超发风潮中,融资渠道丰富且稳定,上市公司大举融资、加杠杆,布局多元化。但是,随着金融去杠杆,金融监管政策不断收紧,上市公司融资渠道受到了极大的限制,融资成本上升,导致上市公司出现流动性紧张。而上市公司多元化布局所投资的资产多为重资产，流动性差、短期现金回流少，这进一步影响了上市公司整体的资金情况。

因此，上市公司的主体信用在市场中不断降低，接连的上市公司爆雷，极大地影响了投资者信心，上市公司也逐渐走下神坛，开始直面市场的质疑与挑战。

变化三对固定收益类产品的影响

债权投资市场中两大强信用主体同时出现危机，对固定收益类产品影响深远。两大强信用主体出现危机，不仅使投资者降低了对固定收益类产品安全性的信任感，引发了其募集量的下滑，而且也对其提出了更高的要求。对于管理机构来说，不能只因交易对象背景实力强，就降低对产品的风控要求。要打破强信用主体的固有印象，在项目审核、产品架构设计、风控模式管控等方面投入更多的精力，来提升产品的安全性、稳定性，维护投资者合法权益。

【闫老师小结时刻】

通过对债权投资市场三大变化的了解，我们要看到这些变化对固定收益类产品的影响与冲击。未来投资固定收益类产品，投资者必须提升自身的专业度，提高风险意识，更要对市场变化有充分的认识，做好相关准备，以实现投资保值与增值。

第三节 债权市场困局的五大核心症结

在看到债权投资市场的三大变化后，我们再进一步分析这些变化是由哪些症结所导致的。这些症结能否顺利解开，也关系着接下来固收类产品的投资与运作。

症结一：企业杠杆比例太高，强制降杠杆导致企业现金流紧张。

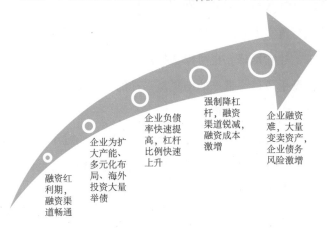

融资红利期，融资渠道畅通

企业为扩大产能、多元化布局、海外投资大量举债

企业负债率快速提高，杠杆比例快速上升

强制降杠杆，融资渠道锐减，融资成本激增

企业融资难，大量变卖资产，企业债务风险激增

图 2-7 企业债务风险演变历程

在过去货币超发的背景下，企业经历了一段融资红利期。在这段融资红利期，企业通过银行、信托、资管、私募、民间等融资通道，募集了大量的资金。这些资金为企业扩大产能、多元化布局、海外投资及并购提供了充足的资金保障。融资通道的畅通，资金周转的快速流动，带给企业大量举债的信心，导致杠杆比例飙升，企业负债率不断提高。

根据高盛关于企业债务的数据，企业债务杠杆在 2015 年比

2014 年增加了近 30%，2016 年比 2015 年增加 26%，2017 年比 2016 年增加 7%。与此同时，中国总债务占 GDP 比重从 2016 年的 277% 升至 2017 年的 284% 左右。其中，企业是主要的借贷方，截至 2017 年 11 月，其债务约占 GDP 的 178%。由此可见，在过去两年中企业杠杆的比例处于一个多么恐怖的高位。

在这样的情况下，政府对于企业的杠杆率开始收紧管控，发布一系列降杠杆政策。但是，问题的关键不在于政策本身，而在于具体的执行落实上。高杠杆问题就像是吹胀的气球，你可以选择一针扎破，让它爆掉。也可以选择慢慢打开口子，让它把气排掉。虽然两种手段最终带来的结果是一样的，但是实施过程中呈现出来的效果是完全不一样的。

降杠杆措施最忌讳——过于强力，过于刚性，过于急躁。用一刀切的方式去杠杆，是没有考虑市场反应的表现。强制降杠杆伴随的是企业融资通道被大量削减，现金流陷入紧张状态。受到冲击的先是一些中小微企业，接下来就会是过去几年迅速扩张、大力举债的大型民营集团和上市公司。

相比于国企和央企，民营企业在融资紧张背景下，议价能力更弱，政策支持更少，同时风险承受能力更低。因此，深陷现金流紧张的各大企业开始断臂求生。从几大海外收购巨头的变卖海外资产、剥离主业无关业务、降低重资产比例来看，各大企业均在为过去几年高杠杆埋下的祸根买单，这也进一步加剧了市场中"钱荒"的现象，再度拉高了当前市场的融资成本。如同多米诺骨牌效应，一层层传导开来。

正是这样的原因，导致大量企业在降杠杆过程中，采取抵押融资、企业互保、股权质押的方式，通过金融机构甚至是民间高利贷获取高昂成本的资金，而这样的行为无异于饮鸩止渴。与此同时，当前企业大量抛售优质资产，虽然在短期内可以缓解现金流紧张的问题，但从长期来看，大量优质资产被剥离，将会导致企业未来发展后劲不足，盈利空间被压缩，以致再面临类似风险时，完全丧失了抵御的能力。

症结一对固收类产品投资的启示

降杠杆是一个长期的过程。对于固收类产品投资者来说，要尤其关注所投资资产背后的企业情况，对资产负债率较高，企业存在高杠杆风险的产品，要尤其慎重。

症结二：政府债券、城投债进入集中兑付期，政府兑付压力巨大。

政府平台一直被视为强信用主体，在债权市场中扮演着重要的角色，其通过与金融机构的深度合作，在过去几年中迅猛发展。

而在这背后，是日益增长的政府债务问题。政府债务问题，已经让各地政府焦头烂额，也引发中央关注与重视。根据公开数据，2014 年，中国的地方债已突破 24 万亿元，其规模已经超过了德国 GDP。到 2018 年，包括地方政府债和城投债在内，中国债市总量已达到了 76.01 万亿元，其中地方债务的规模达 22.22 万亿元。

当前更现实的问题是，2014 年央行降准降息后，地方政府PPP 项目快速上马、城投平台融资规模激增。2015 年，这些政信类项目在市场上大规模募集资金，按照其 2—3 年的投资期限来说，也就是 2018—2019 年，就是这些项目集中的兑付期。因此进入 2017 年后，多地 PPP 项目被紧急叫停，其中较为典型的有：总投资规模高达 300 亿元的包头地铁项目被叫停、西安地铁新一轮规划未获得发改委的批复等。

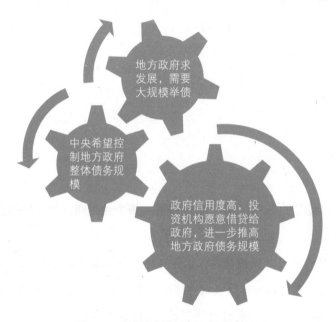

图 2-8　政府债务规模不断攀升的原因

这样的措施只是减缓地方政府债务增长速度，并不能从根本上缩小地方政府债务规模，也不能解决当前地方政府面临的兑付难题。

因此，这一症结更深的层次是三方博弈，即中央与地方政府、地方政府与资金方的博弈。地方政府认为中央会兜底，在财政上予以扶持，因此而大力举债。而中央的态度是希望地方政府缩小债务规模，靠自身财政税收增长，解决过往债务问题。财政部发文将地方国有企业（包括融资平台公司）举借的债务依法不视为政府债务，也是变相提醒地方政府要靠自身解决债务问题。而银行、信托、私募在过去几年发行了大量政信类项目，现在地方政府与资金方之间的博弈在于，政府会通过债务延期的方式，尽量延长债务兑付期限，减缓当前兑付压力。而一些本息难以兑付的地方政府，则与资金方进行商讨，通过借新还旧的方式实现兑付。换句话说，通过新的融资来兑付到期项目的本息。这种方式，将使地方政府与资金方形成更加深度的绑定合作。

症结二对固收类产品投资的启示

中央、地方政府、资金方这三方博弈的最终结果，将直接影响政信类项目未来的走向。因此，未来投资政信类产品要关注相关政策走向。政信类产品在第四章有具体解读，大家可参照第四章内容进一步加深理解。

症结三：强监管背景下，通道业务被压缩，融资渠道不畅。

作为去杠杆的配套措施之一，去通道也是近期监管的主流方向。

那么，什么是通道业务呢？比如 A 企业想要借一笔钱给 B 企业，但根据法律规定，企业间拆借资金的行为是被禁止的。那么，这时候 B 企业该如何获得 A 企业的资金呢？过去通常的做法是通过银行委托贷款的方式，通过银行的通道将这笔钱借给 B 企业。其中，银行委托贷款就起到一个通道的作用，连接 A 企业与 B 企业之间的资金流动。

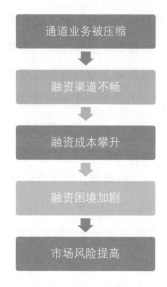

图 2-9 通道业务压缩引发的连锁反应

对于监管层来说，这种通道业务规避了监管，因此通道业务一直是监管层关注的重中之重。

2017 年 12 月 22 日，中国银监会发布《关于规范银信业务的通知》，要求加大对银信类业务，尤其是银信通道业务的监管力度。[1] 而在 2018 年 1 月 5 日发布的《中国银监会关于印发商业银行委托贷款管理办法的通知》（以下简称《委货新规》）则标志着银行委托贷款通道正式被叫停。这一文件公布的核心影响在于正式禁止受托管理的他人资金作为委托方。也就是说，银行不能再

---

① 《关于规范银信业务的通知》：（1）商业银行对于银信通道业务，应还原其业务实质进行风险管控，不得利用信托通道掩盖风险实质，规避资金投向、资产分类、拨备计提和资本占用等监管规定，不得通过信托通道将表内资产虚假出表。（2）消除多层嵌套和通道，金融机构不得为其他金融机构的资产管理产品提供规避投资范围、杠杆约束等监管要求的通道服务。

充当委托贷款的通道。不管是私募基金、信托、银行理财、基金的子公司等，都无法作为委托贷款的委托人，这样一来，委托贷款募集的资金，也就是受托资金，将无法通过银行的通道，发放到指定的资金需求方。

这条新规实际上封堵了非标类投资中的银行通道，与此同时，银监会在《委贷新规》中做出"证明资金来源"的规定，即在面对有限合伙企业或公司的独立主体时，监管方不仅要看组织形式，更要关注该类企业的本质。换句话说，当信托产品、银行理财产品以有限合伙架构、公司架构形式出现，但本质仍是募集资金，由管理机构管理并进行资金发放，仍会被认定为受托资金，即被视为不符合委托贷款的规定。

与此同时，基金协会在 2018 年 1 月发布的《私募基金登记备案相关问题解答（七）》中规定：1. 底层标的为民间借贷、小额贷款、保理资产等《私募基金登记备案相关问题解答（七）》所提及的属于借贷性质的资产或其收（受）益权；2. 通过委托贷款、信托贷款等方式直接或间接从事借贷活动的；3. 通过特殊目的载体、投资类企业等方式变相从事上述活动的，不符合私募基金"投资"本质的产品将不予备案。在私募基金层面，将纯借贷性质的债权投资通道予以叫停。

上述内容的核心是将银行、私募、信托的通道业务予以限制或叫停，不允许这些机构通过各类的架构设计、模式创新，变相经营通道业务。所以，大家只需要记得这些监管政策的核心含义就好，那些专业术语也只是对实践中操作的总结。

因此，不管是银行、信托还是私募通道，都已受到严格监管，对通道业务的监管进一步压缩了当前的融资渠道，也引发整个市场融资成本不断抬升，一些灰色地带的融资开始活跃，更加剧了当前企业的融资困境。在资金荒的市场环境下，通道业务的紧缩，将一大部分资金锁定，也变相助推了市场融资难的问题。如今仅存的几大通道，如地方金融资产交易中心、融资租赁等，也受到监管层面更多的关注，通道业务的审核标准被进一步提升，导致通道费暴涨，资金价格被进一步拉升。

但是，不可否认的是，通道业务在监管之下将越来越规范化。

症结三对固收类产品投资的启示

在这一点上，投资者尤其要注意有规避监管嫌疑的借通道行为。这种"挂羊头卖狗肉"的方式，暗藏极大的风险。比如，某管理机构 A 不具有管理某类产品的资质，便与拥有这类管理资质的机构 B 合作，让 B 进行形式管理，而实质管理由 A 负责。这种行为明显就是为了规避监管，对于这类产品的投资要慎之又慎。

症结四：楼市新一轮暴涨后，大量民间资金被锁进楼市。

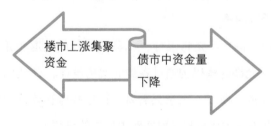

图 2-10　楼市与债市关联性

2017 年，中国楼市进入了新一轮暴涨，这轮暴涨以二三线城市为主。以闫老师所在的杭州市为例，进入 2017 年，杭州楼市逐步发力。根据中国产业信息网数据，2017 年，杭州市商品房销售面积相对于 2016 年小幅下滑至 2054 万平方米，同比下滑 12%，但整体销售均价则快速上涨到 20 335 元 / 平方米，同比上涨 29%。2018 年，在杭州一轮轮限价限售政策之下，杭州楼市进一步飞涨，各区域销售均价突破 30 000 元 / 平方米。在限价政策下，出现了二手房房价倒挂现象，各个新楼盘被购房者疯抢。

在这里，闫老师想分析的并不是楼市疯涨的原因，而是这一波楼市飞涨对于债市的影响与冲击。

首先，最直接的影响是，投资者的大量资金涌进楼市，导致市场上资金量进一步减少。由于限售等政策，这部分资金将会被长期锁定在楼市中。比如之前海南出台的五年限售政策，就将大量投资者资金锁定了五年。

其次，楼市的暴涨，加剧了资金的集中度，也拉高了居民杠杆。目前大量资金被集中在房产市场中，在货币量短期内无大幅增加的前提下，流向债市的资金必定会急剧减少，这间接降低了整个市场中资金的流动性。

最后，楼市暴涨相对应的是拿地价不断抬升，也推高了房地产企业的杠杆比例与负债率。根据房地产行业数据，中国前 50 名房地产企业平均负债率超过 70%，高额的负债率促使房地产企业在市场中不断融资，以缓解资金压力。随着房企成为当前债权市场融资的主流，其他企业、其他主体在市场中的融资份额不断被压缩与削减。

症结四对固收类产品投资的启示

在这一轮楼市暴涨后，很多投资者的资金被锁进楼市，造成大量资金被抽空。一旦楼市价格下滑，对投资者的投资价值将会产生非常大的冲击。因此，多元化配置资产，是固定收益类产品投资中非常关键的一环。投资者要保障自身现金流的充裕，不要一次性掏空现金流。就像是水库一样，要在雨季多多蓄水，才能在旱季开闸放水，而不是将水库中储存的水源早早放掉，到了旱季则无水可放。

症结五：进击的国企，衰退的民企。

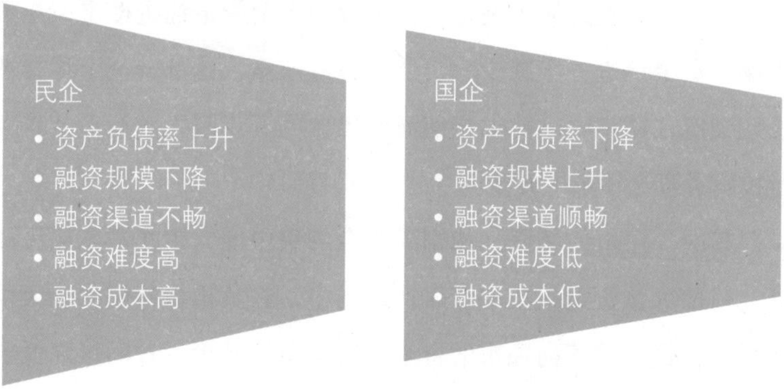

民企
- 资产负债率上升
- 融资规模下降
- 融资渠道不畅
- 融资难度高
- 融资成本高

国企
- 资产负债率下降
- 融资规模上升
- 融资渠道顺畅
- 融资难度低
- 融资成本低

图 2-11 民企与国企融资情况对比

根据央行公布的 2016 年信贷投向结构数据，国有企业占比 54%，民企仅占比 34%。从融资规模上看，国有企业平均融资规模迅速上升，从 2015 年的 7.15 亿元上升到 2017 年的 22.54 亿元，民营企业从 5.99 亿元下降到 4.6 亿元。

在当前的债市背景下，民企受制于融资渠道不畅，不断提高杠杆，大量举债。而国企借其优势地位，获得低廉的资金，进而不断降低自身的杠杆比例。最新的数据显示，国有工业企业的资产负债率已经从 2017 年年末的 60.4% 降至 59.6%；而民营企业的资产负债率从 2017 年年末的 51.6% 激增到 55.8%。

从当前的融资环境上看，在融资容易程度上，政府平台＞央企＞国企＞民企。民企在当前的市场环境下，融资通道狭窄，占据的融资资源较少，往往通过风险较高的民间借贷获取资金，而对于上市公司来说，股权质押成为当前主要的融资手段。因此从整体的融资成本上看，民企要远远高于国资背景的企业。

更值得注意的是，2018 年以来 A 股控制权转让扎堆出现，国有资本特别是地方国资频频出手，成为 A 股控制权转让市场的新势力。据《中国证券报》报道，2018 年共有 18 家上市公司的拟接盘方具有国资背景。其中，地方国资企业有 11 家，成为上市收购控制权接盘主力。国资从过去的资产管理领域，开始逐步渗入到资本领域。

在这一轮债市危机中，国企迅速崛起，凭借自身的背景牢牢占据市场中的优势地位。在整体市场资金端供应有限的背景下，其挤占了绝大多数的资金资源，同时，不断的爆雷潮让金融机构更信任背景实力强大的国企、央企，更愿选择与它们合作，降低自身风险。在融资方面，本就不占据优势的民企，被进一步边缘化。在这一轮债市危机中，受到冲击影响最大的，就是这些民企。

由于本就有限的资金资源被进一步分割、挤占，陷入资金链紧张状态的民企，只能借助风险更高的民间借贷、股权质押等途径，这些融资渠道的不稳定性会加剧当前民企的债务危机，继而引发连锁反应。

症结五对固收类产品投资的启示

　　随着国企的逐步走强，投资者应该相应地提高对此类固定收益类产品的关注度。在筛选不同固定收益类产品时，对有着强大国企、央企背景的资产应格外关注，因为其信用倍数相对较高，产品安全性也有一定保障。但也要注意，防范一些冒用国企名号的企业，对这类资产仍需要仔细分辨，以提高投资的安全系数。

> **【闫老师小结时刻】**
>
> 　　通过对债权市场困局的五大核心症结的分析，旨在提高大家对债权市场深层次的认识与了解。投资者透过这些症结，可以了解其对投资固定收益类产品有哪些影响，并在分析判断后做出最佳的投资选择，找到安全性、稳定性、保障性最高的固定收益类产品作为投资对象。

　　第一部分《走进固定收益类产品》就介绍到这里，希望各位读者通过前两个章节的学习，对于固定收益类产品有初步的了解，并对债权市场与固收类产品的关系有进一步的认识。在下一部分《典型固定收益类产品解读》中，闫老师将为大家具体分析八类固定收益类产品，让大家对固定收益类产品投资有更加具体、深入的了解与认识。

第二部分

典型固定收益类产品解读

第三章

坏小子变形记——迷人的不良资产类产品

投资基本功第三招

庖丁解牛
之迷人的坏小子

不良资产类产品

- 什么是不良资产
- 不良资产投资市场情况解读
  - 不良资产投资市场历史发展
  - 不良资产的产业链条
- 不良资产投资的三大困局
  - 困局一：竞争从蓝海变红海，拿包价格飙升，利润被压缩
  - 困局二：市场中资产包质量参差不齐，拿包风险提升
  - 困局三：处置环节是核心，后续执行成本抬升，处置时间长
- 不良资产投资如何破局
  - 行业的龙头机构进一步扩张
  - 中小机构积极转型，寻找特色竞争优势
- 如何筛选不良资产类产品
  - 产品分析三步走
    - 罗列产品基础信息
    - 信息拆分和深度挖掘
    - 横向对比

在前两章中，闫老师为大家介绍了固定收益类产品的概念，以及它与债权投资市场之间的关系，相信大家对固定收益类产品已经有了一个整体认识。在第二部分"典型固定收益类产品解读"，闫老师将带领大家具体分析市场中的典型产品，从具体产品入手，来了解不同类别固定收益类产品的特点，每一类别产品的风险点，以及有哪些不为人知的套路。

在第二部分，我们一起分析的第一个产品类别是——不良资产类产品。

本章的标题是《坏小子变形记——迷人的不良资产类产品》，那么，为什么闫老师会说不良资产是坏小子的变形记呢？准确来说，不良资产就像《变形记》中的叛逆少年。在大多数人眼中，它是一个"坏小子"，比如我们一提到不良资产，就会想到"坏账"这个词。从定义中看，不良资产也确实出自会计科目的坏账科目，在不良资产所在的"家庭"中，不良资产就像一个被"父母"嫌弃的孩子，既带不来价值，还会拖累家庭创收。

但了解不良资产这个"坏小子"的机构，却能够挖掘出这个孩子身上的潜力。这些机构从不良资产所在的"家庭",把被视为包袱的不良资产接纳过来,让它脱胎换骨,变成人见人爱的"好孩子"。

这就是不良资产投资的迷人之处。

通过闫老师形象的比喻,相信大家对于不良资产也有了初步的认识,那么,下面就让我们一起去发掘这个"坏小子"身上的闪光点吧!

第一节　什么是不良资产?

在开篇,闫老师就提到不良资产来源于会计科目中的坏账的概念,旨在说明它存在于很多"金融家庭"中,如银行、证券、保险、基金等,其中来自"银行家庭"的不良资产占据了市场绝大部分的份额。

那么,银行家庭中这个"坏小子"是怎么形成的呢?其主要有两大来源:一方面是银行的不良贷款,它占比最多。比如,银行向闫老师发放了一笔100万元的贷款,但到期后闫老师违约了,不肯还钱,导致银行不能收回这笔100万元贷款,这就形成了100万元的不良贷款。另一方面是银行的不良债券①。比如,闫老师成立一家企业,发行了企业债券,约定一年后到期还本付息,但是到期后,闫老师携款潜逃,导致企业资不抵债,兑付不了债券,

---

① 债券是指债务人为筹集资金,按照法定程序发行并向债权人承诺于指定日期还本付息的有价证券。

这就形成了一笔不良债券。

根据中国银行业资产划分标准，银行贷款划分为"正常""关注""次级""可疑""损失"五级分类，其中"正常""关注"两类贷款被归为银行的存量资产，"次级""可疑""损失"三类被归为银行的不良资产。

表 3-1　贷款五级分类标准

划分标准	正常	关注	次级	可疑	损失
贷款五级分类标准	0%	2%	25%	50%	100%

注：百分比代表贷款损失概率

对于银行来说，不良资产将对其资金周转造成较大的冲击，尤其在银根紧缩（比如央行存款准备金率上升，货币供应阀门收紧）、存款规模下降的情况下，一旦银行无法快速将贷款资金回流，就会严重影响其资金链，甚至造成支付难的问题。同时也可能会造成银行财务状况恶化，资产价值贬值等诸多方面的问题。

因此，尽快解决不良资产的问题就成了银行的当务之急。银行会将一些不良资产整合打包给四大国有 AMC（资产管理公司的简称）或省级 AMC，以降低不良资产带来的负面影响，以实现资金快速回流。这些资产管理公司，就是闫老师提到的接纳不良资产这个"坏小子"的机构。

那么，银行不良资产规模有多大呢？身为四大国有 AMC 之一的中国东方资产管理股份有限公司在《2017：中国金融不良资产市场调查报告》中说："截至 2017 年年末，中国银行业不良贷款余额和不良率预计约为 1.7 万亿元和 1.7%。"但市场上普遍认为中国银行业的不良率应该在 5% 以上，也就是说真实的不良贷款规模，可能是已披露规模的四到五倍。

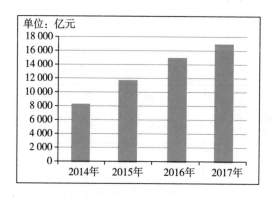

图 3-1　2014—2017 年商业银行不良贷款余额统计

对比 2014—2017 年的商业银行不良贷款数据，可以看到不良贷款余额在逐年递增。对于不良资产市场来说，银行正源源不断地供应，这也是当前不良资产投资火热的根源所在。

【闫老师小结时刻】

要了解不良资产类产品，首先就要了解什么是不良资产，以及它的主要来源是什么。同时也要了解银行的不良资产构成，它的规模有多大，其逐渐增长的规模给不良资产市场带来了什么。其次，了解不良资产相关的基础信息，有助于我们对不良资产投资有一个初步的印象，为我们接下来具体解读不良资产投资市场打下良好的基础。

　　不良资产投资之旅的小火车已经鸣笛，小伙伴们快上车，跟着闫老师一同走进不良资产的投资世界吧！

第二节　不良资产投资市场情况解读

一、不良资产投资市场历史发展

　　各位旅客朋友们大家好，我们现在来到了本次不良资产投资之旅的第一站——不良资产博物馆。不良资产博物馆记录了不良资产市场从出生到成长再到成熟的全过程，里面有着丰富的历史资料和图片。下面就由闫老师作为博物馆讲解员，为大家介绍不良资产市场的发展史吧！

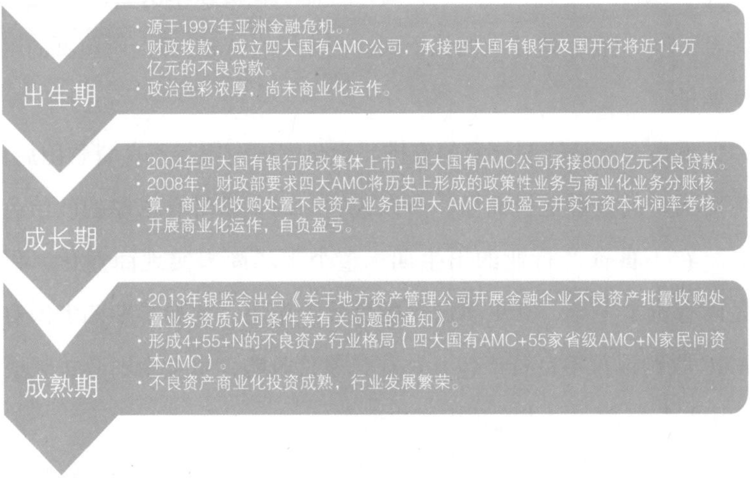

出生期
- 源于1997年亚洲金融危机。
- 财政拨款，成立四大国有AMC公司，承接四大国有银行及国开行将近1.4万亿元的不良贷款。
- 政治色彩浓厚，尚未商业化运作。

成长期
- 2004年四大国有银行股改集体上市，四大国有AMC公司承接8000亿元不良贷款。
- 2008年，财政部要求四大AMC将历史上形成的政策性业务与商业化业务分账核算，商业化收购处置不良资产业务由四大AMC自负盈亏并实行资本利润率考核。
- 开展商业化运作，自负盈亏。

成熟期
- 2013年银监会出台《关于地方资产管理公司开展金融企业不良资产批量收购处置业务资质认可条件等有关问题的通知》。
- 形成4+55+N的不良资产行业格局（四大国有AMC+55家省级AMC+N家民间资本AMC）。
- 不良资产商业化投资成熟，行业发展繁荣。

图 3-2　不良资产投资市场历史发展情况

从 1999 年四大国有 AMC（信达、华融、长城、东方）成立之日算起，不良资产投资市场已经走过了 20 个年头。其经历了从出生期到成熟期的过程，从一个孩童成长为壮年，这一路的经历，在它的身上留下了特殊的印记。

首先，从不良资产市场的出生期讲起。

其出生期源于 1997 年的亚洲金融危机。在亚洲金融危机发生后，四大国有银行（中国银行、农业银行、工商银行、建设银行）以及国开行，都承受了巨大的冲击。经济下行，直接反映在银行不良贷款规模激增上，社会信用体系遭到巨大挑战。面对这一情况，为了承接四大行以及国开行的不良资产，1999 年四大国有 AMC——信达、华融、长城、东方横空出世，承接了当时四大国有银行及国开行将近 1.4 万亿元的不良贷款，这些不良贷款占据了当时银行业贷款余额的 15%。通过四大 AMC 承接不良贷款，四大国有银行实现了不良资产剥离，整体不良贷款率从 25% 以上下降至 15% 左右，这让人们认识到这四大国有 AMC 身上所蕴藏的巨大能量。

不良资产是依照国家的安排，为化解国内银行不良贷款困局，应对当时的金融危机而生，所以说它一出生就带有浓厚的政治色彩。在不良资产行业的出生期，整个市场尚未实现商业化，仍是国有资本主导，其更多起到的是政治作用。比如早期四大国有 AMC 收购银行不良资产包，往往是原价收购，资金由财政拨款或为国开行贷款，尚未实现市场化运作。

因此，虽然不良资产行业在其出生期，便展露出与众不同的能量，但是这股强大的能量，还处于被封印中，尚未百分百发挥出来。

其次，是不良资产市场的成长期。

其成长期的标志性事件，是 2004 年四大国有银行股改集体上市。当时四大行为减少不良贷款率对上市的影响，再一次将不良贷款剥离。这一次剥离给四大 AMC 将近 8000 亿元的不良资产，与第一次剥离完全按照账面金额来收购不同，四大 AMC 是按照坏账账面金额的一半来收购的不良资产，从而获得了巨大的处置空间，产生了巨大的盈利。所以，在这一时期，四大国有 AMC 不仅承接四大行的不良资产，也开始承接其他商业银行、金融机构的不良资产。

而伴随着体量的激增，四大国有 AMC 也开始将资产包分割，出售给其他地方 AMC 及国内外投资机构。

到了 2008 年，财政部要求四大 AMC 将历史上形成的政策性业务与商业化业务分账核算，商业化收购处置不良资产业务由四大 AMC 自负盈亏并实行资本利润率考核。这一政策的出台，对于不良资产市场来说，是重要的分水岭。在此之前，由于四大国有 AMC 承担的化解四大行不良贷款的政治任务已经基本完成，还曾一度传出其将要解散的消息。这一政策的推出，扫去了它们头上的阴霾，让其从承担政治任务的主体，转变为市场主体。这一颗定心丸，让其可以充分发挥自身的作用，开始市场化的管理与操作，也进一步推进了不良资产处置行业商业化的进程，它标志着不良资产投资市场，从出生期正式进入到成长期。

最后，是不良资产市场的成熟期。

其成熟期的标志性事件，是 2013 年银监会《关于地方资产管理公司开展金融企业不良资产批量收购处置业务资质认可条件等有关问题的通知》的出台。这意味着地方持牌 AMC 正式出现在不良资产市场舞台中。从 2016 年 10 月底出台新规放开数量限制，截至 2018 年，已有 55 家省级 AMC 注册成立，仅 2017 年，就有 18 家省级 AMC 完成工商登记。同时伴随地方资产管理公司的放开，大量民间资本进入不良资产投资市场，民间 AMC 通过与四大国有 AMC 以及省级 AMC 合作，进行不良资产包的投资。民间资本开始在不良资产领域崭露头角。

民间资本不良资产投资机构主要包括三类：（1）由民间资本设立专门从事不良资产管理业务的一般机构；（2）由大型民营集团设立，以处理本集团内部不良资产为主的机构；（3）从事不良资产清收、处置、并购重组的民间服务机构。

相比于政府背景的 AMC，民间 AMC 一般具有高度市场化运作能力，能够快速建立强大的资产盘整能力，但也有着自己的劣势，即无法像具有政府背景的 AMC 那样，直接拿到第一手的不良资产包。

如果将此比喻成动物世界则更加形象，四大国有 AMC 和 55 家省级 AMC 就像是在共同分割不良资产这个猎物的狮子，而民间 AMC 更像是在旁边伺机争抢这个猎物的秃鹫。

伴随着民间资本快速进入，不良资产投资市场从成长期，也走向了成熟期。虽然当前在整个不良资产投资市场中，四大国有 AMC 及省级 AMC 还垄断着整个市场中 70% 以上的利润，但民间资本凭借其操作上的灵活性、专业性，通过与这些大机构进行合作，已寻找到自己的生存空间，并逐步扮演起更为重要的角色。整个不良资产投资市场，也走向了百花齐放的新局面。

二、不良资产的产业链条

各位旅客朋友们大家好，我们现在来到了本次不良资产投资之旅的第二站——不良资产工厂。不良资产工厂，一共有三个车间：上游车间，其负责资产端的生产；中游车间，其负责承接上游的资产，并进行整合、拆解、分发；下游车间，其负责具体的处置和相关配套服务。这三个车间，相互配合，一同保障不良资产市场的正常运转。

下面，让我们一同走进不良资产工厂吧！

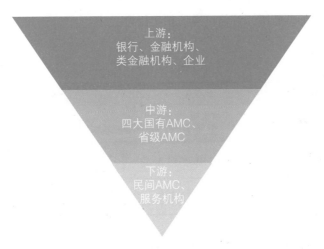

图 3-3 不良资产产业链条

上游车间：便是闫老师上文所提到的源头，即银行、金融机构、企业等产生的坏账，这是整个不良资产行业的供应渠道。同时上游车间也有着自身的逆周期性，即不良资产行业与经济发展呈现反比状态。经济上行时，不良资产行业下行，不良资产规模缩减。经济下行时，不良资产行业上行，不良资产规模激增。

中游车间：四大国有 AMC 及省级持牌 AMC，起到对上游车间产生的不良资产的承接作用。目前，四大 AMC 只处置少数优质资产，而绝大部分不良资产包都被其由大包进一步拆分成小包，最终落到了下游的民间 AMC 手里。因此，在整个链条中，中游部分起到承上启下的作用，在整个不良资产行业中处于垄断地位。

下游车间：涵盖民间 AMC、财务投资者、产业投资者。伴随整个不良资产行业细化发展，不仅涵盖了专门做后期处置执行的公司或机构，如律师事务所，还涵盖了行业专业的咨询服务机构，如会计师事务所、评估机构、拍卖行等。

表 3-2　不良资产产业链条的参与方及作用

链条阶段	参与方	作用
上游链条	银行、金融机构、类金融机构、企业	不良资产供应方。
中游链条	四大国有 AMC、省级 AMC	承接上游不良资产，拆分不良资产包，为下游公司提供不良资产包。
下游链条	民间 AMC、服务机构	采购不良资产包，进行处置。服务不良资产处置流程等。

为方便大家进一步理解，闫老师举一个形象的例子：不良资产领域的上、中、下游，就像是蔬菜批发买卖的流程。上游的银行、金融机构、类金融机构、企业就像是种菜的菜农一样，是整个行业的进货源头，负责生产用于消费的蔬菜。中游的四大国有 AMC 和省级 AMC，就像是蔬菜经销商，从菜农那边把蔬菜集体采购过来，然后分类批发给菜场的摊贩。而下游的民间 AMC 和服务

机构，就像是菜场中的摊贩，从经销商处批发蔬菜，再卖给顾客。

而不良资产领域不同于蔬菜批发销售的是，下游的民间 AMC、服务机构不能直接从上游银行拿不良资产包，必须通过四大国有 AMC 和省级 AMC 来拿包。这也就意味着，中游的四大国有 AMC 和省级 AMC 垄断着上游产业链条的资源。某二手车交易平台之所以用"没有中间商赚差价"这样的广告语来吸引消费者，还不是因为中间商占据着整个产业链条的绝大部分利润？

从产业链条分工上看，不良资产投资领域已基本形成完善专业的分工链条，这也是不良资产投资领域快速发展的重要保障。同时也要看到，中游链条的四大国有 AMC、省级 AMC 垄断着产业链条中的绝大部分利润，成为制约不良资产投资的重要因素。而民间 AMC 由于在不良资产领域仍受到一定限制，并不能直接从银行拿包，往往需要中间环节的国有或省级 AMC，所以在产业链条中话语权较低。这些问题也就是下一节我们将要探讨的内容。

【闫老师小结时刻】

从不良资产市场发展历史中，我们可以看到不良资产市场从原有的计划经济色彩，逐渐转变为市场经济色彩，并促进了整个行业的快速发展。在近 20 年的发展中，其经历了从出生到成长，再到成熟的过程，形成了专业、细化、稳定的产业链条。但这并不是最优的产业链条，中游链条仍占据着行业中绝大部分的利润。所以，要促使不良资产投资领域进一步发展，需要对产业链条的角色分配、利益平衡做进一步改善。

第三节　不良资产投资的三大困局

各位旅客朋友们大家好，我们现在来到了本次不良资产投资之旅的第三站——不良资产医院。不良资产世界中的病人都会被送到这里，由专业的医生来诊断病因。那么，下面请大家戴好卫生口罩，让我们走进不良资产医院，来了解一下不良资产投资通常会存在哪些困局，同时这些困局会带来哪些影响吧。

困局一：竞争从蓝海变红海，拿包价格飙升，利润被压缩。

经历将近20年的发展，不良资产投资市场在走向成熟的同时，其竞争强度也逐渐加大。整个市场从最初的蓝海，逐渐被厮杀成红海。

在2013年前后，市场上还经常可见3折、4折拿包，但从2017年开始整个不良资产市场拿包价格飙升。以杭州为例，目前市场拿包价格基本在6.5折到7折，而部分地区的资产包甚至被炒高到9折以上。当然要注意的是，这里所指的资产包，往往是有一些便于处置的优质资产，而不是那种纯信用的资产包。

这里提到的几折拿包是指不良资产处置机构按照不良资产包账面金额的几折购买。比如，一个银行的不良资产包中，里面不良贷款规模是1000万元，这1000万元不良贷款的形成是由于闫老师向银行贷了1000万元，结果，到期后闫老师一分钱都没还，银行催收也催不到钱。所以，银行为了能尽快回笼资金，解决这笔不良贷款，将这1000万元不良贷款按照账面金额1000万元打5折后的价格卖给不良资产管理公司，那么在不良资产管理公司拿到这笔不良贷款债权后，就可以向闫老师追偿债务，让闫老师偿还 1000 万元的借款，如果最终闫老师归还了 800 万元，那么不良资产管理公司就从这笔不良贷款取得了 300 万元的盈利。

在不良资产包价格飞涨的情况下，一方面让市场中小型机构陷入困局，行业红利向大型强背景机构倾斜。另一方面，也催生了很多不做拿包生意，只进行不良资产处置服务的第三方机构。比如，一些机构在后续处置环节经验丰富，那么这些机构就可以选择与其他机构联合拿包，或者在其他机构拿包后与之进行合作，针对后期处置环节进行服务，并就处置后的收益参与分成。这当中包括一些专门做不良资产情况尽调的机构、不良资产处置咨询服务机构等。可见，整个市场，也进行了更深化的分工。

 困局一对不良资产类产品投资的影响

拿包价格的飙升，对于不良资产投资来说，可谓是"牵一发而动全身"。它就像是感冒，如果不予以重视，可能会引发严重的疾病。对于投资不良资产类产品的投资者来说，拿包价格飙升，会导致其投资产品利润空间被压缩，因此要随时关注不良资产市场中拿包价格的变动，从而对自己所投资产品的未来收益做出预判。

困局二：市场中资产包质量参差不齐，拿包风险提升。

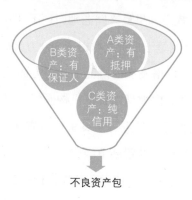

图 3-4　不良资产包构成

虽然不良资产市场越来越火热，规模不断增加，但在资产端丰富的同时，遴选优质资产也变得越来越难。获取优质资产包，是投资机构获得赢利的关键所在。

对于投资不良资产的民间金融机构来说，往往不具备拿大包的能力，只能拿四大或省级 AMC 拆分出来的小包。这些小包中往往掺杂着优质的资产，这就需要这些不良资产投资机构仔细筛选和谨慎处置。市场中不良资产包质量参差不齐的现象加大了现阶段的拿包风险，也对机构提出了更高的要求。

以当前不良资产包为例，一个正常的资产包往往包含着以下三大类别资产：

1. 有抵押的不良资产，这种属于 A 类。在这种情况下，可以申请查封执行抵押物，进而实现追偿，或者选择通过拍卖持有抵押物进而实现增值。但这种类别的资产同样存在风险。首先，现实中往往存在一物多抵的情况，比如一套房产既被抵押给了工商银行又被抵押给了浦发银行，通常的做法是，第一家银行评估该房产 300 万元，那么贷款额度可能在 200 万元左右，那么根据其剩余值（约为 100 万元），第二家银行只能提供 80 万元左右的贷款。但这种情况最大的问题出现在评估价值上，如果评估价值不足 300 万元，那么就为后续抵押物的执行埋下了隐患。

这时还要注意银行是否是首封权利人的问题，即对于所持有的银行资产包，该银行是否有权首先查封该抵押物。因为相比于其他轮候顺位抵押人，首封权利人享有优先分配的权利，在实践中大概可以多分配 10%，但在大家都有抵押权的情况下，还是会按照抵押权顺位分配。因此，轮候查封人能获得的该资产的收益率将极大降低。实践中极有可能出现某一资产的价值并不能满足所有债权人的债权要求的情况，这也就意味着轮候查封人，可能无法获得全部清偿。

其次，涉及房产的处置还会受到"买卖不破租赁"原则[①]的限制。若关于待处置的房产的租赁合同在抵押权设立之前签订，那么在行使抵押权时，要受到租赁权利的限制。比如执行某一房产时，发现其早已被签订了数十年的长期租赁合同。那么，这时即便通过处置取得了房产的所有权，也将无法发挥其使用价值，或将其资产价值变现。

此外，当抵押物为土地时，要考虑土地的性质。若土地为划拨用地，则还存在地方政府重新收储土地的风险。不同的土地性质对于后续处置价值影响各不相同。比如工业用地想要转变为商

---

① 根据《合同法》第229条规定，租赁物在租赁期间发生所有权变动的，不影响租赁合同的效力。

业用地或住宅用地，不但要经过主管部门的审批，还要缴纳相应的土地出让金等。

2.有保证人的不良资产，这种属于 B 类。在这种情况下，通常可要求保证人承担保证责任，并针对保证人的财产进行查封。这类不良资产的风险在于，可能存在保证人的财产已经被设定抵押，或者保证人无财产可供执行的情况。

比如保证人并无资产可追，甚至保证人自身负债累累。那么，与之相关的不良债权就将难以实现，资产的最终价值也将难以被变现。

3.纯信用的不良资产，这种属于 C 类。这类不良资产往往难以取得收益。

所以要拿到优质的不良资产包，不仅仅需要投资机构付出更高的资金价格，更需要投资机构具有相应的资源，以便掌握第一手信息。这样的现状进一步加剧了整个行业的贫富分化。那些有资源、有背景的投资企业，可以获得更为优质且成本低廉的资产包，而那些背景较弱的机构，不仅要面临上游的层层盘剥，还要面对同行业的不当竞争。

 困局二对不良资产类产品投资的影响

参差不齐的不良资产包质量，对于项目团队提出了更高的要求，要求其具有较强的项目筛选能力。因此，对于投资者而言，一方面要具体分析所投资不良资产类产品，所对应的底层不良资产包具体情况究竟是什么，其中 A、B、C 三类资产所占比例各是多少，价值如何。另一方面，也要了解所投资不良资产类产品的管理机构，其管理经验是否丰富，处置能力是否强大。我们在选择医院就诊时更愿意选择三甲医院就是这个道理，因为这类医院的医生经验丰富，能够更为专业、精准、快速地发现病因，医治好我们身上的疾病。

困局三：处置环节是核心，后续执行成本抬升，处置时间长。

图 3-5　不良资产投资收益流程

进行不良资产类投资，非常关键的一环是其后续的处置。处置能力的强弱直接决定了这项投资的盈利水平。处置环节，就像是股权投资中的退出环节，不管你前面的估值有多高，你拿到的项目有多好，如果你无法顺利退出，一切便都是空中楼阁、空头支票。

处置环节的效率直接关系到不良资产的变现速度，以及资产管理成本（人工成本、财务成本等）。如果涉及房产等特殊资产领域，处置还会受到政策变动的影响，一旦无法在政策利好期出手，就可能导致资产的价值大幅下降，进而影响整个产品的盈利预期。而无法快速变现的不良资产，甚至可能会变成投资机构手中的"坏账"，导致机构运转陷入困局。

比如，某投资机构拿到的不良资产包主要是位于某二线城市的抵押房产（住宅）。在入手时，该二线城市房产市场火热，平均房价上涨 30%。但由于该投资机构处置效率较低，处置时间过长，结果该城市出台房地产调控政策，房地产市场由热转冷，当地房价大幅下跌，导致该投资机构持有的抵押房产更加难以变现，这笔优质资产最终变成了烫手的山芋，将投资机构套牢。

因此，实践中不良资产投资机构往往会与律所深入合作，由专业律师团队来做后续执行，但由于各种各样不确定的情况存在，不良资产的处置时间往往会被延长，这也间接推高了处置的成本。目前市场对于不良资产的处置时间，通常需要 2—3 年。

困局三对不良资产类产品投资的影响

处置环节的好与坏，直接关系到不良资产类产品的收益。对于投资者来说，在投资不良资产类产品时，需要了解管理团队的处置能力、过往处置历史、处置时间等。在遴选不良资产类产品时，要将处置能力作为关键的筛选标准。就像是我们感染了变化剧烈的病毒，则必须服用见效快的药片，以抑制病毒的变化，争取宝贵的治疗时间。

【闫老师小结时刻】

不良资产投资的三大困局，所对应的是不良资产投资中的筛选、管理、处置这三大环节。这三大困局，关系着不良资产类产品的安全性、稳定性、盈利性。如果考察不良资产类产品优劣，就要从这三大困局的角度去分析判断。对于投资者来说，要认识到这三大困局的影响，在具体产品筛选时，做出最优的投资选择。

第四节　不良资产投资如何破局

各位旅客朋友们大家好，我们现在来到了本次不良资产投资之旅的第四站——不良资产疾病防控中心。虽然我们在不良资产医院中看到了不良资产投资的困局，但这些困局并不是无法破解的。具体该如何破解，我们可以在不良资产疾病防控中心得到答案！

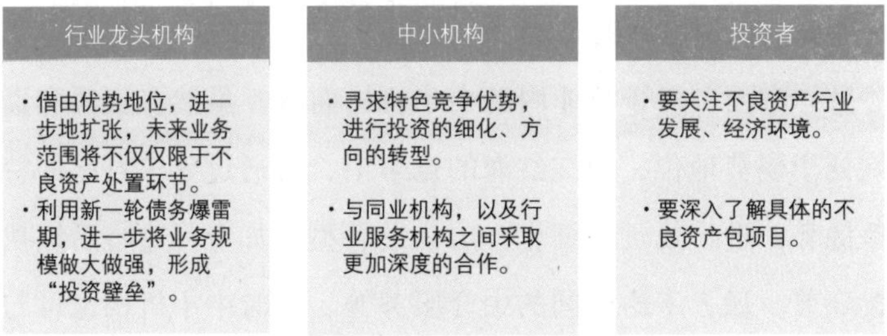

行业龙头机构	中小机构	投资者
·借由优势地位，进一步地扩张，未来业务范围将不仅仅限于不良资产处置环节。 ·利用新一轮债务爆雷期，进一步将业务规模做大做强，形成"投资壁垒"。	·寻求特色竞争优势，进行投资的细化、方向的转型。 ·与同业机构，以及行业服务机构之间采取更加深度的合作。	·要关注不良资产行业发展、经济环境。 ·要深入了解具体的不良资产包项目。

图 3-6　不良资产投资破局指南

面对不良资产投资的三大困局，该投资行业在未来将进一步分化。这主要体现在以下两方面：

一方面，行业的龙头机构会借由优势地位进一步地扩张，其未来业务范围将不仅仅限于不良资产处置环节。很多大型 AMC 均已经成立私募管理机构、资管公司等，这些机构将会对金融行业更多的领域伸出触角。在不良资产领域，这些机构将更多起到将不良资产包拆分分发的过渡作用。这意味着民间资本在不良资产领域将扮演更为重要的角色，但能否进军到中间链条，要看接下来监管政策是否放宽，也要看不良资产市场的发展情况，能否给予民间资本更多的发展空间。

对于整个不良资产投资行业来说，这一轮债市爆雷危机，将是一个非常好的机遇。尤其是 P2P 行业爆雷，产生了大量的不良资产，其中包含非常多优质的资产。监管层也鼓励相关的机构、资本参与到爆雷债务的处置中来。而且，依据不良资产行业自身的经济逆周期性，当经济下行时，正是不良资产行业上行发展期。因此，各大机构将会利用这一时期，进一步将业务规模做大做强，形成自己的"投资壁垒"。这一机遇期将会打破原有的行业格局，给一些新兴机构提供机会。

另一方面，对于行业内的中小机构而言，虽然在资源和资金上均处于弱势地位，但在红海的竞争中，可通过寻求自己的特色竞争优势，进行投资的细化、方向的转型。如专门进行后续执行处置环节，做上下游之间的中介服务等。同时中小机构也可与同业机构，以及行业服务机构之间采取更加深度的合作，如与专业不良资产处置律师事务所的合作，与专业会计师事务所的合作等。对于整个行业来讲，未来不良资产处置将会更加流程化，各家机构之间的分工将会更加细化，从而促进整个行业的进一步发展与进化。

对于不良资产类产品来说，不同产品之间的差异性会逐渐增大。比如一些机构的不良资产类产品专门针对企业的不良资产，通过并购、债转股等方式处置资产，实现盈利。再比如一些机构的不良资产类产品专门针对房地产的不良资产，通过对烂尾楼的改造与经营，比如做长租公寓等，打造自身产品优势。所以投资者的选择将更为丰富，这也要求投资者进一步提升自身的专业性，以结合自身的投资需求，选择最适合的投资产品。

对于不良资产行业的破局，就像是我们治疗疾病的过程一样，想要做到药到病除，不仅仅取决于医生的医术水平，还取决于我们自身的身体机能情况。因此，不良资产投资现在面临的困局，也将会对不良资产投资机构进行洗牌。未来，不良资产投资领域将会是头部巨头机构与小而美机构的天下。

【闫老师小结时刻】

对于不良资产行业的破局，一方面是利用行业逆周期性，在经济下行期，收购优质资产，打造资产端的优势。另一方面，要利用自身优势，实现差异化竞争，在细分领域内实现领先优势。而对于投资者来说，未来巨头机构与小而美机构的格局，将使得不良资产类产品的选择更加丰富，对此，需要结合自身需求，分析不同管理机构的产品优劣势，进而选择优质投资产品，保障自身收益。

第五节　典型案例分析——如何筛选不良资产类产品

各位旅客朋友们大家好，我们现在来到了本次不良资产投资之旅的最后一站——不良资产投资体验中心。在这里，闫老师将带领大家从真实案例出发，详细解读如何筛选不良资产类产品。请大家做好准备，让我们走进最后一站吧！

　　典型产品案例：AA 特殊资产并购私募基金（本书中典型产品案例均改编自实践中的真实产品。）

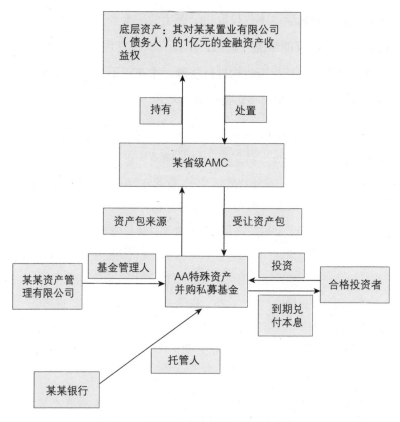

图 3-7　AA 特殊资产并购私募基金架构

表3-3　AA特殊资产并购私募基金产品说明书

一、基金名称、类型及其他基本信息	
基金名称	AA特殊资产并购私募基金
拟募集规模	不超过人民币6000万元
基金类别	其他投资基金
投资人要求	具备相应风险识别能力和风险承担能力，投资于单只私募基金的金额不低于100万元且符合下列相关标准的单位和个人： （一）净资产不低于1000万元的单位， （二）金融资产不低于300万元或者最近三个人年均收入不低于50万元的个人。
认购金额	投资人认购私募基金份额不得少于100万份，并可以5万份的整数倍追加认购，但须在签署基金合同之日一次缴足认购款项。
基金分级	本基金不分级，投资人持有的份额均为普通份额。
私募基金的存续期限	本基金存续期限为12+6个月，在12个月届满前1个月，基金管理人有权通知全体投资人延期，但延期后的基金总的存续期限不超过18个月。
托管人及外包服务情况	1. 本基金由某某银行托管。 2. 基金未聘请其他服务提供商和投资顾问。 3. 基金未聘请外包服务机构提供外包服务。
二、基金的投资	
基金的投资范围	该基金拟自某某资产管理有限公司（省级AMC）处受让其对某某置业有限公司（以下简称"债务人"）的1亿元的金融资产收益权。闲置资金可被用于投资银行存款、协议存款以及中国证监会批准或中国证券业协会备案的低风险高流动性金融产品。
基金投资策略	注重稳健投资收益。
基金投资禁止行为	1. 对外担保，除银行存款外，投资于基金文件未约定的其他投资品种，包括但不限于股票、期货、债券等； 2. 承销证券； 3. 从事承担无限责任的投资； 4. 利用基金资产为基金投资人之外的任何第三方谋取不正当利益、进行利益输送； 5. 从事内幕交易、操纵证券价格及其他不正当的证券交易活动； 6. 法律法规、中国证监会以及本合同规定禁止从事的其他行为。

续表

三、基金的收益及风险	
收益预测	1. 基金财产在扣除各项费用后有足够财产可以分配的,对于投资金额在 300 万元以下(不含本数)的投资人,按照年化 ×× % 的收益率向其分配投资收益,对于投资金额在 300 万元及以上的投资人,按照年化 ×× % 的收益率向其分配收益,其余部分作为管理奖励支付给管理人。 2. 如基金财产在扣除各项费用后不足以按照上述分配方式进行分配的,则根据上述收益率水平按比例进行分配。 3. 如基金财产在扣除各项费用后仅能按照上述分配方式支付投资人收益的,则应全额向投资人进行分配。
收益分配方式	每半年付息一次,到期兑付本息。
风险特征	本基金属于低风险等级风险投资品种,适合风险识别、评估、承受能力保守型的合格投资者。
风险控制	1. 债务人以其位于某地的房屋为债务偿还做抵押担保,该房屋共计 8 万平方米,已取得房屋所有权证并已就抵押办理他项权证,房屋的规划用途为商业用房,业态为酒店、商业综合体和酒店式公寓。房屋的评估价值约为 5.9 亿元。 2. 债务人股东将其持有的债务人股权为本次债务偿还做质押担保。 3. 债务人的股东为本次债务偿还做连带责任保证。 4. 抵押物的降价销售权。

产品分析三步走

图 3-8　不良资产类产品分析三步走

　　根据该产品的产品架构图及说明书,我们第一步要罗列出产品的基础信息,这是进行后续分析的前提。要对产品的基础情况有初步的了解，以下八点是比较重要的基础信息：

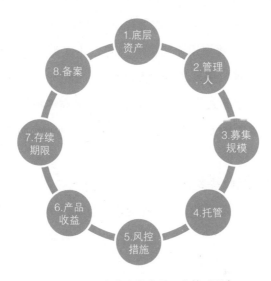

图 3-9 不良资产类产品八大基础要素

问：该产品的底层资产是什么？

答：基金受让某省级 AMC 对某某置业有限公司（债务人）的 1 亿元的金融资产收益权。

问：该产品的管理人是谁？

答：某某资产管理有限公司。

问：该产品的募集规模是多少？

答：6000 万元（对应资产包的规模，推测出拿包的价格在六折左右，意味着有四折的处理空间）。

问：该产品是否托管？

答：有托管，由某某银行托管。

问：该产品的风控措施是什么？

答：（1）债务人以其位于某地的房屋为债务偿还做抵押担保，该房屋共计 8 万平方米，已取得房屋所有权证并已就抵押办理他项权证，房屋的规划用途为商业用房，业态为酒店、商业综合体和酒店式公寓。房屋的评估价值约为 5.9 亿元。（2）债务人股东将其持有的债务人股权为本次债务偿还做质押担保。（3）债务人的股东为本次债务偿还做连带责任保证。（4）抵押物的降价销售权。

问：该产品收益多少，如何分配收益？

答：根据投资金额不同，有两档收益率，半年付息一次，到期兑付本息。

问：产品存续期限多久？

答：存续期限为 12+6 个月，在 12 个月届满前 1 个月，基金管理人有权通知全体投资人延期，但延期后的基金总的存续期限不超过 18 个月。

问：产品是否已经备案？

答：是，基金业协会备案编码 P666666。

在第一步对基础信息有了初步了解后，接下来要进行第二步，即信息拆分和深度挖掘。

我们根据以上八点基础信息逐点分析。

图 3-10　不良资产类产品八大要素拆解分析

第一点　看投向的不良资产包具体内容

对于不良资产类产品，最为核心的是其底层资产。一个好的不良资产包，与一般的不良资产包的差距，不仅反映在处置后所能获得的收益，也反映在处置的难易程度、时间长短上。因此，投资不良资产产品，首先要看投向的不良资产包的具体内容，换句话说，要看里面具体有什么资产。不能只看拿包价格，比如有的资产包，其账面价格 5 亿元，实际只要 5000 万元就可以拿下。这可能让投资者觉得有非常大的处置空间，但是如果里面都是纯信用的资产，没有抵押，没有担保，资产小额且分散，那么，在后续执行中，可能不会获得多大的收益，甚至连拿包价格都达不到。

　　因此，要具体看这个资产包中有哪些资产，哪些是可以快速变现的，哪些是有处置意义、能获得收益的，哪些是无法处置、无法变现的等，来预测自己接下来可能获得的收益。

　　以该产品为例，其投资的是某省级 AMC 持有的某某置业有限公司（债务人）的 1 亿元的金融资产收益权。那么这 1 亿的金融资产收益权，对应的资产究竟是什么呢？以该产品为例，其金融资产收益权的对应资产是债务人位于某地的房产，该房产共计 8 万平方米，已取得房屋所有权证并已就抵押办理他项权证，房屋的规划用途为商业用房，业态为酒店、商业综合体和酒店式公寓。房屋的评估价值约为 5.9 亿元。

　　那么，在知晓具体对应的底层资产之后，就要考虑：该底层资产的价值有多少？处置难度有多少？时间需要多久？以房产为例，是位于一、二线城市的房产，还是位于三、四线城市的房产？该房产产权是否清晰？当地平均房价是多少？当地去库存速度是多少？是否有相关限售政策？在该房产之上，是否涉及其他人的权利？等等。

　　因此，要针对具体的底层资产情况来分析，结合底层资产的性质、所在区域特点、权属情况、平均处置情况，来辨别这一资产是否能够被快速处置，是否能够保障投资者的收益。

第二点　看管理人情况，包括管理人实力、背景，及所在团队

　　筛选不良资产类产品，也是在筛选不同的管理人。管理人的管理水平，直接关系到产品存续期限内，能否最大限度维护投资者利益，保障产品平稳运作。

对于不良资产类产品来说，一个资产包再好，但管理团队处置不善，那么这个表面优质的资产包，也没有任何用处。因此尤其要关注管理人的情况，其中有几个关键要素。

首先是管理人的背景。比如管理人的股东是谁，背景实力如何。管理人的背景强弱，直接关系到其在竞争优质项目时的能力大小。同时，强大的股东背景将会在管理人管理产品时提供有力的支持，保障产品的运作。投资者可在投资产品前，通过天眼查等软件，查询管理人的股东、股份占比、注册资本、实缴比例等信息，做初步了解。

其次是管理人的团队情况。团队的情况优劣，一方面反映在其高管履历上，尤其是其高管是否有相关产品管理经验、是否曾在相关领域内从业。高管团队丰富的管理经验，也是保障产品安全性的重要一环。另一方面，看其管理团队的人员构成，以及各成员的过往履历，一个强大的管理团队，不仅依赖于其高管的能力，也依赖于每个成员的能力。比如是否有律所、AMC、会计师事务所出身背景，是否有过往从业经历等。

最后是看管理人对外合作情况。不良资产投资行业行业分工非常细致。不良资产类产品会涉及行业链条上不同的机构，因此投资不良资产类产品非常考验管理人对外的合作资源。比如是否有长期稳定的合作律所，以进行后续司法诉讼、执行；是否有专业拍卖机构进行合作；是否有专业资产评估机构合作；是否有长期合作的 AMC 等。

这里要注意的是，管理人的管理能力，也关系到不良资产后续的价值延伸。因为不良资产的处置核心可分为重组处置与清收处置[①]。其中重组处置，就非常考验管理机构的能力，这方面也是延伸价值产生的来源之一。比如通过运营规划、资金对接、管理层更换等方式，将企业进行重组，解决其债务问题，实现收益。再如，对其中可产生现金流的资产（如写字楼、公寓等资产）进行深度管理，来提升资产品质，进而形成稳定现金流，来提升产品的盈利规模。这些方式，都是挖掘后续延伸价值的途径，也是不良资产类产品差异化竞争的具体体现。

第三点　看募集规模，产品规模大小不同，管理难度不同

募集规模对应的是该期产品的管理规模，管理规模大小直接影响该产品的管理难度。

这里要考量的是管理人过往管理规模，以判断其是否有能力管理较大规模的产品。比如某管理人过往管理规模仅 8000 万元左右，但新发行的单只基金规模达到 1 亿元以上，那么这里就需要格外关注了。如果管理人并没有相应的管理经验，管理规模过大的产品，其能力跟不上，在产品出现相关问题时，就有可能无法在第一时间有效应对，从而导致该产品存续期间风险激增。

所以，募集规模也是筛选产品的重要因素之一。

第四点　看资金账户是否受监管

对于不良资产类产品来说，银行托管起到了对产品账户的监管作用。对账户的监管，是对产品安全性的重要保障。其中，尤

---

① 清收处置按处置形式可以分为协议转让、招标、催收、拍卖、转让等。其中通过法院拍卖是常见的处置方式。

其要注意产品的募集账户，是否独立于管理人账户，是否属于第三方监管账户。保持账户的独立性，有助于避免资金被融资方或管理方挪用，保障资金专款专用，是规避风险的重要手段。

因此，对于投资者来说，在遴选产品时，需要关注产品资金账户情况，如是否有银行托管，是否独立于融资方或管理方账户，资金流动情况是否被监控等。这些要素，对产品安全性来说非常重要，需要格外关注。

第五点　看产品风控措施是否有效

风控是不良资产类产品最后一道安全门。因此，在筛选产品时，要具体分析其风控措施是否有效。不能只看表面，更要深入了解这些风控措施对产品安全运作是否有针对性，是否符合这一产品的特点。

以所列举的产品为例，其风控措施包含三项，分别是不动产抵押、债务人公司股权质押、保证人连带责任担保。

接下来让我们结合具体情况来逐一分析。首先是不动产抵押。要分析该抵押物价值评估是否客观真实，该抵押物是否可供执行，执行的时间和难度如何，同时要分析该抵押物是否存在权属争议，是否存在不能执行或执行效果无法实现的情况。

其次是股权质押。这里要分析所质押股权的公司及其股权的价值。比如一家上市公司的股权质押和一家普通民企股权质押，虽然都是股权质押，但价值可能完全不同。同时还要看，所质押股权公司营利情况、经营情况如何，如果其经营困难，处于破产边缘，那么即使是100%股权质押，其所能起到的担保作用也可以被忽略不计。

最后，是保证人连带责任担保。这里首先要看是一般担保还是连带责任担保，一般担保要求债权人先向债务人行使权利，在债务人明确无法履行债务时，才能向一般担保人行使债权。而连带责任担保，则不存在这种顺序限制。其次要看保证人的实力，是否有足够资产可供执行，如果保证人名下资产已经转移或没有任何资产，那么即使有保证人担保，也没有任何意义。担保的关键核心，是能否执行到有价值的财产，能否足额承担担保责任。

因此，分析风控措施有效性，要结合每一措施的具体情况，结合产品的实际情况，分析其是否有效，从而判断其在风险发生时，能否起到应有的作用。

第六点　看收益，收益和风险成正比

越高的收益，往往意味着越高的风险。要分析产品的收益是否处于合理水平，可以结合市场上同类产品进行对比。比如同样的不良资产类产品，同样的投资数额，如果有 1% 收益差异，属于正常情况；但如果有 3%—5% 的差异，则说明其收益水平异常。

那么面对较高的收益就要考虑，是否在该产品背后隐含着较高的风险。所以在投资不良资产类产品时，要对比同类产品收益，不能只看高收益。安全、稳定、收益这三大要素缺一不可。

第七点　看存续期限与处置时间

在投资不良资产类产品时，尤其要注意的是时间成本。比如一个不良资产包处置完成后，可获得 10% 左右的收益，但是却花

费了 5 年的时间，那么，你就要将投资的收益除以 5 来计算平均收益，这相当于投资收益被降低。同时，某一不良资产如果短期内无法执行，那么其后期执行难度会更大，可预见的收益也要相应降低。

因此，要关注产品的存续期限，如果存续期限过长，就意味着其处置时间相对较长，而期限被拉长，则意味存在着不可预测的风险。所以，对于投资期限较长的不良资产类产品，要提高风险意识，了解其存续期限长的原因，以保障自己投资的安全性。

第八点 看产品是否进行备案（有相关部门的监管）

产品是否备案，关系到其是否有相应的监管部门进行监管。以所列举的不良资产类私募基金产品为例，需要管理人在中基协进行备案，管理人通过上传相关产品资料，由中基协进行审核，并在审核通过后完成备案，发放备案通知及编码。

通过备案环节，让相关监管部门对产品内容、风险等方面进行审核，可以在后续产品运作过程中防范产品发生风险。而在产品出现问题后，监管层也能在第一时间介入，从而可以尽可能减少投资者的损失，保障投资者的利益。

如果对产品不备案，以规避监管部门的监管，那么在产品存续过程中，监管层就将无法对其进行监控，对于潜在风险，也就将无法在第一时间发现。而发生风险后，投资者也将难以获得保障，无法降低自身的损失。现实中，一些无备案的产品甚至会被不法机构所利用，骗取投资者钱款，给投资者造成巨大的损失。

因此，在筛选不良资产类产品时，要关注其是否在相关平台进行产品备案，有无监管部门监管，是否取得相应的备案凭证，以及其信息能否在官方平台上查询得到。

虽然监管不是万能的，但没有监管是万万不能的！

第三步，将不良资产类产品与其他固定收益类产品横向对比，了解其特有优势及发展潜力。

图 3-11   不良资产类产品三大投资潜力

不良资产类产品具有以下三大投资潜力：

1. 价值潜力

不良资产投资的逆周期性，将给当前不良资产投资行业带来巨大的投资空间。目前经济下行状况，大量企业违约，形成大量的债务。其中不乏非常优质的资产，因此当前是遴选优质资产的好时期。这些优质资产是不良资产类产品重要的资产来源，如果将这些不良资产放在未来经济上行期进行处置，必将获得丰厚的利润。

2. 市场潜力

不良资产业务现仍处于行业发展的红利期。2008 年以来，大中型银行由于风控不严格，导致大量坏账出现，截至 2017 年年末，我国的不良贷款率达 1.74%，不良贷款余额高达 1.7 万亿元。而 2018 年的上市公司爆雷风波、P2P 机构、财富公司爆雷潮，优质资产供应源源不断，又为不良资产市场提供了更为丰富的资产选择。

同时民间资本的不断介入，产品链条不断细化，市场中不良资产类产品选择更为丰富。投资者可根据自己投资喜好、熟悉领域，来选择自己适合的不良资产类产品。

3. 资产潜力

不良资产类产品对应底层资产明确，具体情况明晰，资产价值波动性较小。其资产持有稳定性较高，投资该类产品核心关键点在于资产的处置与变现。因此，在市场环境没有较大变动情况下，其资产保值性相对较高，产品安全性也较高。

【闫老师小结时刻】

游览完不良资产投资体验中心，本次不良资产投资之旅就结束了。希望大家通过这次不良资产世界的旅行，能对它有了更加深入的认识。在具体不良资产类产品筛选上，我们需要通过三步走的方式，分析产品中关键要素，同时横向对比其他产品，以做出最优的投资选择。

以上便是第三章《坏小子变形记——迷人的不良资产类产品》的全部内容，希望大家通过这一章节内容对不良资产类产品有更深入的认识，以便在后续投资过程中，筛选出集安全性、稳定性、收益性于一身的优质不良资产类产品。在下一章节中，闫老师将为大家具体介绍政信类产品，敬请关注下一章节《大哥最后的荣耀——政信类产品未来会怎样？》。

第四章

大哥最后的荣耀——政信类产品未来会怎样？

投资基本功第三招

庖丁解牛
之忧伤的大哥

什么是政信类产品

- 政信类产品的特征
  - 交易对手特殊，背景实力较强
  - 产品规模较大，投资门槛较高
  - 产品种类丰富，操作模式多样
- 政信类产品的达摩克利斯之剑
  - 地方政府债务规模
- 影响政信类产品未来发展的两大关键要素
  - 政信类产品潜在法律争议
  - 政信类产品未来政策变动
- 政信类产品的破局尝试
  - 把握发展窗口期
  - 中央与地方的扶持
  - 投资者观念重塑
- 如何筛选政信类产品
  - 两阶段分析法
    - 产品基础要素剖析
    - 宏观＋微观角度要素解读分析

在第三章的内容中,闫老师为大家介绍了不良资产类产品,虽然从表面上看它是一个"坏小子",但是深入了解它之后,我们就会发现其背后所蕴藏的"宝藏"。然后,闫老师通过案例,介绍了该如何筛选不良资产类产品的方法,希望通过闫老师的解读,大家对不良资产类产品能有更加深入的了解与认识。

在第四章中,闫老师将为大家介绍市场中一类大哥级的固收类产品——政信类产品。为何称它为大哥级产品呢?因为它就像是香港黑帮电影中一呼百应的大哥,有着无人能敌的号召力与吸引力,在固定收益类产品中,是独一无二的存在。

那么,为什么会有这样的现象呢?这是因为在同类别投资中,政府主体和上市公司一直被认为是强信用主体,尤其是前者。在投资者眼中,政府信用等级高,所以与政府主体相关的政信类项目,其安全性最高,因此备受投资者认可。同时,政信类产品对于地方政府而言,也是非常重要的融资工具。我们知道,做生意首先得有本钱。对于地方政府也是一样,想要发展当地经济,完善当地基础设施,都需要"真金白银"的支撑,但又苦于自身财政收入和中央拨款并不能满足需求，这时政信类产品就自然成为其重要的融资渠道。

那么，地方政府与政信类产品之间是什么关系呢？两者之间的合作为政信类产品带来哪些好处？又为政信类产品埋下哪些隐患呢？同时，投资者对于政信类产品的印象是否正确呢？所有政信类产品都是低风险产品吗？政信类产品就不会出现延期或违约风险吗？

带着这些疑问，让我们一同走进第四章《大哥最后的荣耀——政信类产品未来会怎样？》吧。

第一节　什么是政信类产品？

首先，什么是政信类产品呢？政信类产品全称为政府信用类产品，是指投资机构与各级地方政府及其下属企业[①]共同合作，发行产品募集资金，并将资金用于以基础设施建设为主的各类政府项目之中以获取收益。同时，为保障收益的实现，一般由当地政府或其下属企业提供担保、抵押、应收账款质押等增信措施。

目前市面上常见的政信类产品有三类，分别是政信类信托产品、政信类私募基金产品、政信类金交备案产品。其中政信类信托产品在市场中所占比重最大，也是信托公司的核心产品之一。

其次，在政信类产品中，各方主体的关系和地位是怎样的呢？

---

① 下属企业以城市发展投资公司、交通基础设施建设投资公司为主。

这里闫老师以常见的政信类项目流程图帮助大家理解：

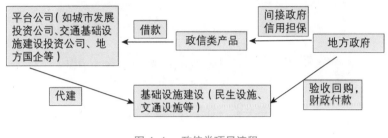

图 4-1　政信类项目流程

　　政信类产品中，地方政府并不是直接的融资主体，往往以地方的城投公司、交投公司、国企等作为融资主体，资金用途往往是当地的基础设施建设。因此，对于财政实力较弱、缺乏资金来源的地方政府来说，通过政信类产品获取融资，可以极大扩充当地的财政资金，推进当地的基础设施建设，实现地区经济的增长。虽然政信类产品是由地方的平台公司作为融资主体，但是地方政府往往会提供相应的增信措施，比如应收账款质押、担保、土地抵押等，以保障政信类产品安全性，增强投资机构、投资者的信任感。

　　所以，政信类产品中地方政府与平台公司的关系，就像是庄园的主人和管家的关系。比如，庄园需要兴建一个红酒酒窖，庄园主人派管家去向周边的乡绅募资，为了提高乡绅们的信任感，庄园主人拿出自己庄园中的其他资产担保。最终酒窖修建完毕并投入使用，庄园主人将其产生的利润分给出资的乡绅，皆大欢喜。

　　最后，政信类产品有哪些特征呢?

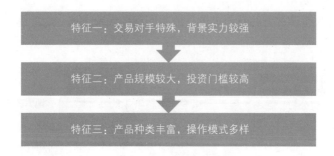

图 4-2　政信类产品三大特征

一、交易对手特殊，背景实力较强

不同于其他固定收益类产品，政信类产品交易对手为地方各级政府及其下属企业。其主体性质上具有双重性：一方面其在政信类项目中被视为民事主体，产生民事法律关系；另一方面其又具有行政主体性质，履行着行政管理职能。不同于民营企业、上市公司等主体，其项目资金主要用于地方的经济建设，公益性质更为突出。另外，相比于其他主体，其在主体信用、主体实力、主体背景上都具有较大优势。

二、产品规模较大，投资门槛较高

受政信类产品资金用途影响，其产品募集资金规模较大，平均在 1 亿元以上。以政信类信托产品为例，受人数限制[①]，其投资门槛较高，一般政信类信托产品要求 100 万元起投，部分优质政

---

① 根据《信托公司集合资金信托计划管理办法》，信托公司设立信托计划，应当符合以下要求：单个信托计划的自然人数不得超过 50 人，但单笔委托金额在 300 万元以上的自然人投资者和合格的机构投资者数量不受限制。

信类信托产品，起投点往往为 300 万元。

三、产品种类丰富，操作模式多样

根据合作的地方政府层级不同，可分为省级平台、市级平台、区县级平台。根据合作地方政府所处区域经济发展程度，可分为经济发达地区、经济欠发达地区、经济落后地区。不同的层级和区域经济发展程度，决定着政信类产品的风险程度、收益水平和稳定性等。目前，政信类产品的投资地区集中在云南、贵州、四川三省，这三省也被称为"政信三大巨头"。

由于地区情况各有不同，导致市场中政信类产品种类繁杂，操作形式丰富多样。如以城投公司应收账款作为底层资产，再比如以在建基础设施项目作为底层资产等。正因如此，如何筛选优质的政信类产品，保障投资收益，降低投资风险，越来越成为投资者关注的重点。

【闫老师小结时刻】

要了解政信类产品，首先就要从概念出发，了解它与其他产品之间的差异。其次要了解政信类产品中各方主体的地位和作用是什么。地方政府、地方的融资平台（城投、交投公司）、地方基础设施项目、政信类产品管理机构之间存在怎样的关系。最后，要了解政信类产品身上有哪些特征，这些特征与其他固定收益类产品有什么不同。同时这些特征带给了政信类产品哪些优势和哪些劣势。

政信类产品就像是固定收益类江湖中的武林盟主，号令四方。但坐上盟主之位，意味着要面对更多江湖人士的挑战，可谓"树大招风"。那么，其能否坐稳盟主之位，又有哪些江湖力量蠢蠢欲动？欲知后事如何，且听闫老师下回分解。

第二节　政信类产品的达摩克利斯之剑——地方政府债务规模

第一节说到，政信类产品坐上了固收江湖的武林盟主之位，一时间傲视群雄，风头无二。但是，坐上武林盟主之位，不代表万事大吉，它也面临着内忧外患。内忧方面，首当其冲的便是——地方政府债务规模，此可谓悬在政信类产品头上的"达摩克利斯之剑"[①]。

对于"我国地方政府债务规模究竟有多大"这个问题并没有一个官方的解答。它就如漂浮在海面上的一座冰山，我们所能看到的只是冰山一角，而隐藏在水面之下的冰山，远大于水面之上。

财政部数据显示，截至 2017 年 12 月末，地方政府债务的规模达 16.47 万亿元左右。其中，政府债券 147 448 亿元，非政府债券形式存量政府债务 17 258 亿元。根据标普全球评级于 2018 年 11 月发布的报告，中国地方政府的隐性债务规模可高达 30 万亿—40 万亿元人民币（约 5.78 万亿美元）；而根据西南证券发布的地方政府债务系列报告的估算，截至 2018 年年中，中国地方政府

---

① 达摩克利斯之剑，来源于古希腊的一则传说，寓意着强大力量的背后，蕴藏着巨大的风险。

的债务规模约为 40 万亿元人民币，其中 16 万亿元为地方政府债，而预算外债务 [1] 为 25 万亿—30 万亿元。

因此，在官方统计中往往只计算了表内债务 [2]，却没有将表外的隐性负债计算在内，比如政府通过政府引导基金、政府服务采购等方式形成的债务以及政府承担担保责任、还款责任的债务等。那么，各地方政府平均的债务率是多少呢？中诚信研究院经济学家袁海霞根据不同口径预测的隐性债务和显性债务，折算出我国地方政府的实际债务率为 68.85%—77.98%，并取预测数据的中间值 73% 为当前地方政府的整体负债率，这个比率已明显偏高。由此可见政信类产品盟主之位的隐忧，就如同《笑傲江湖》中的福威镖局，名号威震江湖，门派其实早已青黄不接。

为进一步了解地方政府的债务规模情况，闫老师以东部发达省市中的江苏省镇江市为例。根据江苏省财政厅在 2019 年省两会上披露的数据，2018 年年末镇江政府债务限额 732 亿元（一般债限额 264 亿元，专项债限额 468 亿元），余额 702.17 亿元（一般债余额 241.02 亿元，专项债余额 461.15 亿元），余额尚在限额之内。需要注意的是，上述债务是纳入政府预算范围的部分，即由财政负责还债。

那么，镇江市的隐性债务有多少呢？Wind 数据显示，到 2017 年年末镇江发过债的城投有息债务余额合计约 2800 多亿元，其隐性债务是表内债务的 4 倍。

而根据镇江市 2019 年度政府工作报告，2018 年，政府实现地

---

[1] 预算外债务包含了政府负有偿还责任以及担保责任的债务。

[2] 表内债务是指政府债券、非政府债券形式的存量债务。

区生产总值 4050 亿元,增长 3%。其债务规模占该地全年生产总值的比例为 86%,可见政府潜在的债务危机之深重。因此,镇江市在 2019 年率先提出化解隐性负债的方案,通过国开行提供专项贷款,以置换当前存续的债务问题。

身处经济发达省市的镇江市尚且面临如此大的债务压力,那些身处欠发达省市的地方政府的债务压力可想而知。如政信类三巨头之一的云南省,其发布的 2016—2017 年数据显示,该省 2016 年政府债务余额为 6353.2 亿元,债务规模相对较高,其债务率为 116%,超过 100% 的警戒线。其中昆明市债务余额 2079 亿元,约占全省债务规模的 1/3,负债率为 215.7%。

那么,地方政府债务规模对政信类产品有哪些影响呢?地方政府债务规模的增长,一方面推动了地方基础设施、民生设施的建设,助推当地经济的发展;但另一方面也给地方经济留下了巨大的隐患,一旦债务规模超过承受范围,就会损害自身。

下面,我们具体来看地方政府债务规模对政信类产品的影响。

首先,是未来潜在的兑付风险。有句民间俗语说得好"有借有还,再借不难",要维系当前的资金渠道,保障政信类产品未来如期兑付是非常关键的。但过高的债务规模,导致兑付成为难题。过往依赖财政收入、土地收入的方式,已不足以维系债务的偿还。当然,为了化解兑付风险,地方政府也会寻求省级政府、中央政府的支持,或者申请国开行贷款置换当前债务,再或者选择滚动发行,借新还旧。但这些方式只解近渴,不解远忧。所以,潜在的兑付风险,需要各地方政府加以重视。

其次,是对政信类产品公信力的冲击。政信类产品一直被投资者认为是低风险、高保障的投资产品,受到投资市场的热捧。如同明星都有自己的"人设"一样,安全、低风险就是政信类产品的"人设"。然而,打造人设容易,维护却不易。一旦投资者认为,政信类产品会因为地方政府高负债而导致延期或违约,那么,政信类产品的人设就会崩塌。投资者信心将受到打击,政信类产品的高认可度、强公信力优势将成为过去式。

最后,是直接影响政信类产品的未来发展。

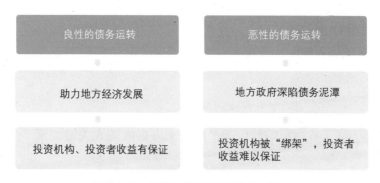

图 4-3　良性与恶性的债务运转对比

债务并不可怕,良性的债务运转既可以助力地方的发展,又可以保障投资者的收益。但恶性的债务运转,会将交易各方推向深渊。就地方政府债务来说,不能放纵其无序增长,它需要被控制在可持续的范围内。各地政府也逐渐认识到解决地方政府高负债的重要性,所以不断出台新规、政策,遏制债务无序增长,保障债务合理运转。因为地方政府债务规模直接影响政信类产品的未来发展,两者是相互作用、相互依存的关系。

【闫老师小结时刻】

　　这回说到，地方政府债务规模就如同悬在政信类产品头上的"达摩克利斯之剑"，政信类产品投资者对此要不断提高警惕，了解所投资产品所在地区的债务规模，提升自身专业能力和产品筛选能力。对于政信类产品，地方政府债务规模是绕不开的问题，需要产品相关各方共同面对，共同解决，以保障政信类产品的未来发展。对于投资市场来说，不存在 100% 零风险的产品，即使是武林盟主，也面临着内忧外患。那么，在说完武林盟主面临的内忧之后，下面我们要谈到其面临的两大外患。欲知后事如何，且听下回分解。

第三节　影响政信类产品未来发展的两大关键要素

　　上节说到，政信类产品作为固收江湖的武林盟主，其面临着地方政府债务规模这一内忧。而在外患方面，有两大关键要素也影响着政信类产品的未来发展。这两大关键要素是：潜在法律争议和未来政策变动。

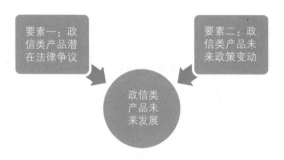

图 4-4　影响政信类产品未来发展的两大关键要素

一、政信类产品潜在法律争议

政信类产品的潜在法律争议，主要与政信类产品中政府这一特殊主体性质有关。以常见的政信类产品交易架构为例，政信类产品的融资主体往往是地方政府旗下的平台公司（如城投公司、交投公司、地方国企），而资金实际使用方是地方政府，资金去向往往是地方的基础设施建设项目或民生项目等。那么，在整个交易架构中对政府的法律地位该如何认定？并非融资主体的地方政府所做出的承诺、担保是否具有法律效力，能否起到风险保障的作用？

下面闫老师以政信类产品中常见的政府担保措施为例来解读。通常地方政府为保障政信类产品安全性，提高投资者的信任度，会通过"地方政府承诺函、债务兑付列入财政预算、债务计划经地方人大审议通过（如人大会议记录等文件）"等方式作为担保措施。那么，从法律角度上看，这些担保措施是否具有法律效力？一旦出现风险，投资机构可否以这些担保措施要求地方政府承担担保责任呢？

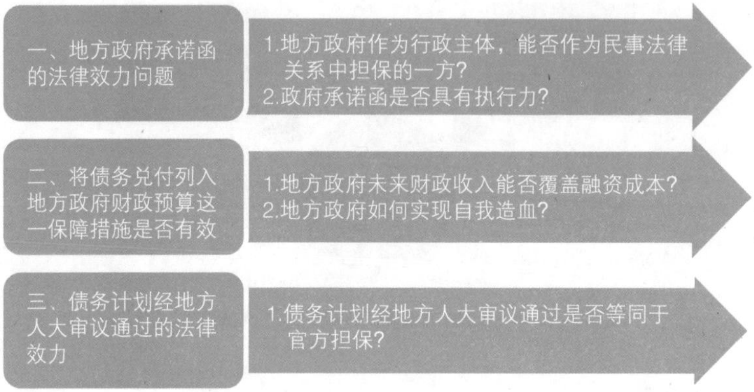

图 4-5   政信类产品潜在三大法律争议

首先，地方政府承诺函是否具有法律效力？地方政府作为行政主体，能否作为民事法律关系中担保的一方呢？换句话说，行政主体能否以自身公信力，为其他民事主体做担保？比如，当地方政府旗下的城投公司出现问题，需要通过诉讼程序追偿时，法院能否依据地方政府出具的承诺函，要求地方政府承担连带担保的民事责任？

从民事法律关系及行政法律关系来看，地方政府难以被认定为债务担保主体，其受制于自身行政主体性质的限制，职能是进行地区行政、经济等事务的管理，是地区的管理者、服务者，并不具有公司或企业的性质。就像教练和运动员参加同一场比赛，怎么说也都不合适吧。

政府出具的承诺函，并不能起到一般承诺函的法律效力，其更多是一种"安慰函"，并不具有执行力。六部委 2017 年发布 50

号文《关于进一步规范地方政府举债融资行为的通知》^①，即明确要求地方政府撤回承诺函，并要求地方政府不得以承诺函的形式，提供担保。

而且，地方政府部门出具承诺函或担保函等文件，也违背了《预算法》的规定："除外国政府和国际经济组织贷款转贷外，地方政府及其所属部门不得为任何单位和个人的债务以任何方式提供担保。"然而，地方政府主动或被动配合出具的承诺函，虽于法无据，却普遍存在。而地方政府撤回承诺函又会遇到诸多困难，如项目方会要求增加新的担保措施，甚至要求政府提前还款。因此，政府承诺函虽在法律上不被认可，但实践操作中又被视为关键的担保措施。这是政信类项目一个潜在的风险点。

其次，将债务兑付列入地方政府财政预算这一保障措施是否有效? 这一保障措施能否发挥作用，其核心在于地方政府未来财政收入情况。假设某县级市一年财政收入 20 亿元，当年负债规模为 100 亿元，负债率 500%。这就意味着，以其当前一年财政收入，并不足以覆盖当前债务规模。同时政府的财政收入，还要用于当地的教育、医疗、公务员工资等方面，不可能全部用于偿还债务。那么，即使将债务兑付纳入地方政府财务预算，其保障作用也不大。

就好比是闫老师向好朋友小高借了 100 万元买房，承诺将还款计划列入闫老师明年收入计划，但闫老师一年收入不足 40 万元，

---

① 《关于进一步规范地方政府举债融资行为的通知》：地方改正不规范的融资担保行为，应当在 7 月 31 日前清理整改到位。地方若整改不到位，省级政府可以追究相关责任人的责任。

即使闫老师把全部收入都给好友小高，也还不上这 100 万元。那么，闫老师如何才能还上这 100 万元呢？闫老师可以通过多种方式开源节流，提升自身收入，让收入从一年不足 40 万，增长到一年收入百万元以上。这样到期后，闫老师就可以顺利把钱还给好朋友小高啦。

　　同样的道理，地方政府要保障债务正常兑付，核心在于合理运用资金，在投入基础建设后，产生相应的收益，即提振当地经济，并且改善当地税收情况，进而自我造血，兑付债务。

　　最后，债务计划经地方人大审议通过可被视为风险保障措施吗？其更多是当地政府对于发债行为的官方认可，为政信类产品做官方背书，实际保障作用并不大。

　　总之，政信类产品的法律争议，主要集中于以地方政府为主体的担保措施、增信措施是否具有法律效力上，关于这一点存在诸多争议，也成为困扰政信类产品未来发展的关键要素之一。

二、政信类产品未来政策变动

　　政信类产品一直被认为是最安全的投资产品，主要原因在于人们对政府的信任感，人们认为政府这一主体不可能发生违约。哪怕出现风险，不管是地方政府，还是国家层面，都会想办法解决问题。从过去看，的确是这样，但在近期的政策变动中，却有新的动向值得关注。

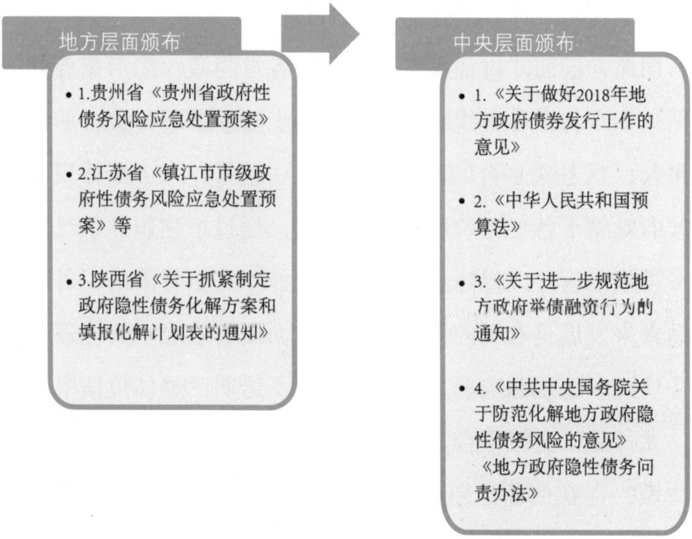

图 4-6　地方与中央层面关于地方债务问题的政策变动

1. 地方层面的政策变动

在地方层面，以贵州省为例，贵州省政府办公厅 2018 年印发《贵州省政府性债务风险应急处置预案》，针对贵州省各地存在的潜在债务风险进行预防并公布处置对策。预案指出："各市县政府、贵安新区管委会预计无法按期足额支付到期政府债务本息的，应当提前 2 个月以上向上级或省政府报告，并抄送上级财政部门或省财政厅。发生突发或重大情况，县级政府可以直接向省政府报告，并抄送省财政厅和市（州）政府。省财政厅接报后应当立即将相关情况通报省债务应急领导小组各成员单位，并抄送财政部驻贵州财政监察专员办事处。"从文件中可看出，以后将由省政府牵头来解决各地潜在的债务问题。文件同时要求各地及时汇报自身债务规模，严格控制政信类项目规模。

在地方层面，过往都是各地政府各自为政，隐形债务处理不透明，如今将由各省级政府牵头，逐步梳理旗下各省级平台、市级平台、区县级平台的债务情况。这一信号，一方面体现了各省级政府对辖下各地方政府发债的态度，通过组建领导小组，完善债务汇报制度，以保障地区债务规模处于安全界限内，对政信类产品未来发展是有利的信号。另一方面由省政府牵头梳理各地方债务情况，也说明当前各地债务情况不透明，整体负债率明显偏高，尤其是区县级平台，其债务规模与自身的财政税收比例明显不协调，存在债务延期或违约风险。这一信号也在提醒投资者，要谨慎筛选政信类产品，防范投资风险。

2. 中央层面的政策变动

在中央层面，2018 年 5 月 8 日，财政部发布《关于做好 2018 年地方政府债券发行工作的意见》[①]，对地方政府借新还旧的行为表示默许，但这旧债务针对的只是政府债券。也就是说 PPP 项目、城投债等并不被包含在内。同时，根据新修订的《中华人民共和国预算法》规定，除发行地方政府债券外，地方政府及其所属部门不得以任何方式举借债务。并且，自新修订的《预算法》实施后，地方国有企业（包括融资平台公司）举借的债务依法不属于政府债务，其举借的债务由其自行偿还，地方政府不承担偿还责任，这些都表明政府即将对城投债进行剥离。闫老师上文提到的

---

① 《关于做好 2018 年地方政府债券发行工作的意见》指出："发行地方政府债券用于偿还 2018 年到期地方政府债券的规模上限，按照申请发债数与到期还本数孰低的原则确定。"

《关于进一步规范地方政府举债融资行为的通知》还表示，中央层面要求地方政府整改不规范的政府担保措施，并在指定期限内向财政部汇报情况。

投资者还要注意中央部委负责人讲话中透露出的信息，在2018年8月3日，财政部部长在《求是》杂志发表主题文章《充分发挥财政职能作用 坚决支持打好三大攻坚战》，文章明确指出："应对地方政府债务风险，财政部门必须坚持底线思维，坚持稳中求进，抓住主要矛盾，开好'前门'、严堵'后门'，坚决刹住无序举债之风，牢牢守住不发生系统性风险的底线。"这体现出中央部委对于地方债务风险的重视。

针对于各地方政府债务问题，中央密集下发文件，体现出中央对治理地方政府债务问题的态度和决心。2019年，在金融领域防范系统性风险，完善金融监管体系也是政府核心工作之一，中央政府对地方债的重视程度，已不同以往。

由此可见，中央层面的政策变动，更多是立足于防范地方债务风险的角度。虽然中央加强监管力度，在短期内会造成政信类产品的波动，但从长期来看，对政信类产品是利好消息。对地方政府隐性债务出台风险意见、问责方法，是希望地方政府尽可能化解隐性债务风险，也是对政信类产品安全性、稳定性的一种保障。规范化的管理、制度化的监管，将有利于政信类产品的长远发展。

综上，不管是地方层面，还是中央层面，都加强了对地方政府债务问题的重视，并通过政策、制度的安排，逐步梳理地方债务情况，制定解决方案，从而化解潜在的债务风险。而地方政府天量债务问题，对于政信类产品来说，就如同张无忌身上所中"玄冥神掌"的寒毒，必须尽快予以化解，否则将危及性命。

【闫老师小结时刻】

对于固收江湖武林盟主政信类产品来说，潜在法律争议和未来政策变动是其面临的两大外患，必须直面解决，不容忽视。对于法律争议方面，投资者要注意以地方政府为主体的担保措施、增信措施的法律效力，不能盲目迷信政府承诺函等政府文件。政府红头文件虽然直观，但是否有用，是否有效力，还要观其后效。对于政策变动方面，不管是地方层面，还是中央层面，政信类产品背后的地方政府债务问题，越发受到重视。从短期来看，频发的监管细则、政策意见，将导致政信类产品出现波动，但从长期来看，化解风险越早，监管体系越规范，就越有利于政信类产品长期、稳定、安全地发展。

说完武林盟主政信类产品面临的内忧与外患后，我们再来看一下它是如何破解当前困局、巩固武林盟主之位的。是壮士断腕，还是维持现状？欲知后事如何，且听下回分解。

第四节 政信类产品的破局尝试

上回说到，政信类产品武林盟主之位，面临着内忧外患的挑战，其能否巩固盟主之位，关键在于其能否破解当前困局。

那么，政信类产品是如何破局的呢?

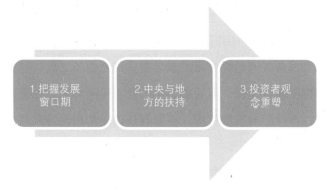

图 4-7   政信类产品破局图

首先，是政信类产品窗口期[①]的把握。对于政信类产品来说，其面临着两到三年的窗口期。

在窗口期内，一方面是国家越来越重视地方债务问题，政信类产品投资将进一步规范化，各地政府将就潜在债务风险进行摸底，并制订相应风险化解计划，防范未来债务风险。

需要注意的是，债务风险的化解是一个长期的过程，需要两到三年的时间。而政信类产品的投资期限一般是三到五年，上一轮政信类产品泛滥期是在 2015—2016 年，这意味着 2018—2022 年将是众多政信类产品的集中兑付期。届时地方政府、平台公司等是否具有兑付能力值得关注。从 2018 年到 2019 年年初出现的政信类产品延期或违约消息来看，整体风险尚处于可控范围内，如：2018 年年初，中融信托发布的云南省国有资本运营有限公司

___

① 窗口期是指在行业发生大的变动前的机遇期。

未能按时偿还信托贷款本息公告，在公告发布后 5 日内，云南省国有资本运营有限公司即宣布兑付完毕。

但各地政府、城投平台面临的兑付压力仍然巨大。这一轮能否顺利解决，将影响接下来的行业发展、政策制定等诸多方面。比如几个月前各家信托公司发布延期兑付公告函之后，各大政府平台即积极联系兑付，但后事如何，就不得而知了。如果政府执意违约，不仅影响投资机构，更影响其整体信用，导致其未来的融资陷入困局。

另一方面是投资机构未来政信类产品可能会受到更多的限制。比如目前多地 PPP 项目被叫停。同样值得注意的是，投资机构募集资金来源在未来可能会受到限制。比如，叫停个人投资者投资政信类项目，只能由机构投资者进行投资，这样一来，未来投资机构的资金端会面临非常大的压力。另外，对于政信类项目融资渠道的金融机构主体是否会做出限制，投资者也需要加以关注。以私募政信类产品为例，这一类产品目前很难获得备案，从 2019 年年初到现在的备案数据上看，私募政信类产品备案数量不断下滑，能备案的管理机构，也以国资背景为主，政信类产品中的政信类私募产品、政信类金交备案产品未来极有可能逐步退出舞台，而政信类信托产品将会一枝独秀。

其次，政信类产品破局更深层次的问题在于国家如何去解决地方政府债务问题。是中央资金救市，还是让地方政府自行处置，这也是中央与地方之间的博弈。从目前情况来看，仅仅靠几大发达省市的财政盈余，不足以覆盖到其他省市的债务问题。因此我们可预见，中央会延长地方债务的处置期限，并在处置期限内，逐步降解压缩地方政府债务规模，发政府债也将面临更多的限制。以2019年年初镇江市提出的化解隐性债务方案为例，其方法便是通过向国开行申请贷款，置换高息融资，同时寻求省级财政支持，以化解债务风险。

这对于政信类产品来说，既是利好，也是利空。

利好在于，不管是"央妈"还是"财爸"，新一轮货币放水基本达成一致，中央通过货币放水，暂时缓解地方政府的"近渴"。同时，一直传言的二三线城市PSL（抵押补充贷款）模式被叫停的消息，也暂被搁置。但是地方政府不能一味通过抬升房价，增加土地税收，来提升自身的还款能力。

利空在于，这一轮中央出手救市，并不能从根本上解决政信类项目的核心问题。解铃还须系铃人，政信类项目核心问题在于地方政府自身。由于地方政府盲目举债，忽视自身债务规模，大量上马基础设施项目，又因为这类项目盈利空间小，回款周期漫长，让地方政府债务越积越多，最终导致债台高筑。所以，不能将全部的希望寄托于中央的救市，更重要的是，地方政府应增加财政收入，并自我造血以保障未来项目还款。随着监管政策的加强，地方政府，尤其是区县级政府融资将会更加困难。如果没有源源不断的后续资金进入，一些质量较差的政信类产品很难继续滚动下去。

最后，政信类产品的破局，也是对投资者观念的重塑。在过往，政信类产品被认为是零风险的产品，导致投资者在选择政信类产品时，由于对比筛选不够，对产品的真实情况、风险水平、底层资产缺乏足够的认识。在不断出现的政信类产品延期、违约风波中，投资者对于政信类产品有了更进一步的了解，投资观念趋于理性，投资能力趋于专业，对产品风控、底层资产等方面更为看重，从长期来看，这有助于推动政信类产品进一步规范化、专业化，促进行业的长久稳定发展。

【闫老师小结时刻】

要坐稳武林盟主之位，必须革新图强，切忌故步自封。就如同《笑傲江湖》中的华山派，故步自封，没有强烈的危机感，安于现状，深陷剑宗和气宗之争，导致五岳之首地位被嵩山派抢去。

因此，政信类产品的破局，既是从中央到地方对于隐性债务问题的风险化解，又是政信类产品自身的变革——通过项目风控、前期尽调，尽可能地规避风险，提高投资安全性，还是投资者观念的改变——改变过往迷信政信类产品零风险的观念，更多地去了解产品的风控、底层资产等要素，提高投资的风险意识，自身的专业水平等。对于政信类产品来说，破局即是新的开始。

说完武林盟主的破局之道，下一回内容中，我们将具体解读武林盟主背后的故事。欲知后事如何，且听闫老师下回分解。

第五节 典型案例分析——如何筛选政信类产品

上回说到，武林盟主政信类产品的破局之道，其为了巩固盟主之位，可谓费尽心力，不仅要把握发展的窗口期，寻求中央、地方政府的支持，还要从自身开刀，对投资者观念进行重塑。这一回，我们将从典型政信类产品出发，来揭示武林盟主背后的秘密。

典型产品案例:××信托——AA县城投集合资金信托计划

(本书中典型产品案例均改编自实践中真实产品。)

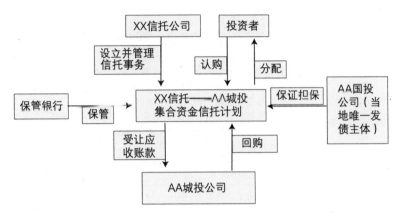

图 4-8 ××信托——AA 城投集合资金信托计划产品架构

表 4-1 ××信托——AA 城投集合资金信托计划产品说明书

信托类型	集合资金信托类
受托人	某某信托公司
融资人	AA 县城市建设投资集团有限公司(简称"AA 城投")
资金流向	用于 AA 县中心城区排涝整治工程等民生工程
信托规模	3 亿元
信托期限	24 个月
预期年化收益	100 万元—300 万元—800 万元:9.0%/ 年—9.3%/ 年—9.5%/ 年(税后)
收益分配方式	季度付息,到期兑付本息

信托目的	委托人基于对受托人的信任,自愿将其合法所有的,并有权支配的资金或有合法处分权的资金交付给受托人。由受托人根据信托计划文件的约定,以受托人的名义,将委托人的信托资金以及其他有相同投资目的,且与受托人签订了信托合同的自然人、法人或其他组织的信托资金集合管理。信托计划存续期间,受托人以受益人利益为宗旨管理、运用、处分信托财产,以实现信托财产的保值增值,并按信托计划文件约定向受益人支付信托利益。
风险控制	1. 融资方:"AA 城投"为国有独资企业,当地最大的基础设施及保障房建设主体,2018 年年末总资产 90 亿元,本次为融资方首次信托主动管理类融资; 2. 应收账款质押:融资方提供对应 AA 县旧城区改造建设有限公司的 5 亿元应收账款做质押,完全覆盖信托本息; 3. 连带担保:"AA 国投"为国有独资企业,当地唯一的发债主体,且为 AA 县各大平台的控股公司,截至 2018 年年末总资产 400 亿元。
区位优势	BB 市,隶属于沿海某省,中国大陆前 15 强中心城市,世界级港口城市,2018 年 BB 市 GDP 为 9000 亿元,可支配财力为 2000 亿元,财政实力雄厚;AA 县隶属于 BB 市,属于全国百强县,2017 年 GDP 为 500 亿元,综合财力为 100 亿元。
信托财产管理中风险揭示和承担	法律法规及政策风险、信托财产独立性风险、市场风险等。

政信类产品两阶段分析法

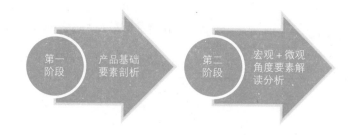

图 4-9　政信类产品两阶段分析法

政信类产品分析分为两个阶段，即产品基础要素剖析与宏观＋微观角度要素解读分析。

下面，就以××信托——AA县城投集合资金信托计划这一产品为例，让我们一同来进行政信类产品分析吧！

第一阶段　产品基础要素剖析

政信类产品中有12项关键信息，分别为产品类型、管理机构、融资主体、保管银行、资金流向、产品期限、资金规模、预期年化收益、收益分配方式、风控措施、项目所在区位和还款来源。

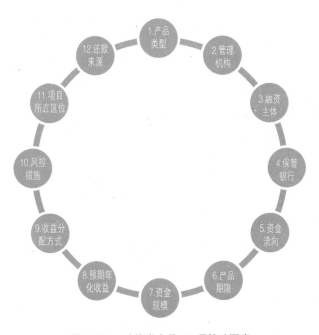

图4-10　政信类产品12项基础要素

问：产品的类型是什么？

答：集合资金信托产品（政信类信托产品）。

问：产品管理机构是谁？

答：××信托管理机构。

问：产品的资金流向是哪里／产品的底层资产是什么？

答：资金最终将被用于 AA 县中心城区排涝整治工程等民生工程。

问：产品的保管银行是？

答：SS 银行。

问：产品的融资主体是谁？

答：AA 城投公司（应确认是当地城投公司、交投公司，还是当地国企。同时应横向比对，看当地是否存在其他融资主体，是否为唯一融资平台）。

问：产品存续期多久？

答：24 个月。

问：产品募集规模多大？

答：3 亿元。

问：产品预期年化收益多少？

答：100 万元—300 万元—800 万元：9.0%／年—9.3%／年—9.5%／年（税后）。

问：产品收益分配方式是什么？

答：季度付息，到期兑付本息。（如果是按季度付息的方式，大家要注意产品存续期是否正常付息，一旦中断，要格外注意，并与管理机构沟通具体原因，做好风险预防。）

问：产品的风控措施是？

答：（1）融资方："AA 城投"为国有独资企业，当地最大的基础设施及保障房建设主体，2018 年年末总资产 90 亿元，本次为融资方首次信托主动管理类融资；（2）应收账款质押：融资方提供对应 AA 县旧城区改造建设有限公司的 5 亿元应收账款做质押，完全覆盖信托本息；（3）连带担保："AA 国投"为国有独资企业，当地唯一的发债主体，且为 AA 县各大平台的控股公司，截至 2018 年年末总资产 400 亿元。

问：产品对应的项目所在地是哪里？

答：沿海某省 BB 市 AA 县。

问：产品的还款来源是什么？

答：第一还款来源：AA 城投的经营性现金流；第二还款来源：AA 国投的经营性现金流；第三还款来源：AA 县旧城区改造建设有限公司债务偿付。

以上 12 项信息，可以根据投资机构提供的产品合同、产品说明书、产品尽调报告等材料进行搜集汇总。实践中，投资机构给到投资者的材料非常多，内容也非常全面，大家在仔细浏览的同时，可以有针对性地将这 12 项基础且关键的内容圈画或标注出来，并简单汇总成表格，以便后续进行深入分析和解读。

若实践中投资机构并未提供上述材料，仅提供产品合同和产品宣传资料，投资者可以向投资机构要求提供上述资料，如果投资机构拒不提供或不能提供，那就要提高警惕了。上述 12 项内容是我们了解产品真实情况的关键要素，是我们分析产品的必备

内容，也是投资者筛选政信类产品的重要指标，因此，需要格外
注意。

第二阶段 宏观＋微观角度要素解读分析

1. 宏观角度解读与分析

角度一：宏观经济情况+宏观政策动向　宏观角度　角度二：中央及地方关于地方债务规范政策走向

图 4-11　宏观角度解读政信类产品

角度一：宏观经济情况＋宏观政策动向

政信类产品与宏观经济情况关系密切，宏观经济政策的变动
对政信类产品的安全性、稳定性影响颇大。宽松的财政、货币政
策，上行的经济状态，可为政信类产品的运转提供稳定可控的宏
观环境，也有助于政信类产品的正常退出，提高投资者的信任度，
扩展产品的安全边界，提高产品安全垫。而收紧的财政、货币政
策，下行的经济状态，将增加政信类产品运作过程中的不确定风
险，增加产品未来兑付期正常退出的难度，导致产品自身的安全
指数下降。

因此，在选择政信类产品前，一定要了解宏观的经济情况、
相关的经济政策，是宽松的财政、货币政策，还是收紧的财政、
货币政策。通过宏观环境和政策的了解与分析，我们可以对政信

类产品未来情况有更加精准的预判，从而做出正确的投资选择。

角度二：中央及地方关于地方债务规范政策走向

在第二节中，闫老师提到悬在政信类产品头上的"达摩克利斯之剑"——地方债务规模，对政信类产品影响深远。这就好比我们在生活中，一定不会把钱借给负债累累又没有还款能力的人一样。如果政信类产品所投的地方债务规模过大，又缺乏中央及地方的政策支持，那么这一产品将面临极大风险。所以，我们在分析所投政信类产品是否安全可靠时，要结合中央及地方的政策走向，比如是否出台债务化解方案，是否对地方债务情况有相关风险防范措施等。

在宏观角度上，除了宏观经济情况外，中央及地方政府对于地方债务规范政策同样非常重要，如果所投资的政信类产品，其所在省市出台了地方债务风险预防处置方案或者出台了相关债务置换计划，说明当地省市对政信类产品重视程度较高，并且有相应制度、方案防范风险，这对于当地政信类产品是利好消息。同样，如果所在省份要求，对有关政信类产品，当地政府不需要负责或政府担保无效，由平台公司自行处理，那么就会导致该产品未来风险加大。

综上，虽然政信类产品作为固收江湖的武林盟主，但同样受到时代大潮的影响。投资政信类产品，一定要结合宏观政策环境，了解产品的未来走向，做出正确的投资判断。

2. 微观角度解读与分析

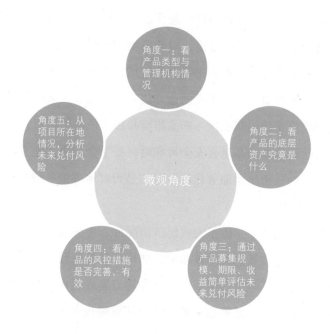

图 4-12　微观角度解读政信类产品

第一点：看产品类型与管理机构情况

根据管理机构的不同，政信类产品可分为政信类信托产品、政信类私募产品、政信类金交场所备案产品。其中，政信类信托产品是当前政信类产品的主流；政信类私募产品受制于整体备案环境，数量不断削减；政信类金交场所备案产品由于金交场所备案的信任度、专业度问题，在市场中占比较低。

管理机构的实力背景、过往历史等情况，也与政信类产品的安全性息息相关。一方面，强大的管理机构所管理政信类产品发生风险时，其与项目方的协商议价能力越强，在项目风险处置中越能占据优势的地位。比如在 2018 年部分政信类信托产品出现延期情况后，信托公司对外公布延期兑付公告，引发巨大社会反响，信托公司面对舆论压力，最终让延期兑付产品实现正常退出。另一方面，选择政信类产品不能只看机构实力背景是否强大，还要关注其过往历史情况，尤其要确认其过往管理的产品是否出现过大量延期、违约等情况。比如某信托公司，旗下有多只政信类信托出现延期问题，虽然其背景实力较强，但项目投资能力、管理能力较弱，同样会对其产品造成负面影响。

因此，筛选政信类产品时，不仅要看所投资的产品类型，还要看所投资产品管理机构的背景、实力、过往历史等。不能盲目相信大机构，需要格外关注所投资机构的过往业绩，看是否存在产品大面积延期、违约的情况。

第二点：看产品的底层资产究竟是什么

底层资产是政信类产品架构中的核心，既关系到资金的去向，又关系到未来的还款来源。在分析底层资产时，一定要弄清真实的底层资产到底是什么。同时针对政信类产品的特点，分析底层资产背后所依托的是政府信用还是融资平台信用（城投、交投公司等）。以闫老师所举的 ×× 信托——AA 县城投集合资金信托计划为例，其底层资产是 AA 县城投公司的应收账款，资金最终流向 AA 县中心城区排涝整治工程等民生工程。那么，虽然这一底层资产虽最终被用于当地的民生项目，但其所依托的信用背书却是当地的城投公司。所以这一产品的信用背书实力较弱。

所以，看底层资产，一定要穿透到真实的底层，了解资金的最终去向。同时要了解政信类产品底层资产所依托的信用背书，究竟是平台公司信用还是政府信用，不能因为资金用于民生项目，就简单认为是政府信用背书，要结合底层资产的真实情况加以判断。

第三点：通过产品募集规模、期限、收益简单评估未来兑付风险

结合上一点的底层资产情况，可以了解底层资产所能形成的现金流及其还款能力。在预估完还款能力之后，大家可以结合产品募集规模、期限、收益简单测算一下，在到期之后，融资方需要兑付的资金量有多大。这里闫老师要提醒的是，融资方需要付出的资金成本＝投资者本金收益＋销售成本＋项目团队成本＋其他成本。也就意味着，项目的真实成本要在投资者收益率的基础上上浮2%—4%，以这里投资者收益率平均9.0%为例，其项目整体成本可能在11%—13%。那么，我们就可以根据这个预估的成本，计算两年后到期时融资方需要兑付的资金量。然后，将底层资产形成的资金量与未来产品需要兑付的资金量比对，看能否覆盖，以判断产品未来兑付风险。

第四点：看产品的风控措施是否完善、有效

我们以列举的××信托——AA县城投集合资金信托计划的产品风控措施为例，除保管银行外，其主要有三项风控措施，分别为：1.融资方："AA城投"为国有独资企业，当地最大的基础设施及保障房建设主体，2018年年末总资产90亿元，本次为融资方首次信托主动管理类融资；2.应收账款质押：融资方提供对应AA县旧城区改造建设有限公司的5亿元应收账款做质押，完全覆

盖信托本息；3. 连带担保："AA 国投"为国有独资企业，当地唯一的发债主体，且为 AA 县各大平台的控股公司，截至 2018 年年末总资产 400 亿元。

我们逐一分析。首先，是融资方的实力，当地最大的基础设施和保障房建设主体，总资产规模 90 亿元。从表面看，实力背景较强。但是，这里需要注意两点：第一点，90 亿元总资产背后的负债有多少，如果这一企业总资产 90 亿元，但负债 80 亿元，那其整体负债率就明显偏高，未来的兑付能力就会存疑。所以不能只看资产规模，要深度挖掘其资产负债率、流动比率、利润率等与兑付能力息息相关的指标。第二点，其主营业务在于基础设施和保障房方面，说明其项目与政府之间关系密切。那么，就要注意政府项目中普遍存在的付款时间过慢的问题，这一点也会影响到产品的未来兑付。

其次，是应收账款质押，一方面要确定质押手续是否办理完毕，另一方面要注意的是质押的应收账款性质。以该产品为例，其应收账款为旧城区改造施工单位应收账款，该类应收账款在建筑工程诉讼追偿中处于优先顺位。因此，这一风控措施保障作用较大。

最后，是当地国投公司的连带责任担保，国投公司作为当地唯一发债平台，对于当地政府的重要性较高，这一点也是加分项。但同时，我们也要关注这一担保主体对外担保情况，是否已为多家机构提供担保？虽然其自身总资产规模较大，但资产规模只是担保实力中影响要素之一，更为关键的是其资产负债情况、盈利情况、现金流情况以及对外担保情况。

　　虽然风控措施是产品的安全卫士，但是，其能否发挥效用还要看具体分析。对于每一条风控措施，要了解其真实情况，以及其对产品的保障作用。尤其要注意的是，投资者不能只看产品说明书中寥寥几句的风控介绍，要具体分析风控措施的真实情况，了解相关担保方、抵押物的权属情况及担保实力等。

　　第五点：从项目所在地情况，分析未来兑付风险

　　不同于其他固收类产品，政信类产品与项目所在地政府关联密切。因此，项目所在地的情况，直接影响政信类产品未来能否正常退出，是否会出现兑付风险。

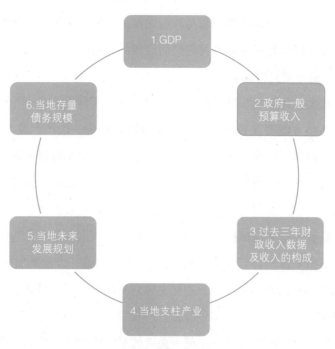

图4-13　项目所在地参考要素

闫老师在前几节中提过，虽然政信类产品中融资方一般是地方的平台公司，但其背后的BOSS是地方政府，地方政府会从优质资产的注入，到未来兑付的资金支持、政策保障等为平台公司提供非常多支持。因此，当地政府的实力对政信类产品未来兑付非常关键。

那么，有哪些项目所在地的要素值得我们关注呢？一般参考的要素有：项目所在地的GDP、政府一般预算收入、过去三年财政收入数据及收入的构成、当地支柱产业、当地未来发展规划、当地存量债务规模等。以闫老师所举产品为例，其项目方虽然是区县级平台，但所在地是全国百强县，也就是说当地的财政收入远高于经济落后省份的市级平台。同时，其所在省份为沿海省份，经济发达，当地税收来源丰富且稳定，整体经济发展情况较好，其未来的兑付风险相对较低。

如果把政信类产品比作一条大鱼，项目所在地就是鱼儿生存的水源地。鱼儿离不开水，政信类产品也离不开项目所在地。因此，在筛选政信类产品时，我们尤其要关注项目所在地情况，比如：当地的财政收入、经济发展水平、领导班子稳定性、存量债务规模等，这些内容都与政信类产品安全性、稳定性、收益性息息相关，值得我们深入地了解与分析。

【闫老师小结时刻】

　　所谓"江山代有才人出，各领风骚数百年"，固收江湖的武林盟主之位，也随着时间增长、环境的变化，几经更迭。而要坐稳盟主之位，必然要付出更多的努力，要将产品的安全性、稳定性做好。关于固收江湖武林盟主——政信类产品的故事，我们就讲到这里。

　　通过本章的内容，希望投资者在筛选具体产品时，不但要结合政信类产品自身的特点，进行剖析、解读，而且也要打破政信类产品零风险的观念，深入了解政信类产品潜在风险点，提高风险意识，从而做出最正确、最安全的投资选择！

　　以上便是第四章《大哥最后的荣耀——政信类产品未来会怎样？》的全部内容，闫老师希望大家通过这一章节的内容对政信类产品有更具深度的了解，以便在未来投资过程中，筛选出优质的政信类产品。在下一章节中，闫老师将为大家具体介绍融资租赁类产品，请关注下一章节《阳光普照——走向光明的融资租赁类产品》

第五章

阳光普照——走向光明的融资租赁类产品

投资基本功第三招

庖丁解牛
之有潜力的黑马

融资租赁类产品

- 融资租赁类产品的定义
- 融资租赁类产品的特征
  - 底层资产现金流充足
  - 交易对手专业度较高、风险保障能力较强
- 融资租赁行业发展历程
- 监管方变动对融资租赁类产品有哪些影响
  - 即将进入强监管期
  - 新租赁会计准则实施
  - 售后回租模式是否还有未来
  - 融资租赁行业资金渠道被削减
- 融资租赁类产品底层资产的形成模式
  - 融资租赁直租模式
  - 融资租赁售后回租模式
- 如何筛选融资租赁类产品
  - 两层次拆分解读法
    - 上层：一般产品要素拆分解读
    - 下层：融资租赁要素拆分解读

　　在第四章，闫老师为大家介绍了政信类产品，虽然其身居固收江湖武林盟主之位，但同样面临着内忧外患，其自身存在的风险也不容忽视。对于投资者来说，一定要破除政信类产品零风险的观念，更多地关注产品本身，了解其所处区位、相关政策、底层资产、风控措施等方面，通过分析，做出正确的投资选择，以规避潜在的投资风险。

　　在接下来的这一章，闫老师将为大家介绍一类身处监管变局之中的产品——融资租赁类产品。为什么说它身处监管变局呢？这是因为 2018 年 5 月 8 日商务部办公厅发布的一纸函文。根据函文，商务部已将制订融资租赁公司、商业保理公司、典当行业务经营和监管规则职责划拨给中国银行保险监督管理委员会（以下称银保监会），自 4 月 20 日起由银保监会履行有关职责。这一纸函文的出台，不仅改变了融租及商业保理行业的未来监管方，更深深影响着投资融租、保理资产的金融产品。

　　监管部门从商务部变成银保监会，对于融资租赁类产品来说，就像是一个班级换了班主任，作为学生，要尽快适应新班主任的管理模式、授课方式，以免因为不适应导致自己的学业被落下。

所以，监管主体的变更，对于融资租赁类产品来说，是一个新的开始。过往虽然由商务部管理，但融资租赁机构与银保监会管理的信托、银行合作密切，这一次划归统一管理，对于合作各方来说，都是一个新的机遇期。所以，这节以"阳光普照"为标题，对于融资租赁机构来说，就像阳光也照射了进来。

那么，究竟什么是融资租赁呢？与之相关的融资租赁类产品又有着怎样的特点？新的监管变动会如何影响它？我们该如何筛选融资租赁类产品呢？带着这些疑问，让我们一同走进第五章《阳光普照——走向光明的融资租赁类产品》。

第一节　什么是融资租赁类产品？

首先，什么是融资租赁呢？从定义上讲，融资租赁是指出租人根据承租人对租赁物件的特定要求和对供货人的选择，出资向供货人购买租赁物件，并租给承租人使用并分期向其收取租金的经营活动，在租赁期内，租赁物件的所有权属于出租人所有，承租人拥有租赁物件的使用权。租期届满，租金支付完毕并且承租人根据融资租赁合同的规定履行完全部义务后，对租赁物的归属没有约定的或者约定不明的，可以协议补充；不能达成补充协议的，按照合同有关条款或者交易习惯确定，仍然不能确定的，租赁物件所有权归出租人所有。

形象解释融资租赁模式（闫老师开豆腐厂记1）

为了发家致富，走上人生巅峰，迎娶白富美，闫老师决定开办一家豆腐加工厂。为了提升豆腐加工品质，闫老师准备从法国进口一台自动化豆腐加工机，但是这台设备非常昂贵，闫老师手头资金不足以购买这台机器，那该怎么办呢？于是，闫老师找到了王二虎融资租赁公司，与其签订了融资租赁协议，由王二虎融资租赁公司购买闫老师指定的法国自动化豆腐加工机，然后把购买的机器再租给闫老师。约定了租赁期限20年，按月支付租金。在租赁期满后，闫老师可以选择继续租赁，也可以选择按照剩余价值购买这台设备。通过这个例子大家可以发现，虽然表面上是闫老师与王二虎融资租赁公司签订了设备租赁合同，但实际上是闫老师通过设备租赁的方式，解决了自己豆腐厂设备升级的融资需求。所以，这种模式兼具融资和租赁两者性质，称为融资租赁。还有一种融资色彩更为浓厚的融资租赁业务模式是售后回租，即融资租赁公司从承租人处买入租赁物，再返租给承租人并收取租金。

形象解释售后回租模式（闫老师开豆腐厂记2）

在闫老师的努力经营下，豆腐加工厂生意红火，但距离"一个亿"的小目标还差得很远。所以，闫老师决心扩大经营规模，将豆腐加工产量再翻一番。但是，闫老师手中资金不足以扩大规模，同时手上也没有房产可供抵押融资，那该怎么办呢？这时闫老师想到，自己豆腐厂有一台进口的法国自动化豆腐加工机，于是找到李二狗融资租赁公司，与其签订融资租赁协议。李二狗融资租赁公司先以合理的价格购买了这台法国自动化豆腐加工机，然后再将这台设备返租给闫老师，并在合同中约定，按月支付设备的租金。

大家会发现这种模式的融资色彩更为浓厚。

其次，融资租赁行业发展情况如何呢？根据天津滨海融资租赁研究院、中国租赁联盟、联合租赁研发中心统计的数据，截至2018年12月底，全国融资租赁企业[①]总数约为11 777家，较上年年底的9676家增加了2101家，增长21.7%，其中金融租赁企业为70家、内资租赁企业为397家、外资租赁企业为11 310家。

在业务总量方面，截至2018年年底，全国融资租赁合同余额约为66 500亿元，比2017年年底的60 800亿元增加约5700亿元，增长9.38%。其中金融租赁业务量25 000亿元，占比37.6%；内资租赁业务量20 800亿元，占比31.3%；外资租赁业务量20 700亿元，占比31.1%。

从数据上看，在三类融资租赁企业中，金融租赁发展势头最好。在金融租赁行业格局方面，呈现出龙头企业垄断的趋势。截至2018年年底，全国共有8家金融租赁公司，总资产规模破千亿，

---

① 其中不含单一项目公司、分公司、SPV公司和收购海外的公司。

也被称为金融融租行业八大巨头[1]。整个金融融资租赁行业，按照资产规模，可被划分为三大阶层：头部阶层，便是资产规模千亿级别的八大巨头；中部阶层是 300 亿元至 1000 亿元融资租赁公司；底部阶层是 300 亿元以下的融资租赁公司。

最后，融资租赁类产品有哪些特征呢？

融资租赁类产品是指以融资租赁资产作为底层资产的投资产品。由于融资租赁资产现金流稳定，又有融资租赁公司的信用背书，该类产品在市场中的认可度较高，产品整体风险系数较低，同时收益较为稳定。该类产品具体特征如下：

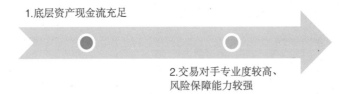

图 5-1　融资租赁类产品两大特征

1. 底层资产现金流充足

不同于其他类型的固收类产品，融资租赁类产品的底层资产以融资租赁收益权为主，由于融资租赁模式的特殊性，承租人需要按照融资租赁协议要求，在合同期限内按照固定的频次支付融租设备的租金（月付、季付、年付等方式）。因此，其资产在存续期内会源源不断地产生现金流，资产整体运作流动性较好。

---

[1]　这8家公司分别是工银租赁、交银租赁、民生租赁、国银租赁、招银租赁、建信租赁、兴业租赁以及华融租赁。其中除华融租赁属于 AMC 系公司外，其余 7 家均为银行系。

2. 交易对手专业度较高、风险保障能力较强

作为交易对手的融资租赁公司，其整体实力背景较强，同时其在与企业订立融资租赁协议前，会就企业经营情况、财务情况、未来还款能力进行详细尽调，在购置设备前会与企业仔细确认，以防范风险。因此，在投资融资租赁类产品前，底层资产已经经过融资租赁企业的风控管理，对底层资产的掌控力较好，风险保障能力较强。

同时，融资租赁类产品在风控措施上，不同于其他固收类产品，其主要以未来稳定的现金流作为保障。其资产对应的企业经营情况较稳定，现金流运转情况较好，还款意愿、能力较强。在做好风险审核的前提下，整体风险系数较低，产品稳定性较高。

【闫老师小结时刻】

要了解融资租赁类产品，首先要了解融资租赁究竟是什么，它与其他融资模式有着怎样的不同，可结合闫老师办豆腐加工厂的故事快速掌握。其次，要了解融资租赁行业的发展，知晓当前的行业格局。最后，要分析融资租赁类产品的特征，这些特征在我们接下来筛选融资租赁类产品时将发挥非常重要的作用，需要格外关注。

第二节 为什么融资租赁行业要与金融机构合作呢？

融资租赁行业与金融机构之间不断深入合作，是非常值得深

入思考的问题。就像闫老师好友小高已经腰缠万贯，提前实现了小目标。而小高突然找到闫老师，想要从闫老师这里借钱。那么，闫老师肯定要提出自己的疑问了。同样，看似背景强大的融租公司，其有着充足的资金来源，为何要跟其他金融机构合作呢？

要解答这一疑问，我们首先要了解一下融资租赁行业的发展历程。在融资租赁行业，最先出现的企业类型是外资融资租赁[①]，目前其机构数量占比也是最多的。几乎与之同时出现的是金融租赁，第一家金融租赁公司为中国租赁有限公司（成立于 1981 年 7 月），而内资租赁公司到 2004 年才出现。

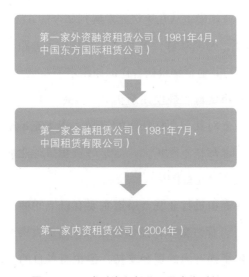

图 5-2　三类融资租赁公司及产生时间

[①]　1981年4月，中国东方租赁公司与日本东方租赁株式会社合资建立的中国东方国际租赁公司是中国第一家现代意义上的租赁公司。

早期的融资租赁企业，尤其是外资融资租赁企业，其往往是国家为了引进外资，促进经济发展而成立的。而进入 21 世纪后，伴随着行业监管政策的制定，融租行业实现了快速发展。其中《关于加快融资租赁业发展的指导意见》（国办发〔2015〕68 号）和《关于促进金融租赁业健康发展的指导意见》（国办发〔2015〕69 号）被誉为行业两大核心指导文件。而 2018 年 5 月商务部发布《关于融资租赁公司、商业保理公司和典当行管理职责调整有关事宜的通知》[①]，则标志着融租行业进入了新的发展期，行业监管实现了统一。

经历了 40 年的发展，融资租赁行业的行业定位、发展模式在不断革新，行业规模也从几千亿元发展到如今的 6.6 万亿元，但仍与银行、信托，乃至私募、公募之间存在较大差距，这也是融租行业不断加深与其他金融机构合作的原因之一。

随着融资租赁行业规模逐渐扩大，受制于自身资金渠道的不足，以及监管上对其最高杠杆率的限制、资本充足率的要求，而其资金端的需求却在不断扩大，这是融资租赁行业加深与其他金融机构合作的另一重要原因。

传统的融资租赁行业资金渠道主要有以下四种，分别是资本金、银行信贷、保理融资以及债券发行。这四大资金渠道为融资租赁行业提供了强有力的资金支持，但也有各自的不足，这些不足导致融资租赁机构面临着发展瓶颈。

---

① 过往金融租赁公司归银保监会监管，内资融资租赁公司、外资融资租赁公司归商务部监管，这一文件颁布后，内外资、金融租赁统一划归银保监会监管。

表 5-1 融资租赁行业四类资金渠道对比

资金渠道	优势	劣势
资本金	借由股东实力，资金成本最低，资金使用较为便捷。	（1）不同融资租赁机构之间，股东实力差异巨大。 （2）背景实力较弱的融资租赁公司，资本金供应难以满足发展需要。
银行信贷资金	为融资租赁行业核心资金来源，资金成本相对较低，资金供应齐足。	（1）在银根紧缩背景下，资金供应量下降，信贷审核更为严格，放款限制增加。 （2）头部融资租赁机构垄断银行信贷资源，中小融租僧多粥少。
保理融资资金	融资风险较低，条件相对宽松，对融资租赁项目提前退出或提前收回成本、收益，有着重要帮助。	（1）融资成本较高。 （2）监管部门调整带来的潜在合作风险。
债券发行资金	现有资金渠道的重要补足，资金成本相对较低，可在债券市场公开募集。	（1）发行条件较高，募集不确定性较高。 （2）受债券市场利率波动因素影响。 （3）可控力较低。

第一，是资本金。这一资金渠道依托于融资租赁公司的股东实力。以目前各类融资租赁公司注册资本要求为例，金融租赁公司注册资本金最低为 1 亿元，外资融资租赁公司已取消最低注册资本金限制（之前是 1000 万美元），内资融资租赁公司注册资本金最低为 1.7 亿元。因此，不同背景的融资租赁公司，其所能获得的资本金差异巨大。对于背景雄厚的融资租赁公司，其资本金规模可能在几十亿元，能为融资租赁公司提供充足且廉价的资金。而对于背景实力较弱的融资租赁公司，其资本金可能仅一两亿元，无法提供充足的资金供给，导致其发展资金短缺。

第二，是银行信贷资金。其占当前融资租赁行业资金来源的近八成，是融资租赁行业的核心资金来源。但银行信贷资金并不是一视同仁的，头部的融资租赁机构背景强、资信好，自然获得了更多的银行授信份额。而中小融资租赁公司，却陷入僧多粥少的困局之中。尤其是在银根紧缩的大背景下，各大商业银行面临较大的信贷压力，在信贷方面审核越发严格，同时就放款额度有了更多的限制，这对于中小融资租赁公司来说可谓雪上加霜。

第三，是保理融资资金。其是融资租赁公司重要的融资渠道和退出路径，同样优劣势明显。优势在于其融资风险较低，条件相对宽松，对融资租赁项目提前退出或提前收回成本、收益，有重要帮助。但其整体融资成本较高，同时，根据 2018 年 5 月商务部发布的《关于融资租赁公司、商业保理公司和典当行管理职责调整有关事宜的通知》，保理行业与融租行业一同被划分到银保监会旗下，未来这样的合作模式能否继续，规模是否会被监管削减，都有较大的不确定性。

第四，是债券发行资金。根据央行与银监会联合发布《金融租赁公司和汽车租赁公司发行金融债管理办法》的规定，融租公司可通过发行债券方式进行融资。但这不代表任何融资租赁机构都可以通过债券方式募集资金，该办法对于发债企业要求、条件较高。即使能达到发行债券的标准，在当前债券市场遇冷的背景下，能募集多少资金仍是一个问题。同时，其还会受到债券市场利率波动因素的影响，该资金渠道可控度较低。

最后，由于融资租赁行业资金渠道上的短板，其急需与其他金融机构进行合作，补足自身资金来源。如果说它是一位出身优越的贵族，那也不得不低下自己高贵的头颅，并寻求改变。而融资租赁行业与其他金融机构之间开展合作，也是一个互利共赢的过程。一方面，融资租赁行业开拓了新的资金渠道，突破了最高杠杆限制，实现了业务规模的进一步提升。同时，丰富的资金来源也可以摊薄整体融资成本，优化融资结构。另一方面，对于金融机构来说，融资租赁行业的资产较为优质，尤其是在底层资产现金流方面，具有较大优势。借由融资租赁企业对资产的风控审核，可以提升对底层资产的把控力度，降低产品整体风险水平，提高产品安全度，设计出符合投资者投资偏好的优质产品。

【闫老师小结时刻】

融资租赁行业与其他金融机构之间的合作，是双方共同的选择。对于融资租赁行业来说，经历了近 40 年发展历程，整个行业面临着发展的瓶颈期。受制于资金渠道的天花板，行业发展受限，需要新的资金渠道，展开新的业务。对于投资者来说，了解融租行业与金融机构合作的大背景，可以更全面地认识融租类产品。融租类产品具有两个核心优势：一是融资租赁机构的强大信用背书；二是底层资产良好的现金流情况。

第三节 监管方变动对融资租赁类产品有哪些影响呢？

监管方变动对于融资租赁类产品来说有点儿像高中分班，其从普通班进入重点班，面对新的老师、新的同学，有些茫然与不知所措。融资租赁行业，就是从原来商务部的普通班，被分到了银保监会的重点班。那么，银保监会这个非常严格的老师，会对融资租赁类产品产生哪些影响呢？让我们逐一来看。

图 5-3　　监管方变动对于融资租赁行业的四大影响

一、监管职权交接工作完成，融租行业即将进入强监管期

目前，商务部已与银保监会完成了融资租赁行业的转隶工作，同时 31 个省市也组建了地方金融监督管理局，对融资租赁行业的前期监管准备工作已基本完成。接下来，银保监会的工作便是对融资租赁行业进行摸底，梳理过往监管中存在的问题，并结合这一轮摸底检查情况，有针对性地制定未来行业监管细则。同时值得注意的是，银保监会通过地方金融监督管理局的组建，进一步扩充监管队伍，各地的监督管理局可以第一时间将当地情况向银保监会汇报。这些植根于当地的监管力量，将对各地的融资租赁机构产生巨大的威慑作用。

对于融资租赁类产品来说，其作为金融机构与融资租赁机构之间合作的产物，也将被纳入监管范围之内，受到严格的规范和监管。融资租赁行业强监管时代马上到来。

这对于融资租赁类产品来说，有利有弊。有利方面在于，未来金融机构与融资租赁机构间合作将更为规范化，同时，双方的合作将从过往的灰色地带走向光明，这一点有利于融资租赁类产品长久发展。不利方面在于，融资租赁类产品操作上的灵活度将大大降低，过往的产品模式将受到严格管理。以融资租赁类私募基金产品为例，《私募投资基金备案须知》第二部分明确了不属于私募基金范围的情形[①]，即对涉及融资租赁类资产，但有明显借贷性质的私募基金，将不予进行备案。因此，投资者要格外注意这种情形，避免投资违规产品，造成投资损失。

二、新的租赁会计准则已经实施，对融资租赁行业各方均产生影响

新的租赁会计准则——《企业会计准则第 21 号——租赁》已于 2019 年 1 月 1 日实施，其分为八大章节，分别为总则，租赁的识别、分拆和合并，承租人的会计处理，出租人的会计处理，售后租回交易，列报，衔接规定，附则。

从内容上看，新的租赁会计准则不仅仅涉及承租人，更涉及出租人、租赁模式处理、装备供应商等，其对于整个行业各个环节都产生了影响。比如在第三章承租人的会计处理中，取消了承租人的融资租赁与经营租赁分类，要求承租人对除短期租赁和低

---

① 1.底层标的为民间借贷、小额贷款、保理资产等《私募基金登记备案相关问题解答（七）》所提及的属于借贷性质的资产或其收（受）益权；2.通过委托贷款、信托贷款等方式直接或间接从事借贷活动的；3.通过特殊目的载体、投资类企业等方式变相从事上述活动的。

价值资产租赁以外的所有租赁均确认一项使用权资产和一项租赁负债，以便后续计提折旧和利息费用。再如，在本章售后租回交易中，特别注明了对售后租回这一操作模式的会计处理。

因此，新的租赁会计准则的实施，对于融资租赁行业影响是全方位的，融资租赁模式下的各方，均受到这一准则的约束。同时，对于融资租赁类产品来说，一方面，产品的管理方要熟悉最新的会计准则，并依据最新的规定，设计产品架构、业务流程、财务报表体系等。另一方面，作为投资者也要对新的会计准则有所了解，尤其是涉及财报方面的不同，以提升对产品的把控度。

三、售后回租模式饱受争议，未来能否继续仍存疑

在第一节，闫老师跟大家提到过售后回租模式，该种模式融资色彩浓厚，通常由融资租赁公司从承租人处买入租赁物，再返租给承租人并收取租金。因此，这一模式在实践中饱受专家、行业监管部门的质疑，认为其与融资租赁的本质不符合，有明显的纯借贷性质。

同时，金融租赁专业委员会也多次提出要逐步削减售后回租业务比例的意见。那么，此次融资租赁行业监管部门统一化，针对售后回租模式，银保监会是否会出台细则监管？目前来看，出台的概率较大。但当前争议焦点是，售后回租模式是应该被削减，还是应该直接被叫停。

因此，对于涉及售后回租模式所形成的融资租赁底层资产的投资产品来说，存续期内受到的影响并不大，哪怕是叫停，对于过往发行的产品也往往是新老划断的方式。主要影响的是未来这

类产品的发行和备案，一旦被叫停，未来对融资租赁类产品的底层资产审核将更为严格，涉及这一模式的底层资产将无法被监管部门认可。而投资者尤其要注意底层融资租赁资产的形成模式，看是基于哪一种模式形成的底层资产。

四、融租行业资金渠道将被削减，行业融资成本攀升

在融租行业统一监管后，过往融资租赁机构与其他金融机构之间的资金合作将被严格监管，一些不规范的融资行为将被叫停。对于正处于上升期的融资租赁行业来说，这将造成短期内的资金供给不足。而供小于求，带来的直接影响就是行业资金成本的攀升。在第二节，闫老师提到融资租赁行业有四大资金渠道，一方面，统一监管落地后，监管强度加强，原有的资金渠道将受到影响，难以保证原有的资金供给。另一方面，融资租赁行业新开拓的资金渠道，比如私募、信托等，能否被监管层认可，仍存在一定风险。

因此，对于融资租赁类产品来说，这一趋势有利有弊。有利的方面是，随着资金成本的提升，产品收益也会提升，投资者可以获得更多的收益。不利的方面是，一旦监管层叫停融资租赁行业和某类金融机构之间的合作，对于现存续产品仍会造成负面影响和冲击，甚至可能会导致产品出现风险。

> **【闫老师小结时刻】**
>
> 　　对于融资租赁类产品，不但要了解它的现状，更要了解在行业监管层统一后，它的未来会发生哪些变动。这些变动，直接关系到我们所投资产品的安全性、稳定性。

第四节　揭开融资租赁类产品的特殊一面

　　不同于其他固定收益类产品，融资租赁类产品底层架构较为复杂。在分析具体产品时，通常将其架构分为上下两层：上层架构是产品架构，比如私募产品、信托产品等；下层架构是底层资产融资租赁架构，在下层架构中尤其要注意底层资产的形成模式，以及资金的流转。下面我们来具体分析其特殊的架构模式。

　　底层资产的形成模式，主要分为两类，即融资租赁直租模式和融资租赁售后回租模式，两者的架构如图5-4、图5-5：

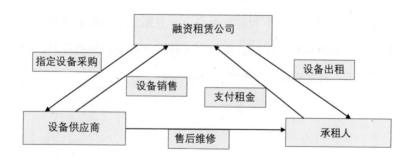

图5-4　融资租赁直租模式架构

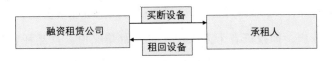

图 5-5　融资租赁售后回租模式架构

通过架构图，我们可以更为直观地看到两种模式所形成的底层资产的不同。融资租赁直租模式是一个三方架构，分别是融资租赁公司、承租人、设备供应商，而融资租赁售后回租模式是一个两方架构，仅有融资租赁公司和承租人，其中承租人既是设备的出售方，又是设备的承租方。对于融资租赁直租模式来说，其架构更为稳定，存在真实的设备流转过程，更符合一般大众理解中的融资租赁模式。而融资租赁售后回租模式，设备的所有权变动、设备的租赁仅存在于融资租赁公司与承租人两者之间，其设备的流转过程缺乏透明度，整体的交易架构封闭，交易行为真实性、客观性、公允性令人担忧。

以闫老师开豆腐厂为例，闫老师与李二狗融资租赁公司达成协议，采用售后回租模式。由李二狗融资租赁公司购买闫老师豆腐加工厂的设备，之后再回租给闫老师。那么，由于设备是从闫老师豆腐厂采购，而不是通过第三方设备制造商，设备的价格该如何估值呢？比如，闫老师想要多融资一点儿钱扩大豆腐厂规模，可以将设备估值做高，以融到更多的钱。再如，闫老师与李二狗融资租赁公司达成内幕交易，并不存在真实交易设备，只是借由设备购买回租的名义进行融资贷款。所以，售后回租模式中，可做文章的地方非常多，这也是其饱受质疑的原因所在。而基于此类模式形成的底层资产，其真实性、安全性需要多加考量。

另外，从产品募集到资金最终被打入融资租赁公司，要经历四个账户，即投资者个人账户、产品募集账户、产品托管账户、融资租赁公司指定账户。而在资金进入融资租赁公司指定账户后，即开始了新一轮的流转。融资租赁公司在获取资金后，将货物款项打到设备供应商账户，取得设备的所有权。之后，将该设备交付到承租人手中，由承租人使用，融资租赁公司收取相应租金。最后，融资租赁公司在收取到承租人租金后，将相应款项打回到融资租赁类产品账户中。

该资金流转路径，如图5-6所示：

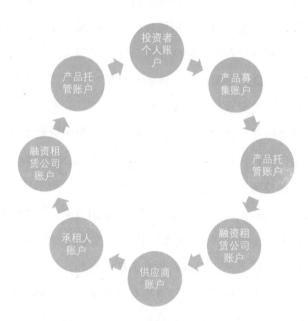

图5-6　融资租赁类产品资金流转路径

　　通过资金流转路线图，我们可以清晰地看到资金的流向，由于资金经过的账户较多，要格外注意在产品风控中是否有对应的风控措施，来监管资金账户，防范投资者资金被挪用，以保障资金安全。因此，投资者在筛选融资租赁类产品时，要重点考察产品资金账户的监管，防范资金挪用风险。

　　最后，融资租赁类产品的特殊架构模式提醒投资者要不断提升自身投资专业水平，对不同的产品要以不同的标准进行考量，而不能用一套标准衡量所有产品。同时，融资租赁类产品的特殊架构模式，也与融资租赁自身的特性有关，因此，在投资这类产品时，既要从广度上的行业背景、行业发展历史、行业监管制度去把握，又要从深度上的产品操作模式、架构设计、资金流转方式去剖析。

【闫老师小结时刻】

　　由于融资租赁类产品底层资产较为复杂，在筛选这类产品时，需要将其拆分成上下两层进行分析。在底层资产中，投资者要格外注意底层资产的形成模式和资金的流转。在形成模式方面，要区分融资租赁直租模式和融资租赁售后回租模式。在资金流转方面，要了解产品资金会经过哪些账户，以及分别是什么。最后，还是闫老师常说的那句话，投资是一件需要用心做的小事。投资者需要不断提升自身的分辨能力，以保障投资的安全。

第五节　典型案例分析——如何筛选融资租赁类产品

典型产品案例：AA 融资租赁私募基金（本书中典型产品案例均改编自实践中真实产品。）

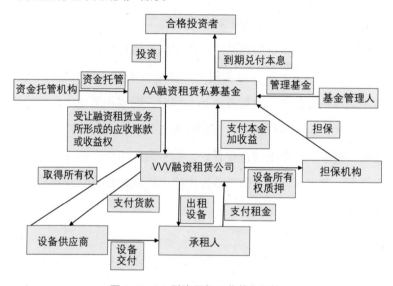

图 5-7　AA 融资租赁私募基金架构

表 5-2　AA 融资租赁私募基金产品说明书

一、基金名称、类型及其他基本信息	
基金名称	AA 融资租赁私募基金
拟募集规模	不超过人民币 5000 万元
基金类别	其他投资基金
投资人要求	具备相应风险识别能力和风险承担能力，投资于单只私募基金的金额不低于 100 万元且符合下列相关标准的单位和个人： （一）净资产不低于 1000 万元的单位； （二）金融资产不低于 300 万元或者最近三年个人年均收入不低于 50 万元的个人。

续表

认购金额	投资人认购私募基金份额不得少于100万份,并可以5万份的整数倍追加认购,并在签署基金合同之日一次缴足认购款项。
基金分级	本基金不分级,投资人持有的份额均为普通份额。
私募基金的存续期限	本基金存续期限为24个月。
托管人及外包服务情况	1. 本基金由某某银行托管; 2. 基金未聘请其他服务提供商和投资顾问; 3. 基金未聘请外包服务机构提供外包服务。

二、基金的投资

基金的投资范围	该基金募集资金将被用于特定投资标的,即受让VVV融资租赁公司基于融资租赁业务的应收租金收益权。本基金财产中的闲置资金可被用于投资商业银行理财(保本型)、货币市场基金、银行存款、银行大额存单以及中国证监会批准或中国证券业协会备案的低风险高流动性金融产品。
基金投资策略	注重稳健投资收益。
基金投资禁止行为	本基金财产禁止从事下列行为: 1. 不得对外担保,除银行存款外,不得投资于基金文件未约定的其他投资品种,包括但不限于股票、期货、债券等; 2. 承销证券; 3. 从事承担无限责任的投资; 4. 利用基金资产为基金投资人之外的任何第三方谋取不正当利益、进行利益输送; 5. 从事内幕交易、操纵证券价格及其他不正当的证券交易活动; 6. 法律法规、中国证监会以及本合同规定禁止从事的其他行为。

三、基金的收益及风险

收益预测	1. 基金财产在扣除各项费用后有足够财产可以分配的,对于投资金额在300万元以下(不含本数)的投资人,按照年化××%的收益率向其分配投资收益,对于投资金额在300万元及以上的投资人,按照年化××%的收益率向其分配收益,其余部分将被作为管理奖励支付给管理人。 2. 如基金财产在扣除各项费用后不足以按照上述分配方式进行分配的,则根据上述收益率水平按比例进行分配。 3. 如基金财产在扣除各项费用后仅能按照上述分配方式支付投资人收益的,则应当全额向投资人进行分配。

收益分配方式	每半年付息一次,到期兑付本息。
风险特征	本基金属于低风险等级投资品种,适合风险识别、评估、承受能力保守型的合格投资者。
风险控制	1.本产品募集账户、托管账户于某某银行开设,某某银行负责对产品资金进行账户监管。 2.某某担保机构就 VVV 融资租赁公司未来还本付息行为提供担保。 3.VVV 融资租赁公司基于与承租人的约定,向设备供应商购买指定设备,该设备价格符合一般市场价格,同时承租人与 VVV 融资租赁公司签订长期设备租赁协议,约定按月支付租金,每月租金 ×× 元,年租金 ×× 元,租金收益可覆盖产品本息。 4.VVV 融资租赁公司将该设备所有权进行质押,以担保未来还款能力。

两层次拆分解读法

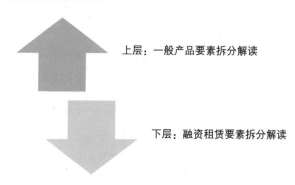

上层：一般产品要素拆分解读

下层：融资租赁要素拆分解读

图 5-8　两层次拆分解读法

在前面几节，闫老师跟大家提到，由于融资租赁类产品的特殊性，我们在分析融资租赁类产品时，通常需要将其拆分为上下两层。上层为一般产品要素，下层为融资租赁要素。在对融资租赁类产品进行分析时，我们先按照这两个层次进行拆分，之后对两个层次中的要素分别进行分析，最后再将两层次的分析结果整合，以形成最终的产品判断结论。

下面我们以闫老师所举的 AA 融资租赁私募基金这一产品为例，一同进行融资租赁类产品分析。

上层：一般产品要素拆分解读

在上层的拆分解读中，我们关注的重点是产品基础要素，其中底层资产融资租赁方面，我们放在下层具体解读。那么，除了底层资产这一要素外，还有哪些常见的产品要素值得我们关注和分析呢？

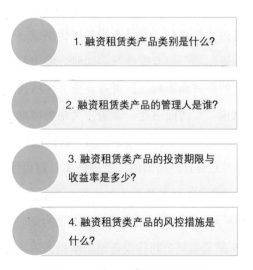

1. 融资租赁类产品类别是什么？

2. 融资租赁类产品的管理人是谁？

3. 融资租赁类产品的投资期限与收益率是多少？

4. 融资租赁类产品的风控措施是什么？

图 5-9　上层：一般产品要素分析

1. 融资租赁类产品类别是什么？

融资租赁类产品按照其管理主体来划分，可分为融资租赁私募类产品、融资租赁类信托产品、融资租赁类银行理财产品等。以闫老师所举的 AA 融资租赁私募基金为例，其属于私募基金产品。那么，就要结合私募基金这一产品的特征进行分析。比如，产品是否在中基协备案，备案号是多少？募集宣传符合私募基金非公开针对特定合格投资者宣传的要求吗？是否对投资者有保本保收益的违规承诺？等等。

2. 融资租赁类产品的管理人是谁？

由于融资租赁类产品底层资产较为复杂，其对于产品管理人能力要求较高，因此，投资者在筛选融资租赁类产品时，需要多多了解管理人对过往产品的管理情况。比如，其过往发行过几个与融资租赁有关的产品，其过往管理的融资租赁类产品平均收益率是多少，其过往管理的产品是否出现过延期或违约的风险，其主要合作的融资租赁公司有哪些等。同时，鉴于监管层变动对于融资租赁行业的多方面影响，投资者还要关注所投资融资租赁类产品的管理机构是如何面对这一影响，又是如何避免因监管层变动造成的对产品的冲击的，以及是否结合新的监管变化、会计准则变化，针对性地设计产品架构、管理模式、财税处理等方面。

3. 融资租赁类产品的投资期限与收益率是多少？

以闫老师所列举的 AA 融资租赁私募基金为例，该产品未来还款来源是 VVV 融资租赁公司将设备租给承租人后，在未来两年所形成的租金收益。那么，大家就需要测算一下，看看这一还款来源能否覆盖掉产品未来的成本加收益。同时，由于这一产品核心还款来源在于租赁行为所产生的未来现金流，所以大家还需要结合自身产品投资期限，预估在未来投资期限内（24 个月）该产品底层资产（融资租赁租金收益权）所形成的现金流能否保持稳定，以保障产品安全退出。

如何判断收益权产品的未来现金流是否稳定？

判断未来现金流是否稳定，一方面要结合过往的现金流情况数据，如租金收益权产品，投资者可以结合该产品底层资产过往的租金数据进行测算，如过往 5 年的租金收益增长趋势及过往每月租金收入平均水平。对于较为成熟的底层资产来说，其每年的现金流情况是稳定的，若其过往的现金流数据有较大幅度的波动，那么就要格外注意。

另一方面，要结合底层资产的情况，判断与之相关的市场要素在产品存续期内是否会发生变化，这些变化是否会对底层资产所形成的现金流造成影响。比如，融资租赁行业监管层的统一是否对融租资产造成影响？再如，写字楼租金收益权产品，其底层资产——写字楼租金是否会受到未来房地产市场政策变化的影响？

因此，对于收益权类产品来说，稳定的现金流是保障其产品安全性的关键。而要判断未来现金流情况是否稳定，既要回顾过去，又要立足未来。

4. 融资租赁类产品的风控措施是什么？

看风控，是闫老师在分析产品时一直强调的重点。那么，对融资租赁类产品风控该怎么看呢？以闫老师所举 AA 融资租赁私募基金为例，其风控措施为：（1）本产品募集账户、托管账户于某某银行开设，某某银行负责对产品资金进行账户监管。（2）某某担保机构就 VVV 融资租赁公司未来还本付息行为提供担保。（3）VVV 融资租赁公司基于与承租人约定，向设备供应商购买指定设备，该设备价格符合一般市场价格，同时承租人与 VVV 融资租赁公司签订长期设备租赁协议，约定按月支付租金，每月租金 ×× 元，年租金 ×× 元，租金收益可覆盖产品本息。（4）VVV 融资租赁公司将该设备所有权进行质押，以作为未来还款的担保。

下面，我们逐一分析这四项风控措施。首先是资金账户由某某银行监管。这一风控措施属于常规型风控措施，尤其是对于私募产品来说，在申请备案私募产品时，若其资金账户未在托管机构进行托管，中基协会将要求管理人说明未托管的原因，并做出合理解释。因此，在实践中，私募类产品基本都会在托管机构（银行、券商等）开设托管账户，由托管机构对资金账户进行监督。但这一监督措施，能否有效地保障资金不被挪用，保障投资资金的安全呢？从实践角度来看，其所发挥的效用并不大。

其次是某某担保机构就 VVV 融资租赁公司未来还本付息行为提供担保，就这一风控措施需要关注的是担保机构的担保实力。在这里闫老师要纠正一下很多投资者都有的一个错误观念，即担保机构资产规模越大，担保实力越强。事实上这一观念并不准确，与担保实力相关的指标有资产规模、股东背景、注册资本、资产负债率、利润率、现金流量情况、经营情况等。资产规模只是指标之一，不能盲目地认为资产规模越大，其担保实力就越强。就像是以一个资产规模上百亿的国企做担保，但这家国企负债累累，利润情况较差，那么，其实际的担保实力就大打折扣。

再次是融资租赁资产未来租金收益测算可覆盖产品本金收益，这点大家要结合闫老师小课堂中提及的现金流方面的知识。其底层资产所形成的未来租金收益能否覆盖产品本金收益，一方面要看其过往的现金流情况，即过往的租金收益是否稳定。若缺乏过往历史，可与同类产品做横向对比，以预测其未来租金情况。另一方面，要结合未来潜在影响租金的要素，判断在接下来24个月的存续期内，是否会因为这些潜在因素造成租金收益波动，并对未来的兑付造成影响。

最后是 VVV 融资租赁公司将该设备所有权进行质押，以担保未来还款能力。对这一风控措施，需要关注三点：一是所有权质押手续是否办理完毕，相关质押材料是否真实。二是设备所有权具有多大价值，即设备自身价值是否存在被高估的情况，是否有公正客观的第三方进行设备估值等。三是一旦出现风险，行使质押权时，需要经过哪些程序，需要多长的处置时间，处置价值有多大等。

综上，针对于该产品所涉及的四个风控措施，我们需要具体分析，以判定这些风控措施能否起到保障产品安全的作用。

【闫老师小结时刻】

在融资租赁类产品上层内容分析中，掌握融资租赁类产品的基础要素，包括类型、管理人、期限、收益、风控措施，可以帮助我们勾勒出产品的基本形态。这些要素看似基础，却蕴含着颇多的信息，这些内容在产品说明书、产品合同中可能只是简单的一句话，但是，绝对需要我们对其进行深度分析。

下层：融资租赁要素拆分解读

对于融资租赁类产品来说，下层的融资租赁要素，是它与其他产品间的不同之处。而底层资产——融资租赁业务所形成的应收账款或收益权，也是构建整个融资租赁类产品的基础，因此也需要将其与上层进行拆分，单独进行分析。

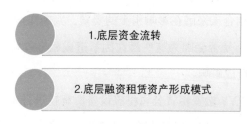

图 5-10　下层：融资租赁要素分析

在下层融资租赁要素拆分解读中，需要注意以下两点：

1. 底层资金流转

在第四节闫老师提到过，融资租赁类产品从产品募集到资金最终打入融资租赁公司账户，要经历投资者个人账户、产品募集账户、产品托管账户、融资租赁公司指定账户等四个账户。但资金的流转并不是到融资租赁公司指定账户后就停下来了，而是以此为起点，开始新的流转过程。我们所要关注的，就是在进入融资租赁公司指定账户后的资金流转过程。

要关注后续资金流转过程的原因有二：第一，前一流转环节中的资金账户监管措施，无法延续到后一流转环节中来。以闫老师所举的 AA 融资租赁私募基金为例，虽然托管银行对基金的托管账户进行了监管，但其监管的过程只是从投资者将资金打入基金募集账户，再从基金募集账户资金划转到基金托管账户，最后从基金托管账户划转到融资租赁公司指定账户为止。也就是说，资金划转到融资租赁公司账户后，这笔资金的去向是托管银行所无法监控的。以闫老师制作的图 5-11 为例：从融资租赁公司账户开始，到供应商账户，再到承租人账户，最后回转到融资租赁公司账户，这中间的资金流转处于监控空白地带。

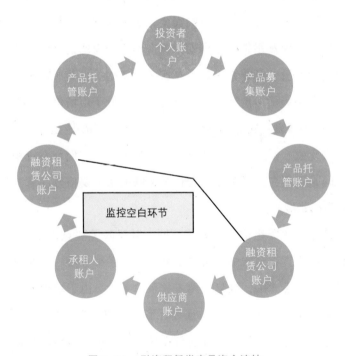

图 5-11　融资租赁类产品资金流转

第二，后一资金流转环节监控空白地带的存在，导致其存在资金挪用或滥用风险。要保障底层资产的安全，我们必须关注其资金流转上的软肋,即在资金进入融资租赁公司指定账户后,对其后续的流转是否有足够有效的手段予以监管。对于融资租赁类产品投资者来说,需要关注在产品存续过程中,资金流转是否正常,管理人是否采取有效手段防范资金流转中存在的潜在风险。

2. 底层融资租赁资产形成模式

鉴于融资租赁类产品底层资产是基于融资租赁业务所形成的应收账款或收益权,那么,首先,要考虑其基础业务是否真实。这点不仅仅关系到产品自身的安全,更关系到该产品是否涉及违规操作。以融资租赁直租模式为例,你要知道的是,资金进入融资租赁公司后,其是否进行了真实的设备购买,其所购买的设备是否符合市场正常价格(不管是高于还是低于市场价格,都要注意)。还要知道,底层融资租赁三方架构中,除融资租赁公司外的设备供应商、承租人是否是实际运营的公司,它们与融资租赁公司之间是否存在关联关系(若存在关联关系,要格外注意其是否存在自融嫌疑)。

其次,融资租赁业务模式不同,其风险关注点也是不同的。在融资租赁直租模式中,主要是从三方关系来考量。而在融资租赁售后回租模式中,则是对两方关系的考量。由于承租人既是设备供应商又是承租人,一方面要注意其设备买断价格是否公允,同时还要注意设备的所有权是否完成了从承租方向融资租赁公司之间的转让,相关的法律文件是否齐全,融资租赁公司是否真实取得了原属于承租方的设备。另一方面,还要注意依照融资租赁公司采购设备价格,承租人的回租价格是否正常。这方面,如果两者之间并未有真实的设备购买行为,而是由融资租赁公司直接向承租人放贷，到期后承租人偿还贷款，那么，在这种情形下，基于融资租赁业务所形成的应收账款或收益权本身的不真实，产品风险将呈几何级增加。

最后，要重点关注承租方的情况。不管是基于融资租赁业务形成的应收账款还是收益权，其最终还款来源均依赖于承租方的租金支付。换句话说，不管融资租赁类产品设计了多少层架构，穿透到最终的收益保障是承租方的租金。而融资租赁类产品到期能否正常兑付本息，取决于承租人的情况。这里一方面要关注承租方的真实性，即承租方不是壳公司，是实际管理运营的。同时承租方与融资租赁公司所签订的融资租赁协议是真实的。另一方面，要关注承租人自身运营情况、资信情况、管理情况等，比如，在引进新设备后承租人产值提升情况、承租人当前季度/年度盈利情况、承租人未来发展规划、承租人经营状况、承租人涉诉情况、承租人过往履约情况等。这些要素直接关系到其未来能否按期支付租金，是否会出现延期或违约的风险。

因此，在融资租赁类产品下层内容分析中，要重点关注基于融资租赁业务所形成的应收账款或收益权的真实性。其中，需要格外注意两点：第一点是底层资金流转；第二点是底层融资租赁资产形成模式。同时，在第二点中需要格外重视承租方的真实情况，这是关系到融资租赁类产品能否正常兑付本息的关键点。

【闫老师小结时刻】

在分析融资租赁类产品时，我们要用好两层次拆分解读法，将融资租赁类产品拆分成上下两层，进行针对性的分析，最后将拆分的上下两层整合，得出最终的结论。在上层的一般产品要素解读中，投资者要深度挖掘每项基础要素背后的信息，形成自己的产品判断。在下层融资租赁要素解读中，投资者要结合融资租赁自身的特点，剖析真实的底层资产安全性。最后，闫老师想要强调的是：对一个产品的分析和判断，不是孤立的过程，而是结合各方因素的综合结论。

以上便是第五章《阳光普照——走向光明的融资租赁类产品》的全部内容，闫老师希望大家通过这一章节的学习，既能了解融资租赁行业的过去和未来，又能了解对融资租赁类产品的具体剖析，从而能在未来筛选融资租赁类产品时，做出最正确的判断。在下一章节，闫老师将为大家具体介绍上市公司债权类产品，请关注下一章节《走下神坛——上市公司债权类产品》。

第六章

走下神坛——上市公司债权类产品

投资基本功第三招

庖丁解牛
之走下神坛的霸主

上市公司债权类产品

- 什么是上市公司债权类产品

- 上市公司票据产品
  - 票据的定义
  - 票据的特征
  - 电子商业汇票系统定义
  - 电子商业汇票的不同之处

- 上市公司定向融资类产品
  - 什么是定向融资模式
  - 定向融资模式的特点
  - 定向融资模式的市场环境

- 上市公司债权类产品未来破局
  - 做好投资风险预防
  - 将风控作为筛选产品的核心
  - 关注整体经济环境

- 如何筛选上市公司债权类产品
  - 核心圈层辐射要素分析法

　　在第五章，闫老师为大家介绍了融资租赁类产品。融资租赁行业监管的统一，给融资租赁类产品带来了新的机遇与挑战。我们筛选融资租赁类产品，一方面要关注这一监管机构的变动影响，另一方面要学会两层拆分解读法，即从一般产品要素和融资租赁要素这两个角度拆分解读融资租赁类产品的安全性、稳定性、可靠性，以做出正确的投资选择。

　　在第六章，闫老师为大家介绍一类深陷风波中的王牌级产品——上市公司债权类产品。它跟政信类产品之间可谓"王牌对王牌"，并一直共同占据着市场中的头两把交椅。那么，为什么称它为王牌级产品呢？这是因为在过往投资市场中政府平台和上市公司主体一直被认为是强信用主体。通俗来讲，就是大家觉得这两大主体家大业大、背景雄厚，不还钱的可能性极低，投它们肯定靠谱。

　　所以，在固定收益类产品市场中，上市公司债权类产品虽称不上王，但也算一方霸主了，受到投资者们的追捧！

　　后来这种追捧渐渐变成了盲目崇拜，并一步步将上市公司推上了神坛。然而，上市公司债权类产品被"封神"后，投资者往往忽视了它身上潜在的风险。目前，降杠杆、去通道的金融强监管政策的出台，就是为了加强监管，防范更大、更复杂的风险。但不可回避的是，金融强监管的风向犹如一颗火星，引发了一批上市公司债务的爆雷潮。

那么，上市公司债权类产品有哪些特点？上市公司债务爆雷潮对它们有哪些影响？我们又该如何筛选上市公司债权类产品？带着这些疑问，让我们一同走进第六章《走下神坛——上市公司债权类产品》。

第一节　什么是上市公司债权类产品？

首先，我们要框定一下上市公司的范围，《公司法》将上市公司定义为：所公开发行的股票经过国务院或者国务院授权的证券管理部门批准，在证券交易所上市交易的股份有限公司。对于拟上市的公司来说，它既可以选择在境内上市，也可以选择在境外上市（如港股、美股等），而我们这里讨论的上市公司为在境内证券市场上市的公司（即主板上市公司，截至 2018 年年底，A 股上市公司数量为 3583 家）。

其次，《公司法》具体规定了股份有限公司申请其股票上市的条件[①]，比如对公司股本、连续盈利情况、股东人数等方面的要求。因此，想要成为上市公司，需要满足非常严格的要求。而较高的门槛，也让上市公司相比于非上市公司拥有了更大的优势。比如，通过在证券市场发行股票获取稳定的资金来源，借此不断扩大自身规模，提高自身盈利水平等。所以，相比于非上市公司，上市公司整体资产规模较大，在所属行业中实力背景居于前列，资信较好。这也是投资者更青睐上市公司债权类产品的原因之一。

最后，上市公司债权类产品有哪些？它们有什么不同呢？

这里闫老师要说明的是，虽然上市公司可以通过证券市场发行股票来实现融资，但由于证券市场波动性较大，头部上市公司与尾部上市公司市值差距巨大，尤其是市值较低的上市公司，仅通过在证券市场发行股票，难以满足其融资需求。

对于非头部的上市公司来说，债权市场中的融资是其重要的融资渠道，其涉足债权市场，自然也就孕育出上市公司债权类产品。

目前，常见的上市公司债权类产品主要有两类，分别是上市公司定向融资类产品和上市公司票据类产品。两者共同点是均基于上市公司主体信用；不同点在于两者的产品架构、底层资产、管理模式、风控等方面，最大的不同是底层资产。

上市公司票据类产品的底层资产为以上市公司作为出票人及

---

① 股份有限公司申请其股票上市必须符合下列条件：(一)股票经国务院证券管理部门批准已向社会公开发行。(二)公司股本总额不少于人民币5000万元。(三)开业时间在3年以上，最近3年连续盈利；原国有企业依法改建而设立的，或者本法实施后新组建成立，其主要发起人为国有大中型企业的，可连续计算。(四)持有股票面值达人民币1000元以上的股东人数不少于1000人，向社会公开发行的股份达公司股份总数的25%以上；公司股本总额超过人民币4亿元的，其向社会公开发行股份的比例为15%以上。(五)公司在最近3年内无重大违法行为，财务会计报告无虚假记载。(六)国务院规定的其他条件。

承兑人的电子商业承兑汇票及其收益权。而上市公司定向融资类产品的底层资产通常以上市公司应收账款为主，也有部分上市公司定向融资类产品并不存在实际的底层资产，只是定向向上市公司放一笔款，由上市公司提供相应的担保或抵押，并在到期后兑付本息。因此，上市公司定向融资类产品的纯借贷性质较为明显，也正由于此，这类产品一直饱受争议。

【闫老师小结时刻】

　　上市公司债权类产品与上市公司关系密切。要了解这一类产品，首先，要了解什么是上市公司，上市公司有哪些特点等。其次，要了解上市公司债权类产品有哪些类别，不同类别的产品之间有什么相同点和不同点。最后，要结合当前证券市场情况及上市公司发展情况，针对产品具体分析，不能盲目相信上市公司主体信用，投资者要转变投资观念，提升投资专业度和产品把控度。

第二节　上市公司票据类产品必读小知识——票据法律关系及电票系统

　　要了解上市公司票据类产品，首先要从票据法律关系出发，了解什么是票据，它相比于其他资产有哪些不同的特性，它身上的权利义务关系是怎样的，等等。这些是我们了解上市公司票据类产品的基础。

　　首先，什么是票据呢？根据《票据法》中的规定，票据包括汇票、银行本票和支票，是指由出票人签发的、约定自己或者委托付款人在见票时或指定的日期向收款人或持票人无条件支付一定金额的有价证券。而上市公司票据类产品所涉及的票据，主要是指以上市公司为票据出票人的商业承兑汇票。

 什么是汇票？

> 汇票，是由出票人签发的，委托付款人在见票时或者指定日期无条件支付确定金额给收款人或持票人的票据。汇票的当事人分为基本当事人：出票人、付款人和收款人；非基本当事人：背书人和保证人等。汇票的票据行为包括出票、背书、承兑、保证。

其次，票据具有哪些法律特征呢？这些法律特征又对上市公司票据类产品产生了哪些影响呢？

图 6-1 票据四大法律特征

1. 票据无因性

票据无因性是指权利人是否享有票据权利，只以持有符合《票据法》规定的有效票据为必要条件，与票据赖以发生的原因无关。简而言之，票据上的法律关系是一种单纯的金钱支付关系。

比如，闫老师是票据权利人，闫老师向票据承兑人或付款人请求行使票据权利时，闫老师不用解释说自己是怎样取得票据的，哪怕闫老师持有的票据是偷过来的，只要闫老师持有的票据是真实的，票据承兑人或付款人也必须按照票据上记录的信息向闫老师支付款项。

因此，票据无因性对于整个上市公司票据类产品来说具有深远影响。即作为持票人在要求票据承兑人承兑时，并不需要证明自己是如何取得票据的，不需要说明原因行为。这一法律特征，是保证票据流通性的关键点。正因如此，上市公司票据类产品的持有人，只要其持有的票据是真实的，就无须担心承兑人或付款人以票据来源或取得渠道为由，拒绝承兑。

2. 票据要式性

票据要式性是指票据票面记载的内容必须严格按照《票据法》及相关法律法规的规定，否则将会影响票据的效力，甚至导致票据无效。并且票据金额、日期、收款人名称不得更改，更改的票据无效。对票据上的其他记载事项，原记载人可以更改，但更改时应当由原记载人签章证明。

比如，闫老师的土豪发小小高给闫老师开了一张10万元的支票，让闫老师体验一下土豪的生活。这时闫老师"灵机一动"，把支票上的"1"改成了"7"，美滋滋地拿着"70万元"支票去银行兑付，结果银行告知闫老师由于票据金额被更改，该票据无效。闫老师竹篮打水一场空，10万元也因此成了泡影。

而票据要式性不仅仅体现在票面记载内容必须严格按照法律法规要求，也体现在票据上的行为，如背书、出票、承兑、保证、追索等行为也要严格按照法定程序，否则将导致票据行为无效。

因此，对于上市公司票据类产品，要格外关注票据的票面信息，并对背书、质押等行为进行细致审核，以保证票据的真实性、有效性。

3. 票据文义性

票据文义性是指票据权利义务的内容必须以票据上的文字记载为准，即使与实际情况不符，也不允许当事人以票据外的方法加以变更或补充。

比如，闫老师的土豪发小小高，本来想给闫老师开一张10万元的支票，让闫老师见见世面。结果手一抖，多写了两个零，开成了1000万元的支票。那么，小高只能向付款人银行说明这张支票开具错误，将这张支票作废，而不能直接将后面两个零画掉。

因此，投资上市公司票据类产品，尤其要关注底层资产上市公司商业承兑汇票的情况，要具体审核票面信息，对比票面记载内容与产品合同、产品说明书中的内容是否一致，以防范投资风险。

4. 票据设权性

票据设权性是指没有票据，就没有票据权利。票据权利的前提，是有票据。比如，闫老师只有拿到好友小高的10万元支票，才有可能向银行申请承兑，行使票据权利。否则，就算说得天花乱坠，也无济于事。

因此，在上市公司票据类产品中，票据是构建整个产品的基础，大家投资这类产品时，首先需要关注这一点。

那么，票据的权利及权利取得方式是怎样的？它们对上市公司票据类产品又产生了怎样的影响呢？

票据权利，分为付款请求权和追索权。

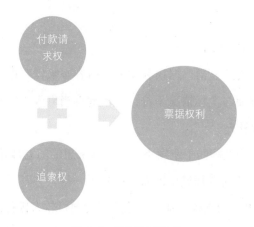

图 6-2　票据权利构成

（1）付款请求权

付款请求权是第一次请求权，持票人必须先向付款人或承兑人行使第一次请求权，而不能越过它直接行使追索权。比如，A公司是商业承兑汇票的出票人及承兑人，之后，A公司将该汇票背书给B公司，B公司再背书给C公司。在票据到期后，C公司作为票据的持票人，必须先向B公司主张票据承兑，不能绕过B公司直接请求A公司承兑票据。

因此，付款请求权是票据持票人非常重要的一项权利，对于上市公司票据类产品来说，只有在票据约定期限到期后，才可以行使此项权利，要求付款人或承兑人履行票据义务，支付相应的款项。

（2）追索权

追索权又称为第二次请求权，即付款请求权未实现时，持票人向其前手也就是背书人、出票人以及票据其他债务人请求支付票据金额的权利。

为方便大家理解，下面以流程图方式展示这一过程：

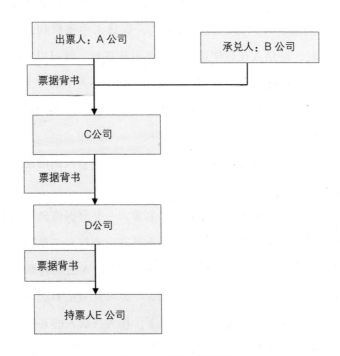

图6-3　票据背书流程

其行使条件如下：在持票人 E 公司所持有的票据到期日之前，其向承兑人 B 公司请求承兑，但 B 公司拒绝承兑（或者 B 公司被法院依法宣告破产或被责令终止业务活动丧失承兑能力）。持票人 E 公司可向其前手 D 公司、C 公司，以及出票人 A 公司追索，要求其支付票据金额。

因此，追索权是票据权利中非常独特的一项权利，对于上市公司票据类产品来说，这一权利为产品增加了一项保障措施。即在票据承兑责任承担上，票据上的出票人、付款人、背书人、保证人均对持票人承担连带责任，意味着一旦承兑人拒绝承兑，持票人可向出票人、付款人、背书人、保证人主张权利，进行追索。同时，持票人在行使追索权时享有选择权，既可以选择追一个，也可以选择追全部。而且即便对票据债务人中的一个或者几个已进行过追索，如果有其他未被追索的"前手"，也可以继续追索（前提是票据未付款完毕）。

但是在行使追索权时需要注意法律上对追索权的限制——回头背书[①]。

即在两种情况下限制对前手的追索，一是票据流转到出票人手中，那么作为出票人，对其前手不具有追索权。二是持票人只能向其前手追索，而不能向后手追索。比如，A 公司将票据背书给 B 公司，B 公司再背书给 C 公司，C 公司背书给 D 公司，D 公司再背书回 B 公司。那么这种情况下，作为持票人的 B 公司只能向其前手 A 公司追索，而不能向后手 C 公司和 D 公司追索。

[①]《票据法》第六十九条：持票人为出票人的，对其前手无追索权。持票人为背书人的，对其后手无追索权。

最后，我们还要了解一下与上市公司票据类产品关系密切的电子商业汇票系统（Electronic Commercial Draft System，ECDS）。

可以说电子商业承兑汇票系统的出现，为上市公司票据类产品的发展提供了巨大的推动力。目前市场中的上市公司票据类产品，基本上以上市公司电子商业承兑汇票为主，市面上流通的纸票已经越来越多地被电票所取代，那么电票本身具有什么优势呢？又是什么原因使其成为市场中上市公司票据类产品的主流呢？

第一点，什么是电子商业汇票系统（ECDS）。

这是由中国人民银行设立并管理的，依托网络和计算机技术，接收、存储、发送电子商业承兑汇票数据电文，提供与电子商业承兑汇票货币给付、资金清算行为相关服务，并提供纸质商业承兑汇票登记查询、商业承兑汇票转贴现公开报价服务的业务处理平台。

第二点，电子商业承兑汇票相比于过去的纸票具有哪些异同，它带给上市公司票据类产品哪些影响呢？

电子商业承兑汇票与纸票基本规定大致相同，均须遵循《票据法》的基本框架。此外，电票相比于纸票有如下不同：

A.票据的载体及票据行为电子化

电子商业承兑汇票为数据电文汇票，出票、承兑、保证、付款行为必须通过电子商业承兑汇票系统操作，签章为当事人可靠的电子签名，企业需通过银行电子平台办理业务。

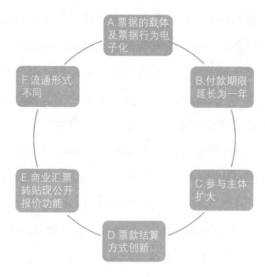

图 6-4   电票与纸票的不同点

B. 付款期限延长为一年

电子商业承兑汇票的付款期限，自出票之日起至到期日止，最长不得超过一年，突破了《支付结算办法》中商业承兑汇票 6 个月的限制。

C. 参与主体扩大

电子商业承兑汇票由银行金融机构、财务公司承兑，财务公司被纳入电子商业承兑汇票范围中。

D. 票款结算方式创新

在贴现业务和托收业务中，电票系统提供了票款兑付的结算方式，通过与大额支付系统对接，在票据权利转让完成的同时，实现资金的划转。

E. 商业汇票转贴现公开报价功能

F. 流通形式不同

纸质票据的流通，依托于纸质票据本身，其上未加盖有效印章的汇票不能参与流通。电票的流通，依托于网络，只要有企业银行，就可以随时随地办理票据业务，实现各种票据行为。

因此，电票系统的出现使商业汇票流转的全环节，包括出票登记、批量出票、保证申请、提示开票、提示收票、未用退回、背书转让、质押、解除质押、贴现、提示付款、逾期提示付款，到追索、同意清偿等均实现了电子化，电子化的处理大大提升了对这些环节的处理效力，将商业承兑汇票的流通性发挥到了极致。同时，电子化处理的实现，也大大增加了票据的安全性，基本消灭了过去纸票时代存在的虚假签章、虚假背书等情况，为上市公司票据类产品又增加了一道安全锁。

【闫老师小结时刻】

由于票据自身的特殊性，投资上市公司票据类产品，一定要对票据的法律关系、性质、权利义务等方面有所了解。同时，要了解与上市公司票据类产品相关的电子商业承兑汇票与传统纸票有何不同，它的优势是什么，等等。

不同于其他固定收益类产品的底层资产，上市公司票据类产品底层资产的识别专业度、难度更高，对投资者的专业能力提出了更高的要求，需要投资者更加深入、全面地掌握相关知识。

第三节　上市公司定向融资类产品必读小知识——定向融资模式的矛盾与争议

　　要了解上市公司定向融资类产品，首先要了解定向融资这一产品模式，并围绕这一模式，构造出产品的管理、风控、退出等诸多方面。那么，定向融资模式是什么样的呢？定向融资是指中国境内依法注册的公司、企业及其他商事主体在中国境内以非公开方式直接募集和转让资金，并约定在一定期限内还本付息的产品模式。其也被称为"定向融资计划／工具""定向债务融资工具""直融计划／产品"等。

　　其次，定向融资模式有哪些特点呢？第一，其架构清晰简单，主要是四方主体：融资方、担保方、管理机构、备案机构。第二，其操作灵活便捷，以融资方作为投资标的，投资款项直接打入融资方指定账户。第三，其风控管理容易，风控核心在于融资方资信情况，以及基于融资方情况构建风控体系。

　　这三个特点带给定向融资模式巨大的争议。一方面，其架构较为简单，相比于收益权等其他产品模式，定向融资模式并不存在实际的底层资产，其直接以融资方作为产品融资主体，而非基于应收账款、供应链金融、收益权等底层资产。在投向方面，资金进入融资方账户后，没有对应的底层项目，导致后续资金监管困难，融资方挪用资金风险较大。

　　另一方面，其操作灵活、风控管理容易，相对应的便是产品的把控力度不够。融资方的资信情况是保障产品正常兑付的核心。

但是，从风控手段上看，其对融资方的制约手段过少，给融资方的自主度过大，产品存续期间内难以施加有效的监管。

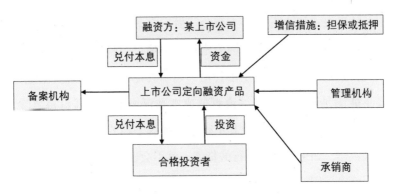

图 6-5 上市公司定向融资类产品架构

最后，定向融资模式面临的市场环境是怎样的？由于定向融资模式中，借贷性质明显，其一直是监管层监管的重点，目前市场中仅部分地方金融资产交易场所还可以操作定向融资模式，整体监管趋势在不断收紧。

而针对于上市公司定向融资类产品，虽然其融资主体实力、背景较强，但是绝对不可以忽视这一模式下的产品风险。同时，当前可发行上市公司定向融资类产品的通道对项目的审核标准也在逐步提升。

首先，对上市公司资质的要求提高，比如要求其 A 股市值 100 亿元以上，同时需要观察其近期股票情况、经营情况、财务状况等。其次，对于该类产品的增信措施有很多要求，一般要求有 2A 以上信用评级担保，或者有充足抵押物担保。如果仅仅是子公司担保，或法定代表人担保，一般很难走通道。最后，对定向融资后的资金用途，通道机构也会审核，那些现金流严重紧张，股权大量质押的上市公司，目前在市场上仍是难以融资。

从投资逻辑上看，当上市公司做定向融资项目时，说明资金缺乏已经到了一定程度。因为定向融资项目的整体资金成本相对较高，选择这一模式的上市公司，说明其他低成本的融资渠道已经不能满足融资需求了，或者低成本融资渠道因为其自身风险，拒绝为其提供资金，导致其不得不选择这一模式。就像我们贷款买房一样，如果能拿到银行的贷款，就不会选择民间高息贷款。

所以，因为上市公司背景而认为上市公司定向融资类产品风险较低，这个逻辑本身就存在矛盾。

那么，针对上市公司的定向融资类产品，究竟还能不能投？其实，关键在于对这家上市公司未来还款预期，或者说对其未来债务状况的判断。

比如，当投资者筛选某上市公司定向融资产品时，可以参见市场上同类机构发出的这家上市公司的产品，预估其整体的融资规模，同时根据其近期盈利状况、二级市场表现，判断其未来还款可能性。定向融资项目是风险与收益并存的，因此需要投资者对上市公司进行深入细致的了解，不仅仅涉及闫老师之前提到的财务情况、运营情况、管理情况、债务情况等，更要对资金用途、未来还款安排、公司当前困境有基本的了解与判断。尤其是在产品存续期间内，要实时了解资金流转进程，防控资金被非法挪用的风险。

> **【闫老师小结时刻】**
>
> 　　鉴于定向融资模式中的矛盾与争议，在投资上市公司定向融资类产品时一定要提高风险意识，不能因为上市公司背景，就认为产品一定是低风险甚至是安全的。在判断这类产品能不能投时，核心判断在于产品所涉及的上市公司未来还款预期，即对该上市公司未来债务情况有所预判，防范由上市公司债务问题引发的产品自身兑付风险。

第四节　上市公司债权类产品未来破局

　　当前阶段的上市公司债权类产品正经历着寒冬期，由于过去几年，上市公司借由股市红利以及融资渠道便利，大肆收购资产，进行多元化布局，导致自身杠杆比例过高，债务规模呈几何倍数上涨。在2018年金融强监管开始后，上市公司纷纷为过去几年盲目扩张、加杠杆还债，导致众多上市公司资金链陷入紧张状态。同时，二级市场在2018年不断下行，从3400点一路下跌到2500点，上市公司整体市值大幅下滑，股市这一融资渠道作用被大大削减。证券市场的波动也作用到债权投资市场中，导致众多上市公司债权类产品出现产品延期或违约的问题。

　　那么，就这一困局，上市公司债权类产品未来该如何破局呢？

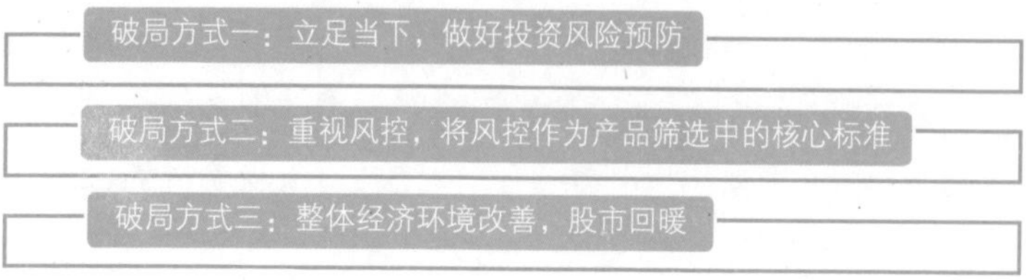

破局方式一：立足当下，做好投资风险预防

破局方式二：重视风控，将风控作为产品筛选中的核心标准

破局方式三：整体经济环境改善，股市回暖

图 6-6　　上市公司债权类产品未来破局方式

首先，要立足当下，做好投资风险预防。投资上市公司债权类产品，要提高对产品的了解，强化对产品的把控。对一些关键的要素，要格外注意，如各家上市公司整体债务规模究竟有多大？在水面上可以看到的和在水面下不为人知的，究竟相差多少？尤其还要注意上市公司联盟中存在的暗保、互保问题。一家上市公司债务爆雷，不仅仅会影响其上下游的债权方，更会引发与其关联的其他上市公司债务问题。所以在投资上市公司债权类产品前，一定要做好仔细的分析，同时通过尽职调查报告，了解上市公司自身债务情况以及更深层次的担保情况，以把控投资的潜在风险。

其次，要重视风控，将风控作为筛选产品的核心标准。过往的上市公司债权类产品，以上市公司主体信用为卖点，却忽视了对相关风控措施的构建。未来产品竞争中，风控措施的完善性、保障性将成为核心竞争点。

最后，未来上市公司能否重回强信用主体时代，上市公司债权类产品能否找回往日的荣光，取决于整体经济环境能否改善，尤其是股市能否回暖。

这一轮上市公司债务问题，是多方因素造成的，但不可忽视的是整体经济环境下行及股市的低迷，造成上市公司债务危机愈演愈烈。如果把上市公司比作湖泊，股市就如同注入湖泊中的河水，只有源源不断的河水注入，才能保持湖泊中水的流动，否则整片湖泊就会变成一潭死水。只有整体经济重新上行，股市从谷底回暖，上市公司状况才能逐步改善，上市公司债权类产品安全性、稳定性也才会提升。

诚如狄更斯所言："这是一个最好的时代，也是一个最坏的时代。"上市公司债权类产品经历过繁荣的增长期，也经历过如今的低谷寒冬期，但对于这一产品的未来来说，停下脚步未尝不是一件好事，在过往快速发展中对风控的忽视，产品模式上的粗放，在这一轮寒冬期内都得到了极大的改进。在市场回暖之后，修炼内功归来的上市公司债权类产品，可以以更好的姿态展现在投资者面前，重新获得市场的认可。

【闫老师小结时刻】

上市公司债权类产品的未来破局，要基于三点：第一点是立足当下，做好风险防控；第二点是重视风控，提高风控措施的保障作用；第三点是等待整体经济环境改善及股市的回暖。对于上市公司债权类产品来说，这样的过程未尝不是一件好事，这有助于推进这类产品在管理模式、产品架构、风控体系等方面的进步，有助于其在未来固定收益类产品竞争中取得优势地位。

第五节　典型案例分析——如何筛选上市公司债权类产品

典型产品案例：AA 上市公司商票类私募基金（本书中典型产品案例均改编自实践中的真实产品。）

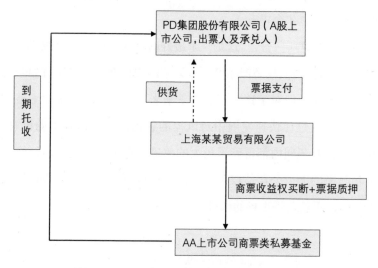

图 6-7　AA 上市公司商票类私募基金产品架构

表 6-1　AA 上市公司商票类私募基金产品说明书

一、基金名称、类型及其他基本信息	
基金名称	AA 上市公司商票类私募基金
拟募集规模	不超过人民币 1000 万元
基金类别	其他投资基金
投资人要求	具备相应风险识别能力和风险承担能力，投资于单只私募基金的金额不低于 100 万元且符合下列相关标准的单位和个人： （一）净资产不低于 1000 万元的单位； （二）金融资产不低于 300 万元或者最近三年个人年均收入不低于 50 万元的个人。

续表

认购金额	投资人认购私募基金份额不得少于100万份,并可以5万份的整数倍追加认购,必须在签署基金合同之日一次缴足认购款项。
基金分级	本基金不分级,投资人持有的份额均为普通份额。
私募基金的存续期限	本基金的存续期限为1年,基金在投资过程中,如提前实现投资目的,管理人可以决定基金提前终止并进入清算程序。
托管人及外包服务情况	1. 本基金由某某银行托管; 2. 基金未聘请其他服务提供商和投资顾问; 3. 基金未聘请外包服务机构提供外包服务。
二、基金的投资	
基金的投资范围	基金拟自上海某某贸易有限公司处(以下简称"转让方"),受让承兑人为PD集团股份有限公司、票面金额为1000万元的电子商业承兑汇票的收益权。闲置资金可被用于投资银行存款、协议存款以及中国证监会批准或中国证券业协会备案的低风险高流动性金融产品。
基金投资策略	注重稳健投资收益。
基金投资禁止行为	本基金财产禁止从事下列行为: 1. 除银行存款外的对外担保,投资于基金文件未约定的其他投资品种,包括但不限于股票、期货、债券等; 2. 承销证券; 3. 从事承担无限责任的投资; 4. 利用基金资产为基金投资人之外的任何第三方谋取不正当利益、进行利益输送; 5. 从事内幕交易、操纵证券价格及其他不正当的证券交易活动; 6. 法律法规、中国证监会以及本合同规定禁止从事的其他行为。
三、基金的收益及风险	
收益预测	1. 本基金的业绩比较基准为年化××%,基金财产在扣除各项费用后有足够财产可以分配的,按照上述业绩比较基准向投资人分配。上述收益在基金有可供分配的财产时随时分配,直至投资人获取分配的收益达到业绩比较基准为止。按照上述分配原则分配之后尚有剩余的,支付完毕管理费及各种费用后尚有剩余的,可被作为管理奖励支付给管理人。 2. 如在进行收益分配或相应份额投资期限届满时,基金财产不足以按照上述方式进行分配的,则在基金有可供分配的财产时随时分配。如基金财产在扣除各项费用后不足以按照上述分配方式进行分配的,则根据投资人持有的基金份额按比例进行分配。 3. 如基金财产在扣除各项费用后仅能按照上述分配方式支付投资人收益的,则应当全额向投资人进行分配。

续表

收益分配方式	每半年付息一次，到期兑付本息。
风险特征	本基金属于低风险等级投资品种，适合风险识别、评估、承受能力保守型的合格投资者。
风险控制	票据持有人将电子商业承兑汇票交付给基金或者基金指定的第三方；电子商业承兑汇票由 PD 集团股份有限公司通过中国人民银行电子商业汇票系统（ECDS）出具，到期直接通过电子商业汇票系统（ECDS）进行托收；承兑人拒绝承兑的，基金有权要求转让方及原票据持有人承担付款责任。
拟投资项目及投资安排	本基金拟自上海某某贸易有限公司处，受让承兑人为 PD 集团股份有限公司、票面金额为 1000 万元人民币的电子商业承兑汇票收益权。该票据由 PD 集团股份有限公司承诺到期无条件兑付。 承兑人 PD 集团股份有限公司为 A 股上市公司（股票简称：××××；股票代码：××××××），公司主营汽车经销及维修、养护业务，属于汽车经销行业。公司代理销售近百个汽车品牌，车型包括乘用车、微型车、商用车等。根据公司披露的《PD 集团股份有限公司 2018 年年度报告》，2018 年 PD 集团股份有限公司营业收入为 66 009 401 206 元，归属于上市公司股东的净利润为 381 694 627 元，归属于上市公司股东的净资产为 13 011 616 651 元。

核心圈层辐射要素分析法

对于上市公司票据类产品来说，其产品核心在于底层资产——票据。要筛选上市公司票据类产品，便是围绕这一核心，从核心圈层辐射到周边产品要素，进而得出这一产品的真实情况，做出最终的投资判断。

下面，以闫老师所举的 AA 上市公司商票类私募基金为例，带领大家一同来分析上市公司商票类产品。

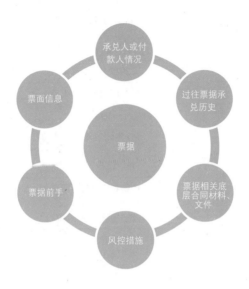

图 6-8 · 核心圈层辐射要素分析法

第一步：确定核心圈层及辐射要素

上市公司票据类产品的核心圈层在于底层票据，以上述例子中的产品要素为例，其核心圈层是承兑人为 PD 集团股份有限公司、票面金额为 1000 万元的电子商业承兑汇票。围绕这一核心圈层，我们把相关的辐射要素罗列出来。

1. 核心圈层：PD 集团股份有限公司、票面金额为 1000 万元的电子商业承兑汇票。

2. 辐射要素：

（1）票面信息：

表 6-2 上市公司电子商业承兑汇票票面信息

出票人信息	PD 集团股份有限公司 账号：×××× 开户银行：×× 银行
出票日期	2017 年 12 月 1 日
汇票到期日	2018 年 12 月 1 日
票据金额	1000 万元
承兑人信息	PD 集团股份有限公司 账号：×××× 开户银行：×× 银行
收票人信息	上海某某贸易有限公司 账号：×××× 开户银行：×× 银行
承兑信息	出票人承诺：本汇票请予以承兑，到期无条件付款 承兑人承诺：本汇票已经承兑，到期无条件付款 承兑日期：2018 年 12 月 1 日
能否转让	可转让

（2）承兑人或付款人情况：

承兑人 PD 集团股份有限公司为 A 股上市公司（股票简称：××××；股票代码：××××××），公司主营汽车经销及维修、养护业务，属于汽车经销行业。公司代理销售近百个汽车品牌，车型包括乘用车、微型车、商用车等。根据公司披露的《PD 集团股份有限公司 2018 年年度报告》，2018 年 PD 集团股份有限公司营业收入为 66 009 401 206 元，归属于上市公司股东的净利润为 381 694 627 元，归属于上市公司股东的净资产为 13 011 616 651 元。

（3）票据前手：

上海某某贸易有限公司成立于 2015 年 5 月 12 日；注册资本

为 1000 万元人民币；公司经营范围为销售地毯、照明设备、电器设备、化妆品、母婴用品、日用百货、针纺织品、金属材料、电线电缆、仪器仪表、电子产品、五金交电、木材、食用农产品，商务咨询等；根据上海某某贸易有限公司财务报表及 2018 年审计报告，截至 2018 年 12 月，该公司总资产为 141 710 419.32 元，净利润为 6 229 864.24 元，资产负债率为 50%。

（4）风控措施：

a. 票据持有人将电子商业承兑汇票交付给基金或者基金指定的第三方；b. 电子商业承兑汇票由 PD 集团股份有限公司通过中国人民银行电子商业汇票系统出具，到期直接通过电子商业汇票系统进行托收；c. 承兑人拒绝承兑的，基金有权要求转让方及原票据持有人承担付款责任。

（5）过往票据承兑历史：

根据电子商业承兑汇票系统中的数据，出票人及承兑人 PD 集团股份有限公司，累计开具商业承兑汇票记录共 10 次，已完成承兑 6 次，尚为存续期内 4 次，无延期承兑或拒绝承兑记录。

（6）票据相关底层合同材料、文件：

根据票据前手上海某某贸易有限公司提供的《钢材购销合同》，上海某某贸易有限公司与 PD 集团股份有限公司在合同中约定，由上海某某贸易有限公司提供钢材 100 000 吨，供货时间为 2017 年 5 月 27 日至 2018 年 8 月 27 日，货品全部金额为 320 000 000.00 元，货款结算方式为其中 320 000 000.00 元以电子商业承兑汇票的方式结算，其余税费等费用以现金结算。

【闫老师小结时刻】

　　不同于其他固定收益类产品，上市公司票据类产品基础要素具有特殊性，即均与底层资产票据有关。因此，大家要结合票据相关知识，在确定核心圈层票据后，将其辐射的相关要素罗列出来，进而提炼出产品所要剖析的重点。

　　第二步：围绕核心圈层，解读辐射要素

　　在第一步确定了核心圈层和辐射要素后，第二步要做的是，针对圈画出的要素，结合产品相关信息，进行分析与解读。我们逐项来看。

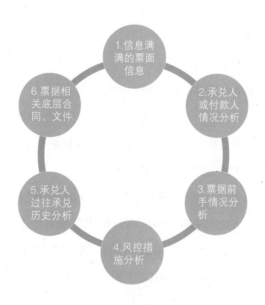

图 6-9　辐射要素分析

　　第一点，信息满满的票面信息。以闫老师所列举的典型产品为例，该产品底层资产为上市公司作为承兑人的电子商业承兑汇票。那么，电子商业承兑汇票的票面信息，我们可以去哪里找呢？在本章第二节，闫老师给大家讲过，电子商业承兑汇票依托的是电票系统（ECDS）。所以，电子商业承兑汇票的票面信息，可以在电票系统中看到。

电票系统中电子商业承兑汇票票面信息如下：

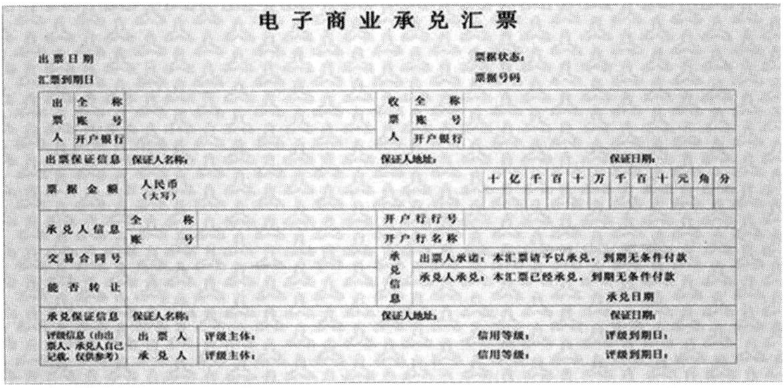

电子商业承兑汇票

出票日期　　票据状态：
汇票到期日　　票据号码

出票人	全称		收票人	全称	
	账号			账号	
	开户银行			开户银行	
出票保证信息	保证人名称：		保证人地址：		保证日期：
票据金额	人民币（大写）		十 亿 千 百 十 万 千 百 十 元 角 分		
承兑人信息	全称		开户行行号		
	账号		开户行名称		
交易合同号			承兑信息	出票人承诺：本汇票请予以承兑，到期无条件付款	
能否转让				承兑人承兑：本汇票已经承兑，到期无条件付款	
				承兑日期	
承兑保证信息	保证人名称：		保证人地址：		保证日期：
评级信息（由出票人、承兑人自己记载，仅供参考）	出票人	评级主体：	信用等级：		评级到期日：
	承兑人	评级主体：	信用等级：		评级到期日：

图 6-10　电子商业承兑汇票

我们在筛选上市公司票据类产品时，首先要将产品说明书、产品合同中记载的票据信息与真实的票据相比照，以确认两者之间是否一致。还要注意的是，票据信息要以真实票据为准。

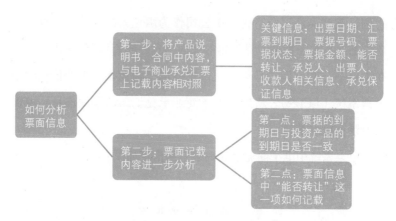

图 6-11　票面信息分析步骤

　　以案例产品为例，第一步要将产品说明书、合同中内容，与电子商业承兑汇票上记载的内容相对照，其中关键信息有：出票日期、汇票到期日、票据号码、票据状态、票据金额、能否转让、承兑人、出票人、收款人相关信息、承兑保证信息（若有）。

　　在检查票面信息与合同中记载内容是否一致后，下一步就票面记载内容做进一步分析。

　　其中，有两点需要格外注意：第一，票据的到期日与投资产品的到期日是否一致，如果产品到期日早于票据到期日，那么极有可能这张票据并不是真实的产品投资票据。再或者，如果产品到期日晚于票据到期日，同样要引起注意，一定要查明两者到期日不一致的原因。第二，查看票面信息中"能否转让"这一项中，记载的内容是什么。若记载的是"不得转让"，那要分为两种情况来看：（1）出票人在票据上记载"不得转让"；（2）背书人在票据上记载"不得转让"。若是出票人在票据上记载"不得转让"，那么其后手的转让行为是无效的。若是背书人在票据上记载"不得转让",而其后手再背书转让的,原背书人对后手的被背书人不承担保证责任。

以 AA 上市公司商票类私募基金为例,若是 PD 集团股份有限公司作为出票人,在商业承兑汇票上记载"不得转让",那么,上海某某贸易有限公司将商票再背书给他人的行为是无效的。若是背书人上海某某贸易有限公司在商业承兑汇票上记载"不得转让",则意味着后背书人未来行使追索权时,不得向上海某某贸易有限公司行使,其不再承担对票据的保证责任。

因此,一张小小的票据背后,实际上隐藏着无数的知识点。对于票面信息,我们一方面要拿真实的票据和合同中票据内容相对照,保证内容上的一致性。另一方面,要对票面信息,尤其是票据可否转让、票据到期日等关键信息做进一步分析,这点必须格外注意。

第二点,承兑人或付款人情况分析。作为票据的持票人,我们享有请求承兑人及付款人在票据到期后支付款项(承兑)的权利。承兑人在票据到期后是否具有承兑的能力,以保障产品能否正常兑付,对投资者来说非常关键。上市公司票据类产品对应的票据承兑人一般为上市公司,投资人需要密切关注对该上市公司的情况。常见的考量标准主要有五个方面,如图 6-12:

图 6-12　上市公司考量标准

一、看是否是主板上市公司。这是因为主板上市公司整体规模、资质优于中小企业板以及创业板的上市公司。因此，实践中上市公司票据类产品，一般以 A 股主板上市公司为主。

二、看上市公司市值有多少。市值越高的上市公司，其未来票据承兑能力越强。反之，市值较低的上市公司，其未来票据承兑风险越高。在市值标准上，以筛选整体市值在 100 亿元以上的上市公司为佳。

三、看近三年是否实现连续盈利，整体业绩发展情况如何。盈利的稳定性，对上市公司承兑能力影响非常大。若作为承兑人的上市公司，一直处于亏损状态，业绩发展情况悲观，那么即使它市值较高，也存在着未来无法承兑的风险。

四、看上市公司类型，是传统产业上市公司还是互联网产业上市公司。这点主要受乐视风波影响，因为以互联网为核心业务的上市公司的固定资产规模、偿债能力并不乐观，一旦出现风险，可追偿的资产不多。而对于传统产业上市公司，虽然是重资产布局，若发生风险，其整体资产质量、资产规模仍然具有优势。同时，目前 A 股市场上，对于互联网企业，整体估值倍数远高于美股和港股，存在一定泡沫化风险。

五、看上市公司的整体负债率及股权质押比例。整体负债率过高的上市公司，其存在较大的兑付风险。若股权质押比例过高，也说明该上市公司目前的资金状况并不乐观。

　　第三点，票据前手情况分析。由于票据追索权的存在，作为持票人在承兑人拒绝承兑后，可向出票人、保证人、票据前手及其他票据债务人追索。所以，追索权的存在，相当于为上市公司票据类产品增添了一份保障。但这份保障是否牢靠，则需要我们仔细分析。首先，我们需要了解所投资票据存在几个前手。其次，要注意闫老师在第一点中提及的"不得转让"背书是否存在。最后，要具体分析票据前手的担保实力。对于担保实力的分析要素，可以参见闫老师在前面章节中分析担保方时所提及的要素。常见要素有资产规模、运营情况、财务情况、人员情况、对外担保情况、盈利情况等。

 如何区分贸易票与融资票？

　　在实践中，根据票据前手性质不同，上市公司商业承兑汇票又可分为贸易票和融资票。贸易票是指票据前手与出票人上市公司之间存在真实贸易关系，基于真实贸易关系所开具的商业承兑汇票，由贸易公司将其所持有的上市公司商业承兑汇票再背书给第三方。而融资票是指票据前手与出票人上市公司之间并不存在真实贸易关系，这类票据往往是上市公司开给其子公司或其他关联公司，出于融资的目的，再由上市公司子公司或其他关联公司贴现背书给第三方。因此，从产品风险角度看，底层资产为融资票的产品风险大于贸易票产品。

　　第四点，风控措施分析。典型案例中所列举的三项风控措施，基本与票据本身特性有关。比如，电子商业承兑汇票由 PD 集团股份有限公司通过中国人民银行电子商业汇票系统（ECDS）出具，到期直接通过电子商业汇票系统（ECDS）进行托收。这点是通过电票系统，规避了过往纸票中存在的假票、虚假签章、虚假背书的问题。再如，承兑人拒绝承兑的，基金有权要求转让方及原票据持有人承担付款责任。与闫老师之前提到的票据追索权有关，即在票据承兑人拒绝承兑后，持票人可向出票人、票据前手、保证人及其他票据债务人追索。

　　如果与其他固定收益类产品风控措施相对比，上市公司票据类产品的风控措施相对单薄，但这也与票据类产品自身性质有关，其欠缺强有力的担保方或充足的抵押物，其风控核心是作为票据承兑人上市公司的信用。所以，在风控措施上，上市公司票据类产品可谓乏善可陈。

　　第五点，承兑人过往承兑历史分析。这点非常重要，通过承兑人过往的票据承兑历史，可以更为直观地看出其诚信情况，以及未来票据到期后是否有拒绝承兑的风险。这方面的历史记录，可通过电票系统拉取。

　　若承兑人过往票据均按期承兑，无不良记录，则票据未来承兑预期较好。若承兑人过往存在多次拒绝承兑情况，则需要非常注意，要了解承兑人过往拒绝承兑的原因，看是否有正当理由。若无正当理由，并多次拒绝承兑，那么与之相关的产品未来承兑风险将会激增。对此，投资者在投资前要格外注意。即不仅仅要看承兑人的实力背景，更要看它是不是诚信守约的主体。

第六点，票据相关底层合同、文件。如闫老师前面所提及的，根据票据前手性质不同，上市公司商业承兑汇票又可分为贸易票和融资票。其中，融资票是出票人以在市场中融资为目的，开给其下属企业或关联公司的汇票。对于这类票据，一旦承兑人上市公司拒绝承诺后，持票人向票据前手追索的意义并不大，追索权所带来的保障作用将大大降低。而剖析票据相关底层合同、文件，便可避免这一问题，保障该票据是基于真实的贸易关系所开具，同时票据前手具有一定的担保实力，一旦发生风险，持票人可向票据前手行使追索权，保障自身的权益。

【闫老师小结时刻】

在筛选上市公司票据类产品时，大家可通过"核心圈层辐射要素分析法"，把握产品核心要点。对于上市公司票据类产品来说，其核心在于底层资产——票据。那么，在产品分析时，便要围绕着票据相关要素做文章，先梳理出其辐射要素有哪些，再逐一分析这些要素背后的内容，解读其对于产品安全性、稳定性的影响。最后，将各要素的分析结果进行整合，做出最终的判断。通过上市公司票据类产品，闫老师想对大家说，现如今，固定收益类产品投资越发专业，所涉及的业务领域也越发丰富，其对投资者专业度要求也越来越高。为了保障投资的安全，我们必须不断提升自己的专业度，做一个专业投资者！

　　以上便是第六章《走下神坛——上市公司债权类产品》的全部内容，闫老师希望大家通过这一章节的内容，对上市公司这一主体有更加深入的认识，同时对上市公司定向融资类产品和票据类产品有更多的了解，并能在未来相关产品筛选中，灵活运用所学到的专业知识。在下一章节，闫老师将为大家具体介绍企业债券类产品。

第七章

扒开华丽的外衣——直击企业债券类产品

投资基本功第三招

庖丁解牛
之华丽的诱惑

企业债券类产品

什么是企业债券类产品

企业债券类产品有哪些特点

债券市场的隐忧——债务违约潮
- 债务违约潮

导致企业债券违约潮的原因
- 政策背景不同
- 市场环境不同
- 企业流动负债比例不同

如何筛选企业债券类产品
产品要素拆分解读法
- 第一步：搜集产品关键要素相关信息
- 第二步：具体分析解读产品关键要素
- 第三步：综合评判并结合自身投资偏好做出选择

在第六章的内容中，闫老师为大家介绍了上市公司债权类产品。以前，上市公司主体一直被认为是强信用主体，被市场一步步捧上神坛。而上市公司债务爆雷潮的发生，让这层神圣光环暗淡下来，由此跌落神坛。这轮债务爆雷潮，让投资者认识到上市公司债权类产品同样存在风险，需要慎重筛选。对上市公司定向融资类产品和上市公司票据类产品要分别加以剖析，其中定向融资类产品因定向融资这一模式饱受争议；票据类产品需要对票据相关知识有一定了解，对投资的专业要求相对较高。因此，在筛选上市公司债权类产品时，投资者需要遵循前述方法，先了解、掌握核心圈层辐射要素分析法，围绕产品核心圈层，剖析其辐射的要素，最终做出正确的投资选择。

进入第七章，闫老师将为大家介绍企业债券类产品。此类产业在债券市场中所占的资金规模庞大，截至 2018 年年底，中国债券市场资金规模达到 75.8 万亿元人民币，成为全球第三大债券市场。但是，对于投资企业债券类产品而言，投资者不能只看债券市场华丽的外衣，而是要直接触达市场的本质。

那么，企业债券市场究竟是怎样的？这一轮债券违约潮带来了哪些冲击和影响？我们该如何筛选企业债券类产品呢？带着这些疑问，让我们一同走进第七章《扒开华丽的外衣——直击企业债券类产品》。

第一节　什么是企业债券类产品？

首先，什么是企业债券呢？根据《企业债券管理条例》规定，企业债券是指企业依照法定程序发行、约定在一定期限内还本付息的有价证券。而与之相关的公司债券是指公司依照法定程序发行、约定在一定期限还本付息的有价证券，其发行主体可以是股份公司，也可以是非股份公司。在一般归类中，往往将企业债券与公司债券划分在一起，简称企业（公司）债券。由于企业的概念中涵盖公司，本章节中所指的企业债券类产品亦采取广义上的企业债券划分，将公司债券涵盖其中。

下面，闫老师先将狭义上的企业债券与公司债券做一个区分。

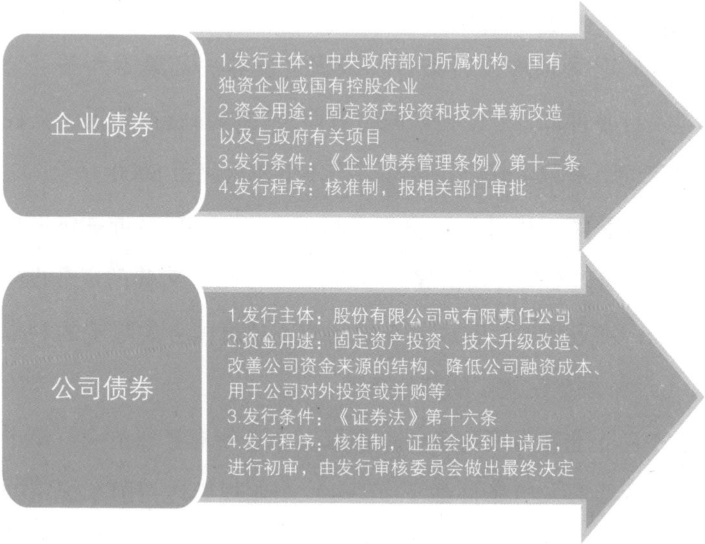

图 7-1 狭义上的企业债券与公司债券区分

1. 发行主体区别

（1）公司债券是由股份有限公司或有限责任公司发行的债券，非公司制机构无法发行公司债券，比如有限合伙企业。

（2）狭义上的企业债券是由中央政府部门所属机构、国有独资企业或国有控股企业发行的债券。

2. 债券资金用途不同

（1）公司债券的资金用途有固定资产投资、技术升级改造、改善公司资金来源结构、降低公司融资成本、公司对外投资或并购等，其资金用途广泛，灵活度较高。

（2）企业债券的资金主要用于固定资产投资和技术革新改造以及与政府有关的项目，其资金用途限制较多，灵活度较差。

3. 债券发行条件不同

（1）公司债券发行条件。依据《证券法》第十六条，公司债券发行条件如下：（一）股份有限公司的净资产不低于人民币3000万元，有限责任公司的净资产不低于人民币6000万元；（二）累计债权余额不超过公司净资产的40%；（三）最近三年平均可分配利润足以支付公司债券一年的利息；（四）筹集的资金投向符合国家产业政策；（五）债券的利率不超过国务院限定的利率水平；（六）国务院规定的其他条件。

（2）企业债券发行条件。依据《企业债券管理条例》第十二条，企业债券发行条件如下：（一）企业规模达到国家规定的要求；（二）企业财务会计制度符合国家规定；（三）具有偿债能力；（四）企业经济效益良好，发行企业债券前连续3年盈利；（五）所筹资金用途符合国家产业政策。

4. 债券发行程序不同

（1）公司债券发行程序：核准制，证监会接受申请后，进行初审，由发行审核委员会做出最终决定。

（2）企业债券发行程序：核准制，需报相关部门审批。中央企业发行企业债券，由中国人民银行会同国家计划委员会审批；地方企业发行企业债券，由中国人民银行省、自治区、直辖市、计划单列市分行会同同级计划主管部门审批。

在了解企业债券类产品的概念后，接下来了解一下企业债券类产品的特点有哪些。

图 7-2　企业债券类产品特点

1. 企业债券类产品规模较大。相比于其他固定收益类产品，其单只企业债券类产品的规模一般为 3 亿—5 亿元。

2. 企业债券类产品种类丰富。企业债券类产品按照期限、是否记名、是否提前赎回、票面利率、有无担保、是否有选择权以及发行方式等，可划分为不同类别的企业债券类产品。对于投资者来说，一方面产品种类丰富，可选择余地较大；但另一方面，丰富的产品类别也加深了产品筛选的难度，对投资者自身专业性要求较高。

3. 主流企业债券类产品期限较长。产品以中期企业债券为主，存续时间为 1—5 年。

4. 高度依赖信用评级体系。根据企业债券主体信用评级的不同，企业债券类产品收益也有很大差异。评级越高的主体企业，其信用情况较好，相应的产品收益率较低。

5.产品收益较为稳定。债券价格上涨后，可增加额外收益，投资者除了享有固定的债券利息收入外，随着债券本身价格上涨，在卖出后还可享有中间差额价格收益。

最后，我们再来分析一下，企业债券类产品的风险有哪些呢？

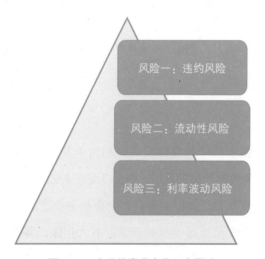

图 7-3   企业债券类产品三大风险

企业债券类产品，主要风险有三个方面：违约风险、流动性风险及利率波动风险。其中违约风险是最为核心的风险。一旦债券的融资主体违约，将导致企业债券类产品到期后，无法兑付本息，给投资者造成巨大损失。

而另两种风险与违约风险相比，影响较小。流动性风险是相对于中长期债券来说，指投资者持有时间较长，产品流动性较差。即使投资者想提前卖出，受制于债券市场交易活跃度，也很难实现。但是，对于想要长期持有的投资者来说，则并不存在这一风险。利率波动风险，对于想要提前卖出债券的投资者，由于债券价格实时波动，一旦提前卖出，债券价格下行，同样会产生投资损失。但对于持有到期的投资者来说，债券价格波动，对其影响较小。

> **【闫老师小结时刻】**
>
> 　　针对于企业债券类产品，大家首先要了解这类产品的概念，这里所指的企业债券类产品是广义的，公司债券也涵盖其中。但狭义上的企业债券与公司债券存在很多不同，大家要对比掌握。其次，企业债券类产品的特点非常鲜明，不管是期限、规模、收益还是产品种类、信用评级体系，都有着自身的特点。最后，在产品风险方面，最为核心的是违约风险，这一点也是闫老师接下来重点强调的内容。通过第一节的内容，大家对于企业债券类产品有了一个初步的印象，这些内容也是我们接下来分析这类产品的重要基础。

第二节　债券市场的隐忧——债务违约潮

上一节，闫老师提到企业债券类产品，最大的风险在于违约风险。一旦债券发行主体企业违约，将导致整个产品陷入无法兑付的危机中。此前的债券违约情况，主要发生在低评级的债券中。而高信用评级的企业债券，违约发生的情况较少见，因此，市场中对这类债券产品的安全性较为认可。但自 2018 年以来，整个债券市场违约情况频发，不仅出现了丹东港集团有限公司、四川省煤炭产业集团有限公司这样的熟悉面孔，还发生了如永泰能源这样高信用评级（AA+/ 稳定）债券违约的情况，引发市场一片哗然。陈佩斯、朱时茂小品里有一句经典台词："没想到啊、没想到——你朱时茂这浓眉大眼的家伙也叛变革命啊！"一向被视为安全性极高的 AA+ 评级债券，也出现了违约，这对投资者的信心打击巨大。

在 2018 年 5 月，中央国债登记结算有限责任公司首次对外发布月度债券市场风险监测报告《2018 年 4 月债券市场风险监测报告》，在报告中指出："4 月违约债券 4 只，违约债券总面额为38.5 亿元。其中违约债券'16 富贵 01'和'14 富贵鸟'发行人富贵鸟为首次违约。2018 年累计违约债券 15 只，违约债券面额128.64 亿元，分别较去年同期增加 25% 和 33.58%。同时，债券市场信用利差①扩大，5 年期 AA 级信用利差为 214BP，较上月末扩大 21BP。"报告中还提醒各投资机构注意，2018 年债券市场的信用风险。

根据零壹财经及恒昌财富编制的《2018 年 1—5 月债券违约情况表》，2018 年上半年的债券违约情况如下：

---

① 信用利差指除了信用等级不同，其他所有方面都相同的两种债券收益率之间的差额，代表了仅仅用于补偿信用风险而增加的收益率。

表 7-1　2018 年 1—5 月债券违约情况

序号	发行人	公司属性	所属行业	债券名称	发生日期	违约规模	事件摘要
1	川煤集团	地方国企	煤炭开采	15 川煤炭 PPN001	2018.1.9	5.385 亿元	到期兑付违约
2	春和集团	民营企业	船舶制造	12 春和债	2018.4.24	5.82 亿元	到期兑付违约
3	大连机床集团	民营企业	通用机械	16 大机床 MTN001	2018.1.15	0.28 亿元	交叉条款违约
				15 机床 PN001	2018.2.7	5.29 亿元	到期兑付违约
4	丹东港	中外合资	港口	15 丹东港 PPN001	2018.1.15	5.38 亿元	到期兑付违约
				16 丹东港 01	2018.1.29	1.1 亿元	利息支付违约
				15 丹东港 MTN001	2018.3.12	10.6 亿元	到期兑付违约
				13 丹东港 MTN1	2018.3.13	9.5184 亿元	到期兑付违约
5	富贵鸟	民营企业	服装家纺	14 富贵鸟	2018.4.23	7.024 亿元	回售违约
				16 富贵 01	2018.4.24	13 亿元	交叉条款违约
6	凯迪生态	民营企业	电力	11 凯迪 MTN1	2018.5.4	6.57 亿元	到期兑付违约
7	柳化股份	地方国企	化工制品	11 柳化债	2018.3.15	0.0554 亿元	到期兑付违约
8	神雾环保	民营企业	环保工程及服务	16 环保债	2018.3.14	4.905 亿元	回售违约

9	亿阳集团	民营企业	综合	16亿阳01	2018.1.27	2.23839亿元	回售违约
				16亿阳03	2018.2.28	0.53605亿元	利息支付违约
				16亿阳04	2018.4.17	12.1亿元	利息支付违约
10	中安消	民营企业	信息科技咨询	15中安消	2018.5.7	0.9441亿元	回售违约
11	中国城建	民营企业	建筑与工程	16中城建MTN001	2018.3.1	0.7146亿元	利息支付违约
12	上海华信	民营企业	石油贸易	16沪华信SCP002	2018.5.21	20.89亿元	到期兑付违约

从表7-1中，我们可以看到，在2018年上半年违约的企业债券中，既有国有企业、民营企业，还出现了中外合资企业。其中民营企业在违约企业债券中占比最高，达到七成以上，所涉行业既有煤炭、石油、电力、船舶、机械等重工业行业，又有家纺等轻工业行业，累计债务违约规模达到132亿元。违约情况分为到期兑付违约、回售违约、利息支付违约、交叉条款违约四种，其中到期兑付违约情况最多，占比四成以上。

而到2018年下半年，债券市场的违约潮并未停止，反而愈演愈烈。仅在2018年11月，便出现了16家企业债券违约情况，涉及23只企业债券。根据Wind统计，截至2018年年底，已有126只信用债券违约，规模高达1165亿元，创下历史新高。

债务违约潮带给债券市场的影响是多方面的。率先受到冲击的是债券市场的信用评级体系，如永泰能源在债务违约前，其信用评级为 AA+/ 稳定，而在出现违约问题后，其信用评级已被下调至 CC/ 负面。这样大幅度地下调评级，不禁让人对信用评级机构的公信力产生质疑。尤其是不断出现 AA+ 评级的债券违约后，打破了投资者认为 AA+ 评级债券安全性高、违约风险小的固有观念，也使后来在筛选企业债券类产品时，信用评级的参考价值大幅下降。

其次，在债务违约潮中，部分企业涉及多期债券违约，被列入债券市场中的黑名单。而这些垃圾债券的出现，让投资者对企业债券类产品风险有了更加深刻的认识，也提高了投资者的风险意识。

最后需要强调的是，债务违约潮对债券投资市场信心的打击是巨大的。比如，在 2018 年下半年东方园林发行 10 亿元人民币企业债券，最终只募集到 5000 万元人民币，无奈最终只能宣布募集失败。这也是债券市场的缩影，投资者信心受损，直接影响着整个债券行业，也导致了当前债券市场发债难、募资难的困境。

因此说，债务违约潮的出现，是债券市场不可忽视的隐忧。就如同河堤上的小裂缝，如果不及时修补，小裂缝就会变成大缺口，甚至危及整个河堤。

【闫老师小结时刻】

对于债券市场来说，债务违约潮是不可忽视的隐患，它带给债券市场的破坏力是巨大的。投资企业债券类产品，一定要了解当前债券市场的情况，提高风险意识，不能只看债券评级，更要深入分析产品背后的信息。面对债券市场的债务违约潮，投资者

要有清醒的认识，做好风险防范工作，谨慎投资，在具体产品筛
选中谨慎、仔细，以保障投资安全。

第三节　导致企业债券违约潮的原因

上一节中，闫老师提到了债券市场违约潮，这次违约潮不仅
涉及的债券产品规模庞大、数量众多，而且相比此前的债券违约
潮，又呈现出不同的特点。那么，与此前的债券市场违约潮相比，
这一次违约潮有何特点，导致这一轮企业债券违约潮的核心症结
又是什么呢？

在中国债券市场进入成熟期后，整体市场运行平稳，虽然出
现了零零散散的债券产品违约问题，但很少有成片、大规模违约
的情况。

上一次出现债券违约潮是在 2015—2016 年。2015—2016 年
的违约潮，主要是在国家"去产能"政策的影响下，一些处于过
剩产能行业的企业，遭遇到巨大冲击。与此同时，环保监管的加
强，引发高污染、高能耗企业整体成本抬升，加上银行对其信贷
规模削减，使一些企业盈利水平大幅下降。在这一轮债券违约潮
中，所涉及的企业主要以重化工、高能耗企业、能源型企业为主，
涉及的行业较为集中。

但 2018 年开始的新一轮债券违约潮，却与上一次违约潮有着
非常大的不同。

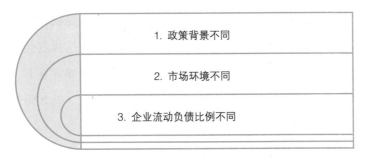

图 7-4　新一轮债券违约潮的不同之处

首先，是政策背景的不同。上一轮违约潮的政策背景是"去产能"，这一轮的政策背景是"降杠杆""去通道"，金融强监管是这一轮的政策背景。

在这样的背景下，融资通道受到了越来越严格的监管，从 2018 年年初银行委托贷款通道被叫停，到私募基金禁止投向纯信贷资产，再到信托底层资产严格审查，最后到年底的《资管新规》落地，金融市场中的各大通道，都受到了严格的限制与监管，这对企业直接产生了两个方面的影响。

一方面，金融市场中通道缩减，大量资金无法进入市场流通，造成短期内市场中资金量急剧缩减，直接推高了市场内的资金成本。对于高杠杆企业来说，其畸高的资产负债率和紧张的资金链，决定了此类企业不得不接受市场中更高的融资成本，而高昂的融资成本，如一剂慢性毒药，不断腐蚀着高杠杆企业的根基。

另一方面，"降杠杆"的金融监管政策，要求高杠杆企业不断降低自身杠杆比例，但加杠杆容易，降杠杆难。政策的强力推行，引发去杠杆过程过于迅猛，市场出现了现金流薄弱的现象。

在过去信贷宽松的环境下，企业对于银行等金融机构信贷依赖度较高，一些企业采取多元化投资，大量举债，这样就会忽视企业成长规律，导致企业负债率猛增。而在信贷紧缩背景下，外部资金的阀门被关紧，缺乏资金支持的高杠杆企业，就如同天空中的风筝，摇摇欲坠。

其次，是市场环境的不同。市场环境从宽松到紧缩，关键原因是经济下行压力加大。全球经济下行引发企业整体盈利水平下滑，但更为深远的影响是，企业过去几年加杠杆投资的资产变现能力。比如，闫老师发家致富后，成立闫氏集团，专门收购海外酒店资产。在经济上行期内，闫氏集团看中了牙买加的咕噜酒店，该酒店每年净利润 5000 万元左右，闫氏集团以 5 个亿收购价将其收购，预计 10 年内收回成本。但收购后该酒店遭遇全球经济下行，受其影响，每年净利润下滑到 2000 万元左右，也就意味着闫氏集团这笔投资要 25 年才能收回成本。那么，这笔投资将严重拖累闫氏集团的现金流。屋漏偏逢连夜雨，在这种情况下，又遭遇了海外投资收紧的浪潮，因此闫氏集团急需脱手该资产，那么这一资产便要折价出售。

如果是折价 50%，以 2.5 亿元出售，也就意味着该公司直接损失 2.5 亿元。而更坏的一种情况是，闫氏集团在海外收购酒店资产所使用的资金，可能是从国内银行或其他金融机构借贷过来的，也就是说，闫氏集团不但要承担资产低价出售的损失，还要承担所借贷资金高昂的成本。在这种情况下，不管闫氏集团规模多大、实力多强，都会陷入困局之中。

最后，是企业流动负债比例的不同。不同于国外企业，中国企业在财务管理上，尤其偏爱短期债务。由于市场中企业短期债务比例过高，一旦债务到期，可能在市场上无法借新还旧，将直接导致资金链断裂。所以，很多违约企业，虽然其资产负债率并不高，甚至还有一定盈利，但由于短期债务比例过高，一旦不能及时在市场中再融资，就会导致债券违约。

由此可见，这一轮债券违约潮的核心症结，在于一些企业的高杠杆。在信贷宽松背景下，企业大量举债，盲目对外投资、多元化布局，导致企业杠杆比例过高。而在"去通道""降杠杆"政策背景下，市场中资金量锐减，高杠杆企业只能通过借新还旧方式，采取以高息的短期债务补足现金流，维系当前债务规模。这种方式如饮鸩止渴，最终若爆发债务危机，将波及企业债券市场。

> **【闫老师小结时刻】**
>
> 了解企业债券违约潮的核心症结，有助于我们更好地筛选企业债券类产品。这一轮企业债券违约潮的核心症结，在于企业的高杠杆，因此在投资企业债券类产品时，尤其要关注所投资企业的杠杆比例、资产负债率、对外担保等情况。对于高杠杆、高负债企业的债券类产品的筛选，一定要非常慎重，避免"踩雷"。

第四节　本轮违约潮集中爆雷方——民营企业债券

以闫老师在第二节中列举的《2018 年 1—5 月债券违约情况表》为例，在 2018 年上半年的违约企业债券中，民营企业债券占比达七成。而综合 2018 年全年的企业债券违约情况，民营企业债券占比将近八成。民营企业债券可谓是这一轮债券违约潮中的集中爆雷方。

这一轮违约潮集中爆雷的民营企业，以民营上市公司为主，资产规模都非常庞大。典型企业如盾安集团和永泰能源，两家企业都拥有强大的上市公司背景做背书。盾安集团旗下拥有两家上市子公司——盾安环境（002011.SZ）和江南化工（002226.SZ）。而永泰能源则是山西民营煤炭巨头，资产总额超千亿元。再比如，此前违约的上海华信和富贵鸟，都曾是债券市场中的明星企业。正是这种明星光环，让企业不断提高杠杆比例，债务规模不断激增，最终在面临金融降杠杆、去通道的监管背景时，自身流动性出现问题，引发债券违约。

2018 年民营上市公司债券违约潮，并不是突发性个案，更多是 2015 年杠杆风潮后，多家企业相继出现违约的一种必然现象。而 2018 年，民营企业债券违约潮还只是起步阶段。鹏元国际数据统计，2018 年到期的公司债券有 452 只，到期规模 4041.27 亿元，提前兑付的债券有 3 只，提前兑付金额 4.60 亿元。另外，债券条款中含有回售权，且行权日期在 2018 年的存量公司债券有 881 只，存量规模 9938.37 亿元。另据统计，2019—2022 年到期债券更多，均超过 700 只，其中 2021 年为兑付高峰期，偿付压力较大，当年到期数量 1256 只，到期规模 15 969.74 亿元。也就意味着，在经济整体大环境趋紧的情况下，对企业债券必须谨慎投资。

那么，在这场违约潮中，为什么民营企业如此"脆弱不堪"？

相比国企、央企，乃至政府平台，民营企业在融资方面处于相对弱势的地位。银行授信、非标债权、债券融资、股市融资、债转股融资等渠道，对于民营企业来说，犹如望梅止渴。

银行授信	· 晴天送伞，雨天收伞
非标债权	· 通道压缩，监管严控
债券融资	· 市场下行，融资难
股市融资	· 股价跌跌不休，定增路难行
债转股融资	· 国企、央企为主，民营概率较低

图 7-5　民营企业各类融资渠道情况

比如，在银行授信方面，对于民营企业来说，其授信规模往往是发展好的时候，大量授信，发展陷入困境时，急剧紧缩。这就像"晴天送伞，雨天收伞"。比如在信贷宽松期，鼓励民营企业借贷，信贷审核宽松，助推民营企业负债率激增，杠杆比例不断提高。而在信贷紧缩期，银行最先削减的是民营企业的授信规模，导致民营企业外部资金量锐减。

再比如在股市融资方面，2018 年中国 A 股市场指数跌破 2500 点，虽然 2019 年股市重新上涨，但深陷债务危机的民营上市公司，其股价仍在低谷徘徊，想要从股市实现融资，难上加难。尤其是债务危机的情况一旦曝出，往往引发市场恐慌，股票市场会急剧反应，股票大量抛售，对上市公司又是一重打击。所以对于过去通过股票质押、定增等方式获取融资，解决民营上市公司资金问题的道路，已经走不通了。以这次永泰能源为例，此前多次通过定增方式募集资金，累计金额超过 220 亿元。但是，股市下行后，其上市公司整体市值才 208 亿元，这就相当于走进了定增的死胡同。

所以，融资渠道的不畅，会让一些民营企业陷入"违约怪圈"之中。

在经济上行、信贷宽松时期，各种融资渠道大量借贷，杠杆比例飞升，热钱滚入，企业负债率激增，对外投资不断扩大，企业从"小精尖"变成"大平庸"。这一系列问题，在经济繁荣的泡沫中，没有人会在意。哪怕资金短缺了，也会有大把的金融机构排队来送钱。这样的背景下，民营企业宛如活在梦境，钱仿佛随处可见，唾手可得。

但在经济下行时，信贷紧缩，各种融资渠道如同"前女友"般冷酷。更可怕的是，资金链一紧张，后续资金无法及时获得，可能会导致民营企业资金链条的断裂。比如，盾安集团在对外解释为何陷入流动性危机时提到，其 4 月 23 日发行的 12 亿元超短期融资券未能成功发行。资金无法像过去那样快速周转，直接引发发债主体的资金崩盘。

因此，对于企业债券类产品投资者来说，涉及民营企业债券产品一定要格外注意，结合该企业最新市场信息，了解其债务情况、融资情况、运营情况等。不能只看民营上市公司背景、行业排名，要了解其真实的债务和融资情况，深入剖析。

【闫老师小结时刻】

民营企业债券，是这轮债券违约潮中的集中爆雷方。一方面，是民营企业此前盲目扩张，高杠杆比例、资产负债率过高所致。另一方面，也是民营企业相比于国企、央企，其融资渠道较少，融资议价能力较弱，融资成本较高所致。因此，投资者在筛选企业债券类产品时，一定要注意所投资企业的性质，了解剖析其真实的债务情况，防范投资风险。

第五节　典型案例分析——如何筛选企业债券类产品

典型产品案例：AA 国有资产公司债券（债券代码：666666）（本书中典型产品案例均为实践中真实产品，经闫老师删减改编后，进行分析解读。）

表 7-2　AA 国有资产公司债券产品要素

项目	详细资料
债券名称	AA 国有资产公司债券
债券代码	666666
债券简称	AA 国资
发布时间	2012 年 5 月 23 日
上市日	2012 年 5 月 24 日
发行额	18 亿元
面额(元)	100 元
期限(年)	7 年
年利率(%)	8.2%

续表

项目	详细资料
调整后年利率	/
计息日	3 月 7 日
到期日	2019 年 3 月 7 日
发行起始日	2012 年 3 月 7 日
发行截止日	2012 年 3 月 9 日
上市地	沪市
信用级别	AA+
发行单位	AA 国有资产经营公司
还本付息方式	年付
发行担保人	BB 集团股份有限公司
发行方式	荷兰式招标
主承销机构	HH 证券股份有限公司
债券类型	固定
备注	信用级别:AA+;评级机构:PP 资信评估有限公司

什么是荷兰式招标?

　　债券发行方式,主要分为美国式招标和荷兰式招标。美国式招标又称多种价格招标,是指中标价格为投标方各自报出的价格。荷兰式招标又称单一价格招标,是指按照投标人所报买价自高向低(或者利率、利差由低而高)的顺序中标,直至满足预定发行额为止,中标的承销机构以相同的价格(所有中标价格中的最低价格)来认购中标的债券数额。

产品要素拆分解读法

对于企业债券类产品来说，其面临的最大风险是违约风险，即债券到期后，债券发行人违约，无法兑付本息，使债券产品发生风险。那么，在剖析企业债券产品时，我们的核心关注点在于，债券发行人未来有无违约风险，其真实的资信情况如何。接下来，我们围绕这一重点来剖析企业债券类产品。

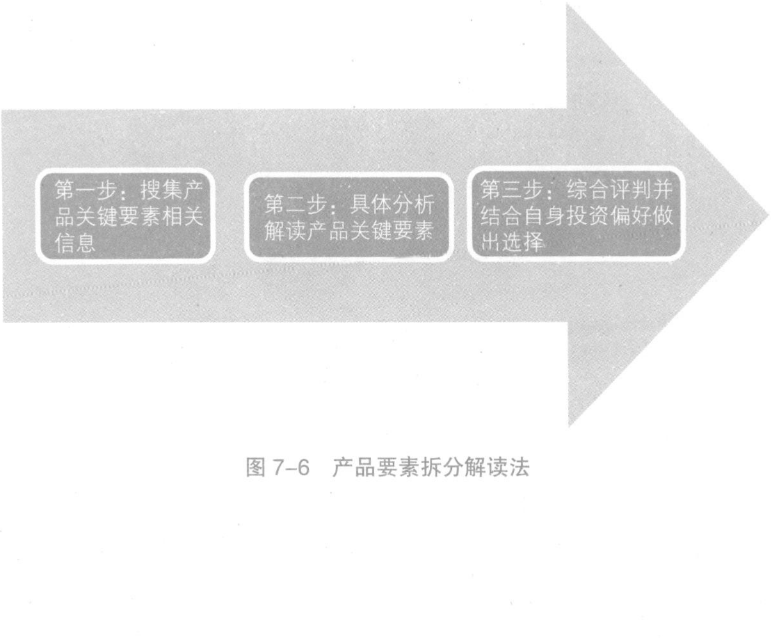

第一步：搜集产品关键要素相关信息

第二步：具体分析解读产品关键要素

第三步：综合评判并结合自身投资偏好做出选择

图 7-6 产品要素拆分解读法

第一步：搜集产品关键要素相关信息

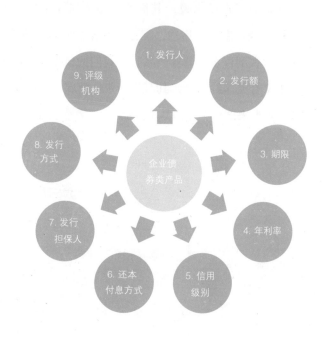

图 7–7　企业债券类产品关键要素

1. 发行人：AA 国有资产公司

发行人的情况，对于企业债券未来能否正常兑付影响非常大，因此，第一步要对发行人真实情况有所了解。可通过工商系统或企查查、天眼查等 App，查询发行人的工商信息。同时在裁判文书网查询发行人的涉诉信息，以及发行人的征信信息，了解其资信情况。若是上市公司，对其相关审计报告、财务报表都可以通过公开渠道查询，进而掌握其财务状况。对于上市公司，还要了解其当前股价情况，比如目前股价是多少、最高股价是多少、股价是在增长还是下跌等等。

2. 发行额：18 亿元

发行额是多少，意味着债券到期后发行人要兑付的资金量有多少。同时，这里要注意的是同一发行人可能发行多期企业债券，因此投资者要了解发行人在相邻区间段发行了多少只企业债券，发行额总计是多少。

3. 期限：7 年

期限的长短，对于投资者潜在风险的影响是不同的。较长的投资期限需要投资者考量的内容更多，尤其是未来该发行公司的发展方向，由于无法预测未来市场会发生什么样的变动，过长的期限预示着风险更加不可控。

4. 年利率：8.2%

年利率方面，要与市场中同类企业债券利率做对比，看是高于同期，还是低于同期。年利率也是我们后续判断产品风险的重要因素，投资者要格外注意。

5. 信用级别：AA+

根据《中国人民银行信用评级管理指导意见》及《信贷市场和银行间债券市场信用评级规范》等文件规定，将债券市场中长期债券信用评级划分为三等九级，分别为 AAA、AA、A、BBB、BB、B、CCC、CC、C，其中每一信用等级可用"+""-"符号进行微调，表示略高或略低于本等级。等级由高到低，代表着债券主体偿还债务的能力从强到弱、受到不利经济影响从小到大、违约风险从低到高，尤其是 CCC 级以下的债券，堪称垃圾债，风险极大。投资者要确定自己所投资的债券产品，其信用评级是几级，并分析其对应的风险和偿债能力等级。

6. 还本付息方式：年付

在还本付息方式上，以年付居多，也有季付等其他方式。这里投资者要注意所投资企业债券产品的付息方式，以便对回款资金进行后续安排。

7. 发行担保人：BB 集团股份有限公司

企业债券又细分为信用债券和担保债券。信用债券就是大家通常理解的纯信用发行，无抵押、无担保的债券，因此这类债券只适用于信用等级较高的债券发行人，一般在 AA+ 以上。担保债券是指存在保证、抵押、质押的债券，保证是由第三方担保偿还本息，抵押是以不动产作为抵押物，质押是由其他有价证券作为质押。这里投资者要清楚自己将要投资的企业债券是否有相应的增信措施，是信用债券还是担保债券，具体的担保措施什么。

8. 发行方式：荷兰式招标

不同的发行方式，对债券利率有不同的影响。美国式招标优势在于充分进行了市场竞争，有利于实现债券发行价格与市场利率的一致；劣势在于有可能形成围标情况，导致债券价格被垄断。而荷兰式招标优势在于避免投标人垄断债券价格，避免中介机构赚取暴利的可能；劣势在于单一价格招标，压抑了竞争需求，可能会导致中标价格过低，从而带来利率风险。

9. 评级机构：PP 资信评估有限公司

对于评级机构，需要投资者注意的是评级机构的公信力情况。由于评级是判断债券安全性、稳定性的重要因素之一，一旦评级机构评级结果不够公允，将在很大程度上导致投资判断被错误引导。

如 2018 年 6 月银行间市场交易商协会、证监会同时发布公告，给予大公国际资信评估有限公司（简称"大公评级"）严重警告处分，责令其限期整改，并暂停债务融资工具市场相关业务一年。原因有以下几点：一是大公国际与关联公司公章公用，内部管理混乱；二是在为多家发行人发行服务的同时，开展咨询服务收取高额费用；三是委员资格不符合要求；四是部分评级项目底稿缺失。所以，所投资企业债券的评级机构是谁？公信力如何？这些因素对于我们判断企业债券类产品能不能投，起到关键作用。

【闫老师小结时刻】

　　在筛选企业债券产品时，我们第一步要做的是，对产品中关键要素进行罗列，并尽可能详细地搜集关键要素的相关信息。知己知彼，百战不殆，其中一些关键的要素需要格外注意，如发行人、信用评级、利率、评级机构等。在下一步进行具体分析前，要做好产品资料的准备。

第二步：具体分析解读产品关键要素

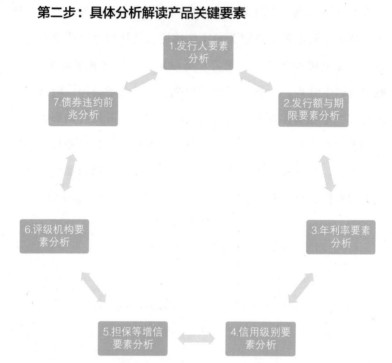

图 7-8   企业债券类产品关键要素分析

1. 发行人要素分析

进入这一个环节，投资者要打破对大企业、上市公司的盲目轻信，从目前的债券违约情况来看，其中既有资产上千亿的大企业；也有背景实力雄厚的上市公司。因此，不管发行人是怎样类型的企业，有着怎样的背景实力，大家都要一视同仁，以严格细致的标准来分析。

这里，大家可以结合债券市场违约数据来分析，以 2018—2019 年企业债券市场违约债券数据为例，其中民营企业（以民营上市企业为主）占据 70% 以上的比例。因此，相应地对于民营企业，尤其民营上市企业为主体的企业债券要格外重视。但并不意味着国有企业的企业债券就更安全，因为违约的企业债券名单中，国企同样上榜。只是因为相比于国企、央企，民企在应对债务危机时的能力较弱，同时在处于信贷收紧背景下，民营的资金链情况更为严峻，容易爆发债务危机，导致债券违约。

所以，投资者在筛选企业债券时，尤其要注意到发行人的情况，比如其所属行业情况如何，如行业中同类企业已出现债券违约问题，那么这一企业的债券潜在风险也会提升。再比如该企业属于民企、国企还是央企，其股东背景实力如何？其资产负债率、现金流等财务数据如何？

最后，还要格外关注发行人的潜在流动性风险。因为有些时候，资产负债率并不能真实反映企业实际情况（这里还存在造假可能）。以盾安集团为例，从财务报表上，并不能看出存在什么问题。作为一家全国 500 强企业，其账面实力不可谓不强，但企业却深陷流动性风险之中。因此，需要关注发债企业的流动性问题，尤其是现金储备情况，现金流情况。这些因素，在其发生流动性风险时，起到关键性作用。同时还要客观看待银行授信额度，因为一些明星企业虽然会获得规模庞大的银行授信，但一旦发生风险，这些授信规模将不复存在。

因此，针对发行人要素的分析应该是全方位的，不仅仅涵盖背景实力、股东、企业类别，还包括其财务状况、运营情况、债务情况、潜在流动性风险等。通过多角度、多维度的分析解读，挖掘到真实的企业情况，做出客观、理性的投资选择。

2. 发行额与期限要素分析

发行额和期限要素看似简单，但对于我们判断企业债券类产品未来风险有着非常大的作用。首先，结合发债企业近期发行债券的整体规模，预估其到期后需要兑付的资金量。其次，结合发债企业当前的现金流、资产规模、利润率等要素，测算其在期限内现金流、盈利水平的增长情况。这一点可结合发债企业同行业其他企业数据，做客观预测与评估。最后，将发债企业在债券到期后要兑付的资金量与发债企业未来到期日的预估企业现金流、盈利水平相对比，以判断在未来债券产品到期时，发债企业是否有足够的资金实现兑付。如果两者间数据差距过大，该企业债券未来到期后就会有较高的违约风险，需要投资者格外注意，谨慎投资。

3. 年利率要素分析

利率水平的高低，也是我们判断产品风险的重要因素之一。这一点要与同类企业的企业债券利率做对比，这里的同类企业最好是同属一类行业，企业量级相差不多，企业债务水平、现金流、资产规模等方面接近，这样作为对比标的更为客观。如果所筛选的企业债券，其年利率明显高于同类债券，那么这种情况便是异常的。同时，年利率水平不但要与同类企业债券进行对比，还应与发债企业前期债券利率对比。比如例子中 AA 国有资产公司，公司债券在 2012 年的债券利率是 8.3%，而到了 2013 年发行的企业债券利率变成了 10.5%。那么，其债券利率为何突然提高这么多？这一点是值得投资者注意的。越高的债券利率，意味着发债企业付出更高的资金成本。那么必须考虑为何发债企业的资金成本突然飙升，是否与其债务规模过大有关，是否与其融资渠道锐减有关，是否与其负面消息有关等。

因此，对于投资者来说，要始终记得收益与风险是成正比的，越高的收益，往往意味着更高的风险。在分析企业债券利率要素时，不仅要跟同类企业债券做对比，也要跟发债企业以往同期企业债券利率做对比。

4. 信用级别要素分析

不要只看评级！对于企业债券产品来说，信用评级的确非常重要，但它不是我们考量产品安全性的唯一要素，不能盲目相信高评级。信用评级只是一种衡量标准，并不能保障企业完全零风险。包括 AA+ 甚至 AAA 企业，评级高，不代表不存在任何问题。以出现问题的永泰能源 CP004 债券为例，评级机构给出的是 AA+ 的评级，而在出现违约问题后一路跌到 CCC 评级。

这里要注意的是，闫老师说的不能只看评级，不代表不看评级。债券评级仍然是我们投资企业债券产品时重要的参考要素。那么，在当前债券市场出现违约潮的背景下，我们选择企业债券类产品，要尽可能选择评级较高的债券。按照评级的标准，为防范投资风险、保障投资安全，尽可能选择 AA+、AAA 评级的债券。但同时要注意的是，仍需要对企业债券的发行人情况具体分析，不能只简单地看评级。

5. 担保等增信要素分析

相比于纯信用债券，存在担保、抵押、质押等增信措施的企业债券，其安全性相对较高，但也要具体来分析增信措施情况。关于担保问题，要分析担保方的实力背景、对外担保情况、自身债务情况、运营情况、资产情况等。关于抵押问题，要分析抵押物的真实情况，如抵押物相关抵押手续是否办结、抵押物估值是否公允、抵押物上是否存在他项权利、抵押物后续处置成本、时间等。关于质押问题，要分析质押债券的手续是否办结、质押债券的价值、质押债券后续处置等。

对于企业债券类产品来说，由于发行企业债券的条件较高，发债企业实力背景较强，这一产品更多依赖于发债主体的资信情况，因此相比于其他固定收益类产品其增信措施较少，这也与其自身特性有关。

6. 评级机构要素分析

这一点与信用评级要素关系相当密切。由于当前国内评级市场鱼龙混杂，评级机构是否公正、客观，对于企业债券评级可信度高低非常重要。尤其是大公国际被处罚消息爆出后，让投资者们对评级市场的乱象有了深入的了解。因此，在筛选企业债券产品时，不仅要关注债券评级，还要关注是哪家评级机构做出的债券评级。如果这家评级机构负面消息较多，存在与发债机构利益勾结的情况，那么哪怕是这家机构给出了 AAA 级的评级，对于这一债券也仍需谨慎。

对此，投资者还可关注近期市场中违约的企业债券信息，了解是哪些机构给这些违约债券做的评级。如果某家评级机构，曾为多只违约债券做出 AA+ 甚至 AAA 的推荐评级，那么这一评级机构未来债券评级结果的公信力就是存疑的。如果遇到这样的机构评级的债券，就需要格外注意，极有可能债券真实风险远高于评级结果。

7.债券违约前兆分析

债券违约并不是没有前兆的，只要细心观察，就会发现其中的风险因子。

实践中常见的几大前兆，提醒大家要格外注意。第一，是大股东的股权质押比例，一旦质押比例超过70%，说明该公司资金处于紧张状况。而比例一旦超过90%甚至100%质押，则说明其资金链可能处于断裂的紧要关头。第二，是以往债券发行情况，比如出现债券募集失败、债券发行取消等情况，说明其原本借新还旧的方式难以继续，资金链处于极度紧张状况之中。第三，是未来融资空间情况。如果未来融资空间较小，则在发生流动性问题时，难以获得资金注入，会进一步加剧资金紧张问题。这一点相当于企业未来发生风险时的最后保障。第四，是短期债务缺口，如果短期缺口过大，即使有一定融资空间，但也无法弥补全部缺口，那么直接导致的就是债券违约。第五，是控股结构。民营企业下属上市公司往往是合并报表，那么上市公司母公司报表非常重要，能在一定程度上反映真实的现金流情况。

【闫老师小结时刻】

每一项产品的关键要素，其背后都蕴藏着丰富的信息。而我们要做的是，将其背后的信息挖掘出来，具体剖析、具体论证。不同的要素，有着不同的分析方法，大家可以结合闫老师的分析过程，对所接触的企业债券类产品进行分析解读，把握企业债券类产品的真实情况，提高自身对企业产品的筛选能力，以避免被债券市场违约潮波及。

第三步：综合评判并结合自身投资偏好做出选择

在前两步的搜集、分析工作完成后，我们要进入到最后一步，也是最为关键的一步——做出投资选择。

这里要注意的是，产品潜在风险高，不等于产品一定会违约。企业债券类产品发生违约问题，由多方面原因所致。其中既有发债企业自身的问题，也有经济大环境的问题、宏观政策的问题等。任何投资都是有风险的，而我们要做的是，选择一款符合我们风险预期，并能给我们带来满意收益的投资产品。

因此，对于企业债券类产品，在剖析完其潜在风险之后，作为投资者要做的是，结合自身投资偏好，看所筛选的企业债券产品是否与自身风险承受能力相符合。那么，如何来评测自身的风险承受能力呢？大家可以通过投资者风险承受能力评测报告，来了解自身的投资偏好。在这里，闫老师列举一些风险评测问题，帮助大家了解自身风险承受能力。

下面共有 12 个问题，每个问题答案有不同的分值，最后综合 12 个问题的分数，来评测自身的投资偏好和风险承受能力。

1. 您的主要收入来源是【　　】

A. 工资、劳务报酬

B. 生产经营所得

C. 利息、股息、转让等金融性资产收入

D. 出租、出售房地产等非金融性资产收入

E. 无固定收入

2. 您的家庭可支配年收入为（折合人民币）【　　】

A. 50 万元以下

B. 50 万—100 万元

C. 100 万—500 万元

D. 500 万—1000 万元

E. 1000 万元以上

3. 在您每年的家庭可支配收入中，可用于金融投资（储蓄存款除外）的比例为【　】

A、小于 10%

B、10%—25%

C、25%—50%

D、大于 50%

4. 您是否有尚未清偿的数额较大的债务，如有，其性质是【　】

A. 没有

B. 有，住房抵押贷款等长期定额债务

C. 有，信用卡欠款、消费信贷等短期信用债务

D. 有，亲戚朋友借款

5. 您的投资知识可描述为【　】

A. 有限：基本没有金融产品方面的知识

B. 一般：对金融产品及其相关风险具有基本的知识和理解

C. 丰富：对金融产品及其相关风险具有丰富的知识和理解

6. 您的投资经验可描述为【　】

A. 除银行储蓄外，基本没有其他投资经验

B. 购买过债券、保险等理财产品

C. 参与过股票、基金等产品的交易

D. 参与过权证、期货、期权等产品的交易

7. 您有多少年投资基金、股票、信托、私募证券或金融衍生产品等风险投资品的经验？【　　】

A. 没有经验

B. 少于 2 年

C. 2—5 年

D. 5—10 年

E. 10 年以上

8. 您计划的投资期限是多久？【　　】

A. 1 年以下

B. 1—3 年

C. 3—5 年

D. 5 年以上

9. 您打算重点投资于哪些种类的投资品种？【　　】

A. 债券、货币市场基金、债券基金等固定收益类投资品种

B. 股票、混合型基金、股票型基金等权益类投资品种

C. 期货、期权等金融衍生品

D. 其他产品或者服务

10. 以下哪项描述最符合您的投资态度？【　　】

A. 厌恶风险，不希望本金损失，希望获得稳定回报

B. 保守投资，不希望本金损失，愿意承担一定幅度的收益波动

C. 寻求资金的较高收益和成长性，愿意为此承担有限本金损失

D. 希望赚取高回报，愿意为此承担较大本金损失

11. 假设有两种投资：投资 A 预期获得 10% 的收益，可能承

担的损失非常小；投资 B 预期获得 30% 的收益，但可能承担较大亏损。您会怎么支配您的投资？【　　】

　　A. 全部投资于收益较小且风险较小的 A

　　B. 同时投资于 A 和 B，但大部分资金投资于收益较小且风险较小的 A

　　C. 同时投资于 A 和 B，但大部分资金投资于收益较大且风险较大的 D

　　D. 全部投资于收益较大且风险较大的 B

　　12. 您认为自己能承受的最大投资损失是多少？【　　】

　　A. 10% 以内

　　B. 10%—30%

　　C. 30%—50%

　　D. 超过 50%

各题选项分值表

题号 分值 选项	1	2	3	4	5	6	7	8	9	10	11	12
A	10	1	1	10	1	1	1	1	1	1	1	1
B	8	4	2	6	4	4	4	4	4	4	4	4
C	6	6	3	4	8	6	6	8	8	8	8	8
D	4	8	4	1		10	8	10	10	10	10	10
E	1	10					10					

风险评级标准

评级	保守型	稳健型	平衡型	成长型	进取型
得分	20分以下	20—37	37—53	54—82	83分以上

最后，投资者们综合自身的投资偏好，与所投资的企业债券类产品风险系数对比，看其风险是否在自己可承受范围内。若在承受范围内，同时收益率等各方面因素符合自己的需求，那么便可做出投资决定。

【闫老师小结时刻】

在筛选企业债券类产品时，可通过"产品要素分析三步走"方式：第一步，搜集产品关键要素相关信息；第二步，具体分析解读产品关键要素；第三步，综合评判并结合自身投资偏好做出选择。通过以上三步，就产品的潜在风险进行分析，评估所投资企业债券的风险系数，并结合自身的投资偏好，做出最终的投资选择。

以上便是第七章《扒开华丽的外衣——直击企业债券类产品》的全部内容，闫老师希望大家通过这一章节的内容，对于企业债券市场有更多的了解，对于当前债券违约潮有更深入的认识，最后通过闫老师的典型产品分析，让大家未来投资企业债券类产品时，能够深入分析，理性判断。那么，在下一章节中，闫老师将为大家具体介绍 P2P 产品，请关注下一章节《市场中的野蛮人——P2P 产品》。

第八章

市场中的野蛮人——P2P 产品

投资基本功第三招

庖丁解牛
之野蛮人

P2P 产品的定义

P2P 产品的分类

P2P 产品的特征

P2P 行业情况

防雷宝典——P2P 平台十大爆雷前兆

P2P 产品

如何筛选 P2P 产品

三角度剖析 P2P 产品

角度一：P2P 平台角度

角度二：P2P 产品角度

角度三：底层项目角度

在第七章中，闫老师为大家介绍了企业债券类产品。此类产品在市场中虽然有着华丽的外衣，包裹着的可能是丑陋的躯体。所以，我们分析这一类型产品，不能被市场表面的繁华所迷惑，要充分了解债券市场的潜在隐患和风险。就具体产品而言，需要通过产品分析三步走的方式，由浅入深地把握债券类企业情况，筛选出优质的产品，从而规避投资风险。

进入第八章，闫老师将为大家介绍 P2P 产品。P2P 产品，被称为固定收益类市场中的野蛮人，它的出现打破了固收类市场的平衡。P2P 产品模式自国外引入后，犹如洪水猛兽，给固定收益类产品市场带来了巨大的冲击和深远的影响。

一方面，P2P 产品的高额收益让众多投资者趋之若鹜，一时间对收益较低的固收产品，如银行理财、定期存款等造成了巨大的冲击。另一方面，因其借用互联网因素，充分发挥互联网＋金融的优势，影响力快速拓展，客户群体数量激增，行业整体管理规模一跃破万亿元，成为固收类产品市场中不可忽略的力量。

它的出现与成长突如其来，让传统金融机构猝不及防，如同突然闯进家园的野蛮人，将原有的世界搅得天翻地覆。P2P产品在经历加速狂奔的成长期后，却遭遇了成长的烦恼。近一两年，行业的增长速度、管理规模、机构数量都在一路下跌，而P2P平台不断跑路、爆雷的消息，也给它的未来成长之路蒙上了一层阴影。如何解决P2P的规范难题，决定了它的未来之路。

那么，究竟什么是P2P产品？此类产品目前经历着怎样的困局？我们又该如何筛选P2P产品呢？带着这些疑问，让我们一同走进第八章《市场中的野蛮人——P2P产品》。

第一节　什么是P2P产品？

首先，什么是P2P呢？从定义上看，P2P是英文peer to peer lending（或peer-to-peer）的缩写，意即个人对个人（伙伴对伙伴），又称点对点网络借款，是一种将小额资金聚集起来借贷给有资金需求人群的一种民间小额借贷模式。通俗来讲，就是将传统的一对一借款模式，通过互联网模式，将其扩散并衍生。比如，以前闫老师想要借钱，只能从身边土豪好友小高处借钱。但是，借助于互联网P2P模式，闫老师借来的钱可能是远在吐鲁番的小吕的。

根据官方定义，《网络借贷信息中介机构业务活动管理暂行办法》第二条规定："本办法所称网络借贷是指个体和个体之间通过互联网平台实现的直接借贷。个体包含自然人、法人及其他组织。网络借贷信息中介机构是指依法设立，专门从事网络借贷信息中介业务活动的金融信息中介公司。该类机构以互联网为主要渠道，为借款人与出借人（即贷款人）实现直接借贷提供信息搜集、信息公布、资信评估、信息交互、借贷撮合等服务。"在实践中，我们通常将这些网络借贷信息中介机构（简称互金平台）发行的产品，称为 P2P 产品。

其次，P2P 产品有哪些分类？

第一种，按照产品资产端来划分（即投资的底层资产），P2P 产品可分为消费贷产品、车贷产品、房抵贷产品、供应链金融产品等，其中前三类为当前的主流 P2P 产品。

第二种，按照底层标的数量来划分，P2P 产品可分为散标型产品和集合标型产品（又称工具类产品）。散标型产品是指底层对应一个标的，采用等额本息方式，借款人按月支付本金及利息，出借人按月收取收益。集合标型产品是指底层对应多个标的，采取退出后兑付本息方式，在存续期内无法收取本息。

最后，P2P 产品有哪些特点？

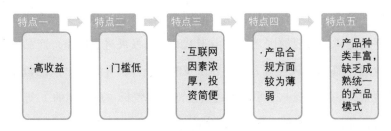

图 8-1　P2P 产品特点

第一个特点是高收益，这也是 P2P 产品最为吸引人的一点。

以一年期 P2P 产品为例，其年化收益率为 8%—10%，远高于同类的银行理财、企业债券，与高门槛的信托、固收类私募基金收益不相上下。

第二个特点是门槛低，P2P 产品门槛一般都在 1000 元以上，甚至零门槛。而像银行理财为 1 万元起投，私募基金、信托 100 万元起投。因此，P2P 产品受众群体更为广泛，这是其能够快速增长的重要原因之一。

第三个特点是互联网因素浓厚，投资简便。P2P 产品借由互联网平台发行募集，由于互联网自身的传播优势，其募集的广度、深度更强，募集速度更快，投资者投资更为方便，只需在 App 或网站上操作即可，大大节省了购买理财产品的时间，简化了办理手续。之前，我们首次购买银行理财产品时，需要到银行柜台签署相关投资材料，审核身份信息等。而购买 P2P 产品，只要在 App 上传身份证、银行卡等信息，并填写投资者风险评测报告即可，省去了线下非常繁杂的步骤。这是 P2P 产品能够快速增长的另一个重要原因。

第四个特点是产品合规方面较为薄弱，这也是导致众多 P2P 平台爆雷的重要原因之一。由于 P2P 产品发展过于迅速，产品的合规、管理、风控等方面存在未及时跟上等，导致 P2P 产品鱼龙混杂，一些违规 P2P 平台通过资金池、空气标（虚假标的）等方式，挪用产品资金，导致产品风险发生。

第五个特点是产品种类丰富，缺乏成熟统一的产品模式。这一点对于投资者来说有利有弊：一方面因种类丰富，促进了 P2P 产品间的充分竞争，在一定程度上保障了投资者利益。但另一方面，由于 P2P 产品缺乏成熟统一的产品模式，导致产品潜在风险较高，投资安全保障较低。

> **【闫老师小结时刻】**
>
> 对于 P2P 产品，我们除了要了解以上内容外，还需要仔细辨别其优势与劣势。在 P2P 的产品特点中，有些是它的优势，如：收益高、投资简便、门槛低；而有些是它的劣势，如：合规方面薄弱、缺乏成熟统一产品模式等。通过第一节的分析，大家已经对 P2P 产品有了初步的认识，接下来，我们再做深入的分析。

第二节　当前 P2P 行业怎么了？

从 2007 年出现 P2P 行业萌芽，一直到 2019 年，P2P 行业已走过了 12 年的发展历程。在这 12 年中，有过高峰，也有过低谷，而今天的 P2P 行业正不断滑向谷底。

在行业存量机构方面，根据网贷之家提供的数据，截至 2019 年 2 月，P2P 行业累计平台数量为 6555 家，正常运营平台数量为 1056 家，累计问题平台数量为 2695 家。

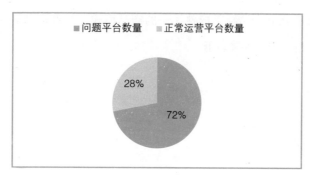

图 8-2　P2P 行业平台比例

根据图 8-2 所示，我们可以看到，正常运营的 P2P 平台占行业内全部平台的比例仅为 28%，这个数据看起来让人触目惊心。为何会出现这样的现象呢？

原因如图所示：

图 8-3　P2P 行业正常经营平台锐减原因

第一，P2P 行业新增平台数量锐减。以近年为例，2018 年新增平台数量仅 60 家，2019 年 2 月，当月无新增平台。这就意味着 P2P 行业的大门已逐渐关闭。

第二，自 2017 年 12 月 1 日互联网金融风险专项整治、P2P 网贷风险专项整治工作领导小组办公室发布《关于规范整顿"现金贷"业务的通知》（141 号文）后，P2P 行业进入强监管时代。尤其是 2018 年 4 月，互联网金融风险专项整治工作领导小组办公室发布《关于加大通过互联网开展资产治理业务整治力度及开展验收工作的通知》（29 号文），将互联网资管业务列为特许经营业务，互联网资管业务的 P2P 平台因此大受冲击，而在线下端与 P2P 平台合作的金交所（地方金融资产交易场所）和股交所（地方股权交易所）也先后叫停了合作。

在强监管背景下，此前的 P2P 产品违规操作被叫停，一些违规的 P2P 平台因为不合规业务陷入危机中，出现了大批爆雷、跑路平台。从 2018 年下半年开始，多地 P2P 平台发生风险，其中 7 月、8 月，单月停业及问题平台超过百家，行业内爆雷平台激增，又出现了如唐小僧、草根投资、善林财富、联壁金融这样百亿规模爆雷平台，整个 P2P 行业陷入爆雷危机中。

第三，进入 2019 年，各省开展了针对 P2P 平台的清理整顿工作，一些中小平台受到强监管影响，逐步退出 P2P 行业，行业内正常经营机构进一步锐减。

根据当前经济形势、市场环境、备案进度、监管政策，网贷之家预测，截至 2019 年年底，P2P 行业正常运营平台数量应该在 300—500 家。也就意味着，P2P 行业从原有的上万家机构，经历了百里挑一的洗牌过程。

在行业管理规模方面，根据网贷之家数据，截至 2018 年年底，P2P 行业成交量为 17 948.01 亿元，历史累计成交量突破 8 万亿元。相比于 2017 年成交量（28 048.49 亿元）下滑了 36.01%，而在 2019 年 P2P 行业整顿期结束后，未来 P2P 行业成交量可能仅在 1.5 万亿—2 万亿元。

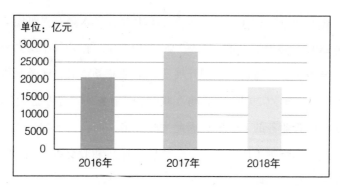

图 8-4　2016—2018 年 P2P 行业累计成交量对比

　　因此，从 P2P 行业现状上来看，目前整个行业发展已陷入瓶颈期。强监管如期而来，P2P 平台正在为以往的违规操作买单，大批量的平台违约、爆雷问题频繁出现。

　　而站在 P2P 行业监管角度，也同样存在困局。如图所示：

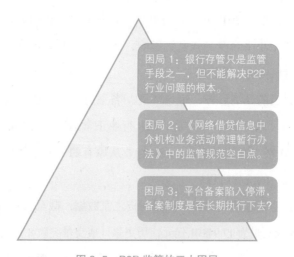

困局 1：银行存管只是监管手段之一，但不能解决P2P行业问题的根本。

困局 2：《网络借贷信息中介机构业务活动管理暂行办法》中的监管规范空白点。

困局 3：平台备案陷入停滞，备案制度是否长期执行下去？

图 8-5　P2P 监管的三大困局

困局 1：银行存管只是监管手段之一，但不能解决 P2P 行业问题的根本。

从 2017 年年底 P2P 备案消息传出后，各 P2P 平台加强与银行合作，将账户交由银行进行账户监管，截至 2018 年年底，正常运营的 P2P 平台均已上线银行存管。

这当中也涉及很多问题，首先，银行存管其监管的范围有多大？目前各银行能做到对其账户流水、大额支付等情况进行监管。但是，更重要的资金来源、底层资产情况，却无法完全实现监管。其次，是监管能力的问题，根据网贷之家的数据，排名前 50 的 P2P 平台存量均在 50 亿元以上，这么大的资金流动，存管银行能否做到准确监管？这也对存管银行的监管能力带来巨大挑战。最后，银行存管并不是一把万能钥匙，虽然各大平台均已完成银行存管，其潜在风险并不能仅仅靠简单的存管就能化解，对于历史发展中产生的坏账、兑付风险，仍是 P2P 行业运行的结疤，需要予以清理。

因此，不能寄希望于银行存管来解决现阶段 P2P 行业中的所有问题。直白一点讲，目前银行存管更多的是一种心理安慰。要让银行存管发挥作用，一方面需要备案存管银行调用更多的人力，去研究存管模式，如成立专门的负责小组，针对 P2P 备案存管进行监管。另一方面，也需要央行层面对于 P2P 银行存管规则做出明确规定，在业务逻辑、监管规则上进行探究，让银行存管落到实处，更好地发挥监管作用。就像我们培养孩子，不能将全部的责任推给学校、老师，作为父母也要做好对孩子的教育工作。所以，投资者不能简单认为，有银行存管的 P2P 产品就是安全的，要结合平台具体情况进行判断。

困局2：《网络借贷信息中介机构业务活动管理暂行办法》中的监管规范空白点。

《网络借贷信息中介机构业务活动管理暂行办法》（以下称《暂行办法》）作为当前P2P行业监管的重要指南，仍然存在监管规范的空白。

根据《暂行办法》的规定①，监管层是将P2P的监管划分到银保监会下面，由银保监会负责监管政策的制定，而在具体落实上，是由各地方金融办负责执行并落实监管要求。

这当中的问题是，银保监会负责的上层监管政策，能否在地方进行良好的落实与执行。更深层次的问题是，中央与地方在监管上的沟通与协调。如果仅仅依靠各地方金融办进行落实，难免会出现上行下效的问题。同时，具体落实中是否赋予各地方金融办一定的自主权，或者说在执行中金融办可否就地方情况不同做出一定变通？这些问题，都是在《暂行办法》中未明确的内容，所以《暂行办法》只是从宏观上对P2P监管进行规范，但进入实践环节，很多细节性问题并没有进行回答与解决。比如：宏观政策更新进度、微观上政策落地执行、行业自律搭建等。

所以，监管的真空，必将导致理财产品运行中的泛滥无序，爆雷现象频发。而严格的监管，就是产品的一道安全锁。

---

① 第三十三条：国务院银行业监督管理机构及其派出机构负责制定统一的规范发展政策措施和监督管理制度，负责网络借贷信息中介机构的日常行为监管，指导和配合地方人民政府做好网络借贷信息中介机构的机构监管和风险处置工作，建立跨部门跨地区监管协调机制。各地方金融监管部门具体负责本辖区网络借贷信息中介机构的机构监管，包括对本辖区网络借贷信息中介机构的规范引导、备案管理和风险防范、处置工作。

困局 3：平台备案陷入停滞，备案制度是否长期执行下去？

2018 年，P2P 平台备案从各地积极推进到被叫停，一时间，P2P 备案陷入困局之中。P2P 该如何备案，该由谁推动备案，备案后对行业有何影响？这些问题，都是监管层亟须面对与解决的。

P2P 平台的备案，就像是一张末日方舟的船票，只有拿到这张船票的人，才能登船，并在末日世界的风暴中幸存下来。要拿到这张船票，必须满足相应的标准，所以末日世界的难民们一定会各显神通以尽快满足并符合这一标准。通过这样的模式，一方面可以保障上船乘客的质量，另一方面也保障上船的公平。但是，如果迟迟不公布标准，就会让这张船票变成一张空头支票，引发难民们的骚乱。而 P2P 平台的备案困局，就像是迟迟不发布的上船标准。

首先，2018 年年初开始进行 P2P 平台备案工作，但到 2018 年下半年各地的备案工作基本处于暂停状态，2019 年 P2P 平台备案工作将如何继续进行，成为监管层需要重点关注的问题。目前可以看到的趋势是，P2P 备案的权力将要上交到监管高层。因此，未来行业备案将由国务院牵头，由银保监会联合各部委统一落实备案监管的可能性较大。

其次，未来各省金融办在备案中将扮演怎样的角色？从实践中看，P2P 的实际监管方仍是各省金融办，不管是备案也好，还是未来其他监管政策，银保监会都无法脱离金融办这一环节。那么在备案中，将放给金融办多大的权限呢？其中涉及的症结在于，银保监会与省金融办之间并无上下级管辖关系，省金融办归口到国务院管辖。因此在备案实施过程中，需要国务院牵头进行协调，否则各省在执行备案中往往标准不一，这也是之前各省 P2P 备案叫停的原因之一。因为如果备案权利放给省金融办，那么各省之间备案细则不一致。一个平台在江苏省备案不了，但可能符合贵州省备案要求，那么他就会选择到贵州完成备案。这样极有可能造成备案口子被变相突破。

最后，备案暂停只是一时的，备案环节是整个行业必经之路。就如闫老师上文提到的末日船票一样，迟迟不公布拿到船票的标准，只会引发人群的骚乱。而对于何时继续进行备案工作，要等待中央与地方协调，P2P 的备案不可能完全跳脱地方的影响。最终的结果，最有可能是由国务院来牵头，银保监会联合各部委，同时考虑到各地方金融办实际情况来制定。具体的标准，仍可能是中央制定宽泛标准，各地金融办制定细则，来推进整个备案工作的进行。

【闫老师小结时刻】

目前 P2P 行业正处于行业发展的低谷期，行业内的正常经营机构数量不断减少，行业管理规模也在下降。但这一时期，对于 P2P 行业本身来说，也是刮骨疗伤的过程，只有经历了成长的阵痛期，才能迎接更好的发展。对于监管层来说，如何监管 P2P 行业，如何保障 P2P 行业健康、稳定发展，是其接下来关注的重点。对于 P2P 产品投资者来说，需要对 P2P 行业有更加深入的了解，结合行业发展趋势、监管动态，在筛选具体 P2P 产品时，选择安全、合规、稳定的产品，从而避免发生投资风险。

第三节　防雷宝典——P2P平台十大爆雷前兆

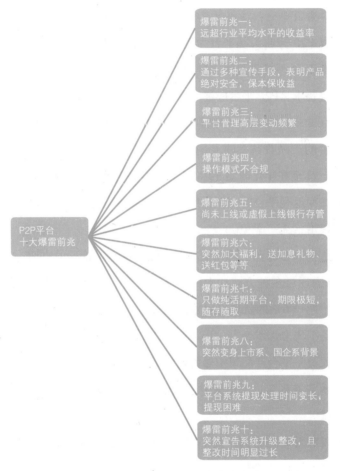

图 8-6　P2P 平台爆雷十大前兆

不同于其他固定收益类产品，P2P 产品其所属 P2P 平台一旦出现风险，将会导致其旗下 P2P 产品均陷于危机之中。因此，闫老师在这里特别梳理了 P2P 平台爆雷的十大前兆，帮助投资者做好风险预防。对于出现这些前兆的 P2P 平台，其旗下 P2P 产品，投资者要列入"投资黑名单"，以避免不幸"踩雷"。

爆雷前兆一：远超行业平均水平的收益率。

以 P2P 行业头部平台为例，为保证风险的可控性，头部平台在不断下调产品收益率。同时根据 P2P 平台备案要求及各地金融办整改要求，P2P 平台应逐步降低产品收益，目前整个行业平均收益率在 8%—10%（一年期产品）。相比于行业的平均收益率，爆雷平台的产品收益率明显偏高。如果产品收益远远高于行业平均水平，甚至在年化收益 12% 以上，需要格外注意。例如号称民间四大高额返利平台的"钱宝网""雅堂金融""唐小僧""联璧金融"全部爆雷，无一幸免。

这里以银保监会郭树清主席在陆家嘴金融论坛的讲话为参照，"要努力通过多种方式让人民群众认识到，高收益意味着高风险，收益率超过 6% 的就要打问号，超过 8% 的就很危险，10% 以上就要准备损失全部本金"。所以越高的收益，预示着越高的风险，过高的收益是平台产品集中爆雷前的第一前兆。

爆雷前兆二：通过多种宣传手段，表明产品绝对安全，保本保收益。

以联璧金融为例，其平台与京东、斐讯合作，向客户大肆宣传自身产品的安全性，通过合作方背景，来增强投资者对自己的信任度，这种手段在爆雷平台中屡见不鲜。又如唐小僧、团贷网、e 租宝，都是通过电视广告、新媒体宣传等多样化手段，宣传自身品牌实力背景，潜移默化地给投资者一种自己产品绝对安全的印象，吸引投资者大量进入投资。

面对这种情况，投资者要深知：不存在绝对安全、零风险的产品，不能盲目迷信产品宣传。其合作方背景、股东背景，不能代表其平台的合规性、安全性。而大肆地广告宣传，不断强调自己零风险，往往是存在潜在风险的前兆。这样的虚假夸大宣传，是尤其要引起注意的。就像是总跟女孩子强调自己是富二代、家产上亿的，往往是感情骗子一样。

爆雷前兆三：平台管理高层变动频繁。

一个平台管理的稳定性，与其高层的管理能力、管理水平息息相关。而过于频繁的高层变动，说明其内部必然存在问题。高管频繁变动，一方面会影响平台的稳定性，造成其发展方针多变，运营方案不稳定，人员流失率高等问题。另一方面，高管变动，也会导致管理层对公司实际控制力下降，导致底层项目操作不合规现象频出，监督力度减弱，产品风险攀升。

同时，还要关注 P2P 平台股权转让情况。比如被上市公司收购，这种情况往往伴随着管理层的更换与退出。而即使保留原有管理层，管理层也不再具有控制权，真正控制人为收购方。那么收购方的实力背景、管理经验，将直接影响平台的未来走向。比如，杭州爆雷 P2P 平台牛板金，因为新加入的控股方董事挪用平台资金，导致资金链断裂。

爆雷前兆四：操作模式不合规。

《网络借贷信息中介机构业务活动暂行管理办法》规定："网络借贷金额应当以小额为主。网络借贷信息中介机构应当根据本机构风险管理能力，控制同一借款人在同一网络借贷信息中介机构平台及不同网络借贷信息中介机构平台的借款余额上限，防范信贷集中风险。

同一自然人在同一网络借贷信息中介机构平台的借款余额上限不超过人民币 20 万元；同一法人或其他组织在同一网络借贷信息中介机构平台的借款余额上限不超过人民币 100 万元；同一自然人在不同网络借贷信息中介机构平台借款总余额不超过人民币 100 万元；同一法人或其他组织在不同网络借贷信息中介机构平台借款总余额不超过人民币 500 万元。"

从以上规定，可见监管部门在投资规模上进行了明确的限定，同时为保证网贷平台的安全性，在相关监管要求中对平台线下理财、空气标、大额标等方面严格监管。

因此对于所投资的 P2P 平台，如果存在明显违反《网络借贷信息中介机构业务活动暂行管理办法》的行为，投资者要格外注意。这些违规行为一旦被发现，一方面平台会受到监管机构严厉的处罚，另一方面这些不合规业务的存在，也证明该平台自身存在爆雷风险。

爆雷前兆五：尚未上线或虚假上线银行存管。

银行存管是备案要求中的关键点之一，因此各大头部平台均与银行合作，上线存管。虽然银行存管上线并不能代表 P2P 平台完全安全，之前也出现过上线存管的平台发生爆雷的情况，但整体上来说，上线存管，可以对平台的整体资金流动，起到一定的监督作用，对于投资者的投资也具有一定保障。因此，对于那些还未上线存管的平台，投资者需要格外慎重。其中极有可能存在较多坏账，导致无法上线。以唐小僧为例，其在爆雷前一直声明要上线存管，但一直到爆雷前夕，其存管系统也未上线，最终发现其平台存在较多假标以及坏账问题。同时投资者还要注意，P2P 平台所宣传的上线银行存管是否是真实的，如果是虚假宣传，其风险更大。

爆雷前兆六：突然加大福利，送加息礼物、送红包等。

当投资者所投平台，突然加大福利投放，这是非常值得警惕的事情。要记得"世上没有无缘无故的爱，也没有无缘无故的恨"，所以平台突然开始烧钱投放福利时，不但不是平台欣欣向荣的好现象，反而说明平台资金链存在一定问题，需要通过加息、送红包等方式维系老客户，同时通过这种方式吸引新的投资客户，以保证平台自身资金周转。所以，一个稳定发展的 P2P 平台，不会突然烧钱来吸引客户，一旦出现这种现象，说明平台需要新的"韭菜"了。

因此，当遇到平台突然福利满满，是非常值得注意的现象。这时不能贪图其一时的加息与红包，成为爆雷平台的最后一棒。

爆雷前兆七：只做纯活期平台，期限极短，随存随取。

这类产品曾经非常受到投资者的喜爱，但是，需要注意的是这类产品的资金池。一方面，随存随取决定了其资金快速周转性，如果没有资金池存蓄资金，很难做到正常运行。另一方面，期限短也说明其对应底层资产小而分散，甚至存在拆借的可能，所以底层资产相对混乱。同时，这类平台最可怕的在于一旦出现负面消息，大量投资者提取资金，很容易发生挤兑现象，直接引发平台崩盘。

爆雷前兆八：突然变身上市系、国企系背景。

对于很多民企系背景的平台，突然发出利好消息，宣称获得上市公司、大型国企注资，利用变身上市系、国企系，来增加投资者的信任度。但实践操作中，存在着很多门路，比如：上市公司、国企并没有实际出资投入到P2P公司中，反而是P2P公司支付一定的"排名费"给一些运营较差的上市公司、国企，以实现工商登记中体现背景的目的，但实际上不存在任何关联，甚至工商登记中反映的股权关系，也是上市公司代持的股份。

　　所以，当平台突然变身上市公司系、国企系时要尤其注意，其表面上看似无比光鲜的背景，可能并没有实际的关联与投资存在。就像是《西游记》中，猪八戒背媳妇一样，本以为背着美丽的小媳妇，结果却是孙猴子假扮的。

 当前各类背景 P2P 占比情况如何？

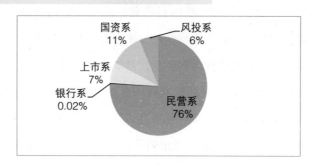

数据来源：网贷之家（数据截至 2019 年 3 月）

图 8-7　不同背景 P2P 平台占比

　　爆雷前兆九：平台系统提现处理时间变长，提现困难。

　　当投资者发现在 P2P 平台上的提现操作，相比于过去变得困难时，这很可能是风险来临前的关键前兆。提现困难，一方面反映平台整体资金链处于极度紧张状态，面临崩塌的风险；另一方面，说明平台产品将要出现逾期情况，延期提现，有将投资者资金进行挪用，弥补资金缺口的嫌疑。

因此，发生提现困难的情况，往往是平台危机即将爆发的前兆。这时平台辩解也好，安抚也罢，都不重要，重要的是，抓紧完成提现操作，实施资金快速生死大逃亡。

爆雷前兆十：突然宣告系统升级整改，且整改时间明显过长。

系统升级整改，导致系统暂停登录是很正常的现象。比如在上线存管系统时，很多平台的技术人员都加班加点，彻夜不眠地升级系统。但如果升级消息过于突然，并且时间明显过长，则是不正常的现象。一般停机升级，往往会被平台放在夜晚，期限最长不超过三天。但很多爆雷平台，在发布系统升级的公告后，整改时间竟然长达一周以上，并且在升级期间关闭一切操作，出现不能投资，不能提现的情况等等。

这种突然性的长期整改，只有一种可能，平台已经陷入兑付危机，通过系统停机的方式，来避免投资者挤兑，尽可能将存量资金留在平台中。这种情况的出现，往往是暴雨将至的前奏。

【闫老师小结时刻】

投资 P2P 产品，不但要具体分析产品，更为关键的是，需要认真分析产品所在的 P2P 平台情况。一旦 P2P 平台自身发生风险，将波及其旗下的 P2P 产品，导致产品发生违约、延期等风险。所以，作为投资者，我们不但要选好 P2P 产品，更要选好 P2P 平台。对以上十点 P2P 平台爆雷前兆，大家更要格外注意，

对于出现这些前兆的 P2P 平台，要将其列入黑名单之中，以规避
投资风险，防患于未然。

 P2P 平台爆雷后，投资者该怎么办？

图 8-8　P2P 爆雷后投资者维权流程

1. 搜集证据，统计损失。

平台爆雷后，要做的第一件事情，就是搜集证据。要保
留好自己的交易记录，产品相关电子版、纸质版材料，拉取
自己银行账户信息。这些都是向警方递交的关键材料。同时
计算自己所受的损失，包括本金多少、利息多少等等。这些
在后续债权人登记中需要进行统计，所以必须提前准备好。

2. 向监管部门报案，登记信息。

平台爆雷后，平台所在地的警方、经侦会快速进场，查
封相关资料，这时投资者需要及时与监管部门联系。在查封
过程中，监管方会张贴相关公告，比如受损失的投资者于何
时何地在哪一机构进行登记。因此，投资者要根据公告信息
及时登记自己的债权信息，并就当前平台的处理情况及时与
监管方沟通。

3.联系律师，寻求法律方案。

面对平台爆雷现象，一定要保持冷静的头脑，在无法做出准确判断时，可以选择律师介入。通过与律师协商，确定解决方案，与平台方进行沟通。越是早期的律师介入，对于后续解决问题帮助越大。尤其是早期发现可能爆雷的风险时，联系律师与平台方谈判解决，在风险发生时，才能够最大限度避免投资者自身损失。

4.与监管部门保持沟通，了解案件进程。

在递交相关证据后，与监管部门保持联系，尽可能把案件相关情况告知监管部门，随时与监管部门沟通，了解案件最新进程，并针对案件最新情况，制定后续策略。

5.等待后续处置。

爆雷平台，如果被认定为非法集资或非法吸收公众存款罪，将会作为刑事案件处置。对于刑事案件，受害者可提出刑事附带民事诉讼。因刑事案件有其自身特点，相比于民事案件，处理的时间相对较长，一般案件处理期限在一年半以上。后续涉及退还损失也会花费很多时间，这个环节中就凸显出之前登记、搜集证据环节的重要性。一般按照投资者所受损失的比例，进行一定程度的损失退还，但损失全部弥补的可能性较小。

因此，如遇到平台爆雷，投资者不要惊慌失措，按照以上所述五个步骤，合法理性维权，保障自身权益。

第四节 典型案例分析——如何筛选 P2P 产品

典型产品案例：AA 互金平台（P2P 平台）旗下车贷宝产品（本书中典型产品案例均为实践中真实产品，经闫老师删减改编后，进行分析解读。）

AA 互金平台简介：AA 互金平台是国内知名 P2P 平台，成立时间较早，在 P2P 平台排名中居于前列。股东背景有风投机构、上市公司等，股东背景较强。目前已与 BB 银行达成合作，完成线上存管工作。融资总额达上千亿元，累计用户数超百万。

表 8-1 车贷宝产品说明书

产品名称	车贷宝 01
投资期限	180 日
融资金额	40000 元
募集期限	不超过 20 个工作日
起投金额	2000 元
计息方式	次日计息
还款方式	到期还本付息；借款人提前还款的，提前还款日还本付息
清算时间	产品到期日 T+0 至 AA 互金平台账户余额，提现至银行卡需要 1—2 个工作日
借款本金支付	出借人出借资金后，由平台按照借款协议约定支付至借款人
年龄要求	年满 18 周岁公民
相关费用	借款本金及利息归出借人所有，出借人无须承担其他额外费用，但应当自行承担与利息有关的税费
备注说明	该产品支持使用新手红包

表 8-2　车贷宝项目信息说明

项目简述	本项目为客户购车临时借款业务。购车人向 × × 银行申请购车分期贷款，审核通过后，购车人与 AA 互金平台用户、第三方担保机构签订临时借款协议，申请临时借款（银行抵押放款需要一定的周期），用于支付经销商的剩余购车款，待银行放款后，直接归还 AA 互金平台用户的借款。
借款人信息	姓名：× × 主体性质：自然人 所属行业：服务业 收入情况·10000 / 月 负债情况：未提供 征信报告中逾期情况（截至借款前 6 个月）：0 次 在其他网贷平台借款情况：未申报 其他：借款资金运用情况、借款人经营和财务状况、借款人还款能力变化、借款人逾期情况、借款人涉诉情况、借款人受行政或刑事处罚情况。
风控措施	1. 还款来源为银行贷款资金； 2. 借款人车辆抵押给银行，并装有 GPS 系统； 3. 第三方公司实力雄厚，为本次借款提供无限责任担保； 4. AA 互金平台针对借款人资金使用情况进行检查，防止借款人不按照《借款协议》约定使用借款。
项目风险测评结果	R2 风险等级，适宜保守型投资者。
资金安全保障	1. AA 互金平台业务资金账户与自有资金账户相分离，确保出借人财产独立于平台自身财产。 2. AA 互金平台承诺出借人出借本金全部支付至借款人，否则愿意承担与此有关违约责任。
附件	担保机构营业执照、担保函

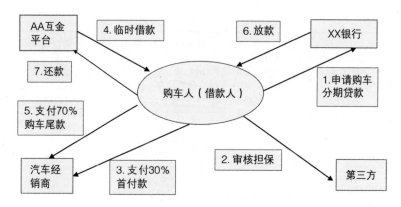

图 8-9　车贷宝产品架构

三角度剖析 P2P 产品

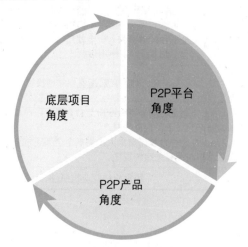

图 8-10　三角度剖析 P2P 产品

对于 P2P 产品来说，投资者不能只从单一角度来剖析，必须从多角度、全方位来分析，以判断产品的真实情况及其潜在风险。

在筛选 P2P 产品时，应从 P2P 平台角度、P2P 产品角度、底层项目角度三个角度入手，以防范投资风险，并筛选出安全、稳定、可靠的 P2P 产品。

下面以闫老师所举的 AA 互金平台车贷宝产品为例，带领大家一同分析 P2P 产品。

角度一：P2P 平台角度

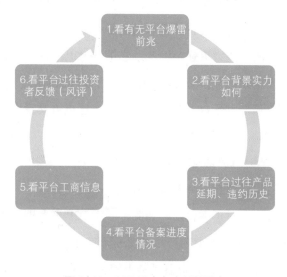

图 8-11　P2P 平台角度剖析要点

1. 看有无平台爆雷前兆

针对 P2P 平台角度，首先要判断平台自身的安全性，这里要结合闫老师在第三节中的内容，就提及的 P2P 平台爆雷的十大前兆进行比对筛选。若平台已经存在这些爆雷前兆，投资者要格外慎重，因为 P2P 平台与其旗下产品之间是唇亡齿寒的关系，一旦平台整体爆雷，必然波及 P2P 产品，导致投资产品面临风险。

2. 看平台背景实力如何

强大的平台背景实力，将直接作用于平台自身的风险防范能力、风险处置能力。这也是一些民营背景的 P2P 平台希望引入国资、上市公司的原因所在。然而，背景实力强并不代表平台一定安全，但相比于背景实力较弱的平台，其抗风险能力更强一些。以闫老师所举 AA 互金平台为例，其为上市系和风投系背景，背景实力较强，而这样的背景也有助于平台后续备案工作，在与监管层沟通协调中能力更强。因此，在筛选 P2P 产品时，建议投资者尽可能选择背景实力较强，并在 P2P 行业排名靠前平台的产品。但要说明的是，大平台不代表一定安全，这点需要投资者进一步分析、判断。

3. 看平台过往产品延期、违约历史

就如同我们判断一个人诚信情况，一般要看这个人以往有没有失信的行为。对于平台同样如此，一个 P2P 平台即使表面宣传得"高大上"，但是其前期产品出现过延期或违约的不良记录，说明这一平台对于其旗下产品管理能力较差、风控措施较弱。因此，对于以往出现过产品延期、违约等负面信息的平台，对其旗下 P2P 产品，投资者要格外慎重，不能轻信其背景。以闫老师例子中的 AA 互金平台为例，官方网站中宣传其未发生产品违约情况，对于这一点，投资者不能只看 P2P 平台官网宣传，要通过中立客观的第三方数据来了解。

4. 看平台备案进度情况

对于 P2P 平台来说，能够顺利通过备案工作，对于未来发展

非常关键。通过备案后，其未来业务开展、公司运营、风控管理上，都将得到极大的助力，相当于监管层向平台发放了一张准予继续运营发展的牌照。同时P2P平台在进入备案后，其合规化、专业性程度也将进一步提升。而对于未通过备案的平台，未来的前景将扑朔迷离。监管层是否会在P2P平台备案工作完成后，要求未通过备案的平台强制关停或下线，这一点的可能性还是非常大的。因此，投资者也要了解P2P平台的备案进度，P2P平台是否能够顺利通过备案，与其旗下的P2P产品未来存续安全有着密切关系。

5. 看平台工商信息

工商信息中内容虽然是基础性的数据，但其中包含非常多的信息。比如可以看出平台以往的股权变更情况，又比如一些P2P平台宣传自己是国资背景，但查询工商信息却发现国资股东已经退出。在这些情况下，要格外注意潜在风险。再比如看平台的注册资本金，注册资本金的多少，也在一定程度上体现着平台实力。若注册资本金过低，或出现注册资本金下调情况，这就需要格外关注。因工商信息较为真实地反映了公司的情况，投资者可以将平台的工商信息与其官网宣传内容对比，看其中是否存在夸大宣传的情况。若存在，这也是一个负面项。

6. 看平台过往投资者反馈（风评）

除第三方P2P评测平台（如：网贷之家）外，以往投资者的反馈也是剖析平台重要的参考要素。如果所筛选的P2P平台负面评价过多，甚至存在众多投资者维权信息，那么，对这样的平台一定要慎重，可列入投资黑名单之中。因此来说，一个P2P平台风评信息非常重要，尤其是对于新人投资者来说，因对平台了解较少，投资经验欠缺，这时老投资者的评价，具有非常重要的参考价值。通过"过来人"的经验，能够迅速加深对 P2P 平台的认识与了解，进而做出理性的投资判断。

> 【闫老师小结时刻】
>
> 　　分析 P2P 平台角度，投资者要从以上 6 个方面进行筛选，尤其要注意的是，不能盲目相信平台的宣传资料，要结合实际情况进行比对。同时，因 P2P 平台的情况与其产品之间关系密切，一旦平台自身存在风险或不足，将直接影响到产品身上。因此，投资者在筛选 P2P 产品时，尤其要关注其所属平台的情况。

角度二：P2P 产品角度

图 8-12　P2P 产品角度剖析要点

1. 看产品收益是否正常

闫老师一直强调的一点是，收益与风险呈正比。越高的收益，预示着越高的风险。而收益突然变高或变低都是一种不正常的现象。对于一个稳定的固收类产品来说，其产品收益率是保持一定平衡的，不会忽高忽低。那么，我们在筛选 P2P 产品时也要注意这一点，看其产品收益是否正常。这里既要跟其他平台的同类型产品收益做对比，又要跟本平台同类产品以往的产品收益做对比。

因此，产品收益水平是否正常，是投资者在筛选 P2P 产品时第一个需要关注的问题，尤其注意不能只看收益高，而忽视产品的安全性。

2. 看产品投资期限

这里首先要注意超短期随存随取的 P2P 产品，这类产品极有可能是资金池产品，要格外注意。其次，对期限过长（如 3—5 年期）的 P2P 产品也需要格外慎重，由于当前 P2P 行业监管政策存在诸多变动，行业未来发展存在诸多不确定性，因此，期限过长的 P2P 产品其未来潜在风险较高。最后，还要注意通过投资期限与产品底层资产信息的结合，判断底层项目期限是否与产品投资期限相吻合，是否存在期限错配问题。比如，产品投资期限是 180 日，但是，项目回款期限至少需要一年时间，那么这一 P2P 产品极有可能涉及期限长拆短（长债短投）这一违规操作。

3. 看产品的起投额及融资规模，判断投资人数

以闫老师所举车贷宝产品为例，其起投额为 2000 元，融资规模 40000 元，这就意味着最多有 20 位投资者。投资者人数在法定范围之内。根据《资管新规》及 P2P 行业相关管理办法，目前的

要求是单一 P2P 产品投资人数在 200 人以下。如果筛选的 P2P 产品起投额是 1000 元，融资规模在 50 万，其人数极有可能超过 200 人的限制。对于这种涉嫌超出人数限制的产品，其风险不容小觑。

4. 看产品是散标类产品还是集合标类产品

对于集合标和散标，闫老师在第一节中提到，两者的区别在于产品对应的投资标的有多少。以案例中产品为例，其对应单一标的，为散标类产品。对于散标类产品要关注其产品本息兑付方式，是等额本息还是到期兑付本息，不同的本息兑付方式影响着产品的收益与安全。而对于集合标类产品，要注意其产品存在多个投资标的，要了解产品真实的投资标的有哪些，各自标的占比是多少。同时要关注其底层标的期限是否与投资期限一致，是否存在将长期拆成短期的问题。

5. 看产品还款方式及清算方式

产品的还款方式，关系到投资者所投资产品的退出。而清算方式，决定着在产品到期退出后，投资者能多久拿到钱，产品的兑付时间并不等于投资者能拿到投资款项本息的时间。在这里，清算方式非常关键。如果清算时间过长，清算流程过于复杂，就会增加投资者在清算期的风险。而一些爆雷的 P2P 平台利用延长清算期的手段，故意拖延划转投资款项本息给投资者，导致投资者遭受本息损失。因此，投资者在关注还款方式同时，还要关注清算方式，尤其需要关注清算的流程及时间。如果清算流程过于复杂、清算时间过长，投资者须格外注意。

6. 看是否存在额外加息或其他福利

有人可能会问闫老师：投资产品有额外福利难道不是一件好

事情吗？为什么还要格外关注呢？是因为"突如其来的爱，总是让人担心的"。在 P2P 行业中新人福利、新手红包等方式非常常见，这是 P2P 行业获客的重要手段之一，与此同时，这些福利也造就了 P2P 行业羊毛党的存在。对于正常存续的 P2P 产品来说，突然给予投资者购买福利，这是一种值得警惕的现象。极有可能是 P2P 平台客户大量流动，现金流处于紧张状态，急需新的资金注入周转。这是平台为了吸引投资者资金进入，采取了花式福利的方式。因此，投资者对于这种"突如其来的爱"要格外警惕，避免自己成为最后一棒接盘侠。

> **【闫老师小结时刻】**
>
> 　　从 P2P 产品角度来看，投资者要注意产品基础要素分析，如产品的投资期限、起投点、收益率、还款方式、清算方式等等。透过基础要素进一步了解产品的真实情况，同时注意不同的基础要素中需要关注的重点在哪里。最后，要警惕高收益、高福利的诱惑，理性判断产品情况。

角度三：底层项目角度

图 8-13 底层资产角度剖析要点

1.看底层资产究竟是什么

底层资产究竟是什么，是我们判断底层项目是否安全的第一步。而 P2P 产品是否如实、细致地披露其底层资产真实情况，也是我们判断产品是否安全可靠的重要标准。如果所筛选的 P2P 产品披露的底层资产信息模糊，投资者无法得知真实的底层资产是什么，那么，这类产品潜在风险非常大。模糊化的底层资产，将为不合规操作提供便利。如：空气标的或虚假标的、挪用投资资金、擅自更换投资标的等等。因此，底层资产究竟是什么，披露的信息是否完善真实，是我们判断 P2P 产品是否安全的关键要素。

2.看底层项目信息是否真实

项目信息是否真实，将影响我们最终的投资判断，所以投资者要将项目的信息与所披露的其他文件比对。若发现两者之间信息不一致，则需要特别注意。同时，一些关键的项目信息，如担保方、抵押物、还款来源等等，若缺乏相应的文件证明，或证明文件不完整，也是潜在风险点之一。因此，底层项目信息是否真实，是否与P2P产品提供的其他文件相对应，投资者可以通过工商渠道、第三方评测网站、项目相关方网站等其他途径进行查询。

3. 看底层项目风控措施

风控措施是保障产品安全性的关键，因此投资者要格外注意底层项目的风控措施有哪些，这些风控措施是否真实，这些风控措施能起到怎样的作用。以闫老师所举的车贷宝产品为例，其风控措施有：（1）还款来源为银行贷款资金；（2）借款人车辆抵押给银行，并装有GPS系统；（3）第三方公司实力雄厚，为本次借款提供无限责任担保；（4）AA互金平台针对借款人资金使用情况进行检查，防止借款人不按照《借款协议》约定使用借款。

对于车贷类产品，我们要知道，其最大的风险是：借款人虚构底层车贷标的，恶意借款，拒不还款。而风控措施要做的就是规避这一风险或采取措施降低这一风险。

下面，我们逐一分析这些风控措施是否有效。首先是还款来源为银行贷款资金。针对这点，一方面要关注借款人与银行之间贷款手续是否办结，是否有相关资料证明。另一方面，要关注银行贷款发放时间，能否在还款期限内发放完毕，是否会出于其他原因导致发放迟缓或不能发放。

其次是借款人将车抵押至银行，并装有GPS系统。这点要关注抵押手续是否办结和GPS系统是否安装完毕。作为车贷类产品中重要的抵押物——汽车，这一措施保障作用较高。

　　之后是第三方公司实力是否雄厚，能否为本次借款提供无限责任担保。这点大家可以结合闫老师之前章节中分析担保方实力的要素，进行具体分析。比如，担保主体的资产规模，资产负债率，对外担保情况，财务状况，运营情况，等等。不能仅凭一张担保函，就认为这一担保主体有足够的担保实力。

　　最后是 AA 互金平台，针对借款人资金使用情况进行检查，防止借款人不按照《借款协议》约定使用借款。这点主要关注 P2P 平台是通过怎样的方式进行资金使用情况检查，能否做到实时监督，其监督意义和作用有多大，能否有效起到防范借款人挪用资金的风险。

　　因此来说，对于底层项目的风控措施，要逐一进行分析，以判断风控措施的真实性、有效性。

　　4. 看底层项目资金安全保障措施

　　这点主要是防范 P2P 平台将投资者资金挪用的问题。一方面要看 P2P 平台的自有资金账户是否与业务账户相独立，是否建立用户账户防火墙制度。另一方面，要看投资者资金打入 P2P 平台业务账户后，P2P 平台是否将资金真实划付至项目方账户。同时，还要关注项目方与 P2P 平台之间是否存在关联关系，以防范 P2P 产品自融风险（即真实的融资方实际上是平台自己或平台股东）。

　　5. 看底层资产交易流程

　　以车贷类产品为例，其底层交易涉及四方，分别为借款人、银行、汽车经销商、P2P 平台，需要了解底层交易流程究竟是怎样的，资金是如何流转的，各方主体所扮演的角色是怎样的。了解底层资产交易流程，有助于投资者更好把握底层项目，全面了解底层项目中的潜在风险，进而在产品投资中综合分析，做出最终的判断。

【闫老师小结时刻】

在筛选 P2P 产品时，需要考虑的要素及细节非常多，大家可通过 P2P 平台、P2P 产品、底层项目三个角度来剖析，对所筛选 P2P 产品各方面情况有一个综合的把握，进而做出正确的投资选择。最后，在当前 P2P 行业处于低谷期内，P2P 平台爆雷消息不断，行业风险不断提升，投资者更加要注意投资风险，提高自身风险意识及风险识别能力，通过专业、细致的分析，寻找市场中优质的 P2P 产品。

以上便是第八章《市场中的野蛮人——P2P 产品》的全部内容，闫老师希望大家通过这一章节的内容，了解到当前 P2P 行业的真实情况，在当前 P2P 爆雷风波下，学会如何规避潜在风险。同时不断提升自身专业能力，保障自身投资安全。那么，在下一章节中，闫老师将为大家具体介绍地方金融资产交易场所备案类产品，请关注下一章节《是螳螂捕蝉还是黄雀在后——金交场所备案类产品最好的时代？》

第九章

是螳螂捕蝉还是黄雀在后——金交场所备案类产品最好的时代？

投资基本功第三招

庖丁解牛
之风光的男主角

金交场所备案类产品

- 什么是地方金融资产交易场所备案类产品
- 金交场所备案类产品的特点
- 地方金交场所备案类产品模式
  - 定向融资模式
  - 收益权模式
  - 金融资产转让模式
- 当前金交场所的监管趋势
- 强监管背景下，金交场所备案类产品的新变化
  - 定融产品模式已被多地叫停
  - 备案产品资金端要求更倾向机构资金
  - 金交场所属地化管理趋势明显
  - 金交行业进入洗牌期
- 如何筛选金交场所备案类产品
  - 两层次产品分析法
    - 第一层次：金交场所相关要素分析解读
    - 第二层次：备案产品相关要素分析解读

在第八章，闫老师为大家介绍了 P2P 产品。作为一款新兴固收类产品，它的出现，打破了传统固收市场的宁静，就如闯入家园的野蛮人一样，具有惊人的破坏性，却也带来了革新。而随着其规模的不断扩大，它也面临着成长的烦恼。P2P 平台不断爆雷的消息、越发严格的监管信号，都在冲击着处于成长期的 P2P 产品。面对这样的现状，需要投资者更加理性、客观地分析，才能在这场 P2P 行业的雷潮风暴中，平稳航行，寻找到安全、稳定的口岸。

进入第九章，闫老师将为大家介绍金交场所备案类产品。这一类产品的出现，是基于当前的监管形势而产生的。曾经的金交场所无人问津，而在市场中各类金融通道被禁止或限制后，其通道业务的价值被发掘，并受到了众多金融机构的热捧，如私募管理机构、三方财富公司、政府融资平台、地产融资平台等，均在金交场所备案发行产品。一时间，金交场所备案类产品不断出现在固收类市场上。

就像偶像剧中的男主角，从前一直默默无闻，突然有一天发现自己竟然是某个富豪的唯一继承人，从此人生开始逆袭。

那么，对于金交场所来说，这或许是最好的时代。但它究竟是螳螂捕蝉，还是黄雀在后呢？在行业繁荣发展的同时，有什么样的隐忧？对于金交场所备案类产品来说，金交场所的备案通道还能持续多久？这类产品的未来瓶颈该如何打破？这个偶像剧男主角的美梦能否一直做下去？带着这些疑问，让我们一同走进第九章《是螳螂捕蝉还是黄雀在后——金交场所备案类产品最好的时代？》。

第一节　什么是地方金融资产交易场所备案类产品？

地方金融资产交易场所，是标准的偶像剧男主角人设。其出身不凡，是由各省级政府、金融办批准设立的[①]。同时它具有多种技能：可从事地方金融资产登记、交易、挂牌、结算。而且交友广泛，分为四方面业务：权益类资产交易业务、通道业务、金融创新业务以及会员业务。截至目前，全国共有地方金融资产交易场所（金交中心、金交所）70 余家。

从定义上看，地方金融资产交易场所备案类产品，是指金融机构在地方金融资产交易场所进行备案挂牌，并发行的金融产品。

而且，金交场所与金融机构在通道业务上具有密切合作的特点。金交场所与金融机构（主要涵盖私募机构、三方财富、政府融资平台等）之间紧密的合作，主要基于以下三方面原因：

---

① 地方金融资产交易场所还需证监会联席会议审核批准。

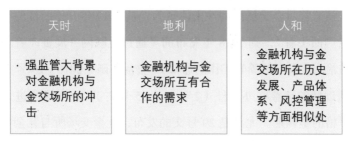

图 9-1　金交场所与金融机构紧密合作原因

一方面是在强监管背景下，金融监管对双方都具有的冲击性。

从 2017 年年底开始，金融监管风向突变，从原来鼓励金融创新，转变为去通道、降杠杆的强监管。随着监管风向的变化，监管层出台了一系列监管政策，这些政策对金交场所和金融机构产生了直接的影响和冲击。

强监管对金融机构的冲击体现如下：从 2018 年 1 月中基协发布《私募投资基金备案须知》，削减私募基金通道业务和纯借贷性质资产投资，到 2018 年 4 月发布《资管新规》征求意见稿，统一监管标准，明确投资红线，再到 2018 年 8 月《资管新规》正式落地实施。这一系列政策的出台，直接导致金融机构尤其是私募基金管理人、三方财富公司面临产品备案难的问题。

从备案端收紧审核，导致大量金融机构难以备案新产品，项目端受到限制。这也是从 2017 年年底开始，金融机构大量与金交场所合作的重要原因。即通过与金交场所的合作，实现产品的备案发行，缓解由于强监管造成的备案难的压力。

对于金融机构来说，金交场所通道的存在，犹如干旱的土地迎来一场及时雨，挽救其于危局之中。

　　强监管对金交场所的冲击体现为：从 2017 年开始的证监会第二轮"回头看"，到 2018 年发布的《通过互联网开展资产管理业务整治力度及开展验收工作的通知》（整治办函［2018］29 号文），再到近期的清整联办文件（2 号文、35 号文），金交场所进入更为严格的整顿期。尤其是 29 号文的发布，让金交场所与互金平台的合作陷入停滞阶段。而 2018 年以来的 P2P 爆雷潮，更让金交场所与互金的合作雪上加霜。对于金交场所来说，不仅急需新的合作伙伴，同时急需新的业务来源。这也是金交场所与金融机构紧密合作的重要原因之一。

　　对于金交场所来说，私募、三方财富等业务的涌入，就像是刚经历失恋的人，又遇到了新的恋情，将其从失去重要合作方 P2P 平台的"伤痛"中解脱出来，迎接新的合作机遇。

　　另一方面，是由于金融机构与金交场所有着诸多合作契合点，为双方合作奠定了基础。

　　双方能够紧密合作，得力于"天时、地利、人和"。天时是指强监管的大背景。地利，是指双方互有合作的需求。而人和便是指双方身上的相似之处，有利于双方合作的开展。

　　双方的相似之处，体现在如下三点上：

图 9-2　金交场所与金融机构间相似之处

历史发展上的相似之处。即双方均经历过野蛮生长时代和强监管时代，对于产品的管理、监管的认识，有着众多相似之处。

产品体系上的相似之处。通道业务中的几种模式，如定向融资模式、收益权模式，与金融机构管理产品模式差异并不大，两者可无缝对接，在备案产品模式上达成共识。

风控管理上的相似之处。金交备案产品的风控管理模式相对统一，这点也便于备案的金融机构操作。

那么，金交场所备案类产品有哪些特点呢？

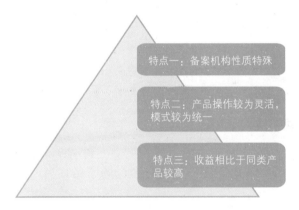

图 9-3　金交场所备案类产品特点

第一，备案机构性质特殊。相比于银保监会、中基协等备案审核机构，地方金融资产交易场所的性质更为特殊，从性质上看，属于金融资产交易平台，而非监管机构，其备案行为属于何种性质，仍是当前一大争议点。

第二，产品操作较为灵活，模式较为统一。在诸如产品起投点、投资者人数、底层资产等方面，金交场所要求较为宽松，在备案后产品管理操作上较为自由、灵活。而产品模式上，主要以定融、收益权、资产转让模式为主，模式较为统一。

第三，收益相比于同类产品较高。这点也是吸引投资者投资的原因。同时，产品期限具有一定的优势，以中短期为主，一般为1—2年期。

【闫老师小结时刻】

对于金交场所备案类产品，我们首先要了解什么是地方金融资产交易场所；其次，要了解为什么金融机构会选择与金交场所开展合作；最后，我们还要了解金交场所备案类产品有哪些特点，这些特点对于产品自身的安全性、稳定性、可靠性有哪些影响。以上内容，可以帮助我们初步了解金交场所备案类产品，也是我们接下来分析、解读的基础。

第二节　轻松读懂——地方金交场所备案类产品模式

目前地方金交场所备案类产品模式主要有三种，分别是债务融资模式（又称定向融资模式）、收益权模式以及金融资产转让模式。

下面闫老师将以架构图的方式，带领大家了解分析这三种备案类产品模式。

一、定向融资模式

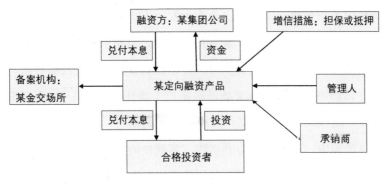

图9-4　定向融资模式架构

定向融资的产品架构相对简单，在金交场所备案时，其核心审核要点在于融资方的背景。

随着金交领域监管的不断加强，这类产品的备案审核也发生了一定变化。一方面，金交场所对融资方背景的要求逐步提升。一般要求融资方具有国资、央资背景，或者具有上市公司背景。同时要具体审核融资方的资产负债率、现金流、运营情况、人员情况等，在备案时需提供全面的尽职调查报告，从财务情况、运营情况、人员情况、市场情况等多方面论证该融资方实力背景。

另一方面，金交场所对定向融资产品的风控要求也在进一步提升，尤其是在增信措施方面。需要融资方提供足额担保或抵押。对于担保方，会审核其资产规模、财务状况、负债率等，以保证担保实力符合产品备案要求。对于采用抵押作为增信措施的产品，还需要具体审核抵押物的情况，尤其是抵押物上是否存在权利负担，抵押物的估值是否公允等。

值得注意的是，这类模式中金融机构一般扮演产品的管理人或承销商的角色，以融资企业作为发行人，由发行人提供增信措施，如担保机构、抵押、股权质押等等，金交中心作为该产品的备案机构。投资者的投资款项，直接打到发行人指定的监管账户之中，而不经过备案金交场所的账户（场外交易模式）。金交中心在产品模式中扮演的是产品登记挂牌的角色，并不参与到产品实际流程中，这也是保持中立性、客观性的一种选择。因此，在这类产品备案中，金交场所起到的作用与中基协类似，是对挂牌产品进行审核，保障挂牌产品安全性，按照备案机构的相关要求，并对其挂牌备案行为予以确认。

对于这一模式，投资者需要注意的是——围绕定向融资模式的争议。

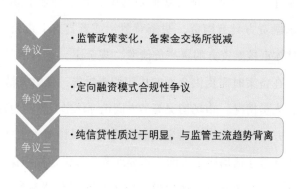

图 9-5 定向融资模式的三大争议

首先，由于监管政策的变化，能够接受这一模式的金交场所数量锐减，也就意味着未来市场中这类产品数量会快速下降，从而导致这类产品备案风险激增。

其次，在定融模式的合规性方面，一直存在非常大的争议。目前监管机构也尚未给出明确的认定，各方在定融计划认定上存在非常大差异。但在最新清整联办 2 号文和 35 号文中，明确指出地方各金融资产交易所不得为其他金融机构提供规避监管的通道服务。这也就意味着，定融模式如果涉及规避监管的情况，极有可能被认定为违规行为。虽然在最新清整联办 35 号文中，重申了交易场所存量业务一到两年的化解存量时间，让正在存续期间内的定融产品，受到监管影响相对较小，但在化解存量任务完成后，这一模式产品能否获得监管层合规认定，仍是存疑的。因此，投资者要注意到当前监管层对这一模式产品的态度，在投资前做好风险权衡。

最后，这一模式架构较为简单，与银行信贷模式有较大重合，这也引起了目前监管层的密切关注。而从当前监管趋势上看，监管层正严格控制纯信贷产品，不管是银行委贷通道、私募基金通道，还是融租、保理通道都受到严格监管。而在这样的大背景下，定向融资模式的纯信贷特征过于明显，在监管潮流中显得格格不入，这也是其当前遭遇巨大争议的原因所在。

场外交易模式 VS 场内交易模式

在金交场所备案产品模式中，又分为场内交易和场外交易。这两者有何不同呢？场内交易，指投资者投资款项打到备案的金交场所账户，由金交场所进行资金归集后，再划转至融资方或项目方账户。而场外交易，是指投资者投资款项直接打到融资方或项目方指定账户，而不经过备案的金交场所账户。

因此，相比于场内交易，场外交易中备案金交场所对所备案产品的资金监控更弱，在一定程度上，潜在的项目风险更高。

二、收益权模式

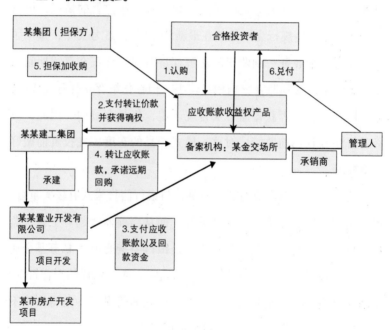

图 9-6 收益权模式架构

目前收益权产品范围主要涵盖不良资产收益权、应收账款收益权、股权收益权等等，其中比较受欢迎的是不良资产收益权。而之前备案较多的票据类收益权，在证监会领导讲话中明确予以批评，因此有关票据类收益权产品，在一定时期内将很难获得金交场所的备案。

下面结合产品架构，具体分析收益权产品模式。主要关注以下两点：（以应收账款收益权产品为例）

1. 底层资产——应收账款情况

首先，是应收账款对应的项目情况。比如房地产项目应收账款要关注底层项目施工进度。其次，要考虑应收账款的折账率，一般不超过80%。而后还要考虑到应收账款的账期，对于应收账款项目，其产品期限设置要与其账期一致，不能早于或晚于账期。最后，是应收账款的真实性，如需要专业会计事务所出具审计报告。同时为保证投资者权益，还要对应收账款进行确权。

2. 增信主体的实力情况

如该产品架构中，由某集团承担担保及回购义务，那么对于这一集团的实力背景要进行重点关注。首先关注的是其债务情况、财务状况、经营情况等。其次要关注其对外担保及股权质押情况。如对外担保的规模，决定了一旦出现风险，其能否承担责任。同时从股权质押也可以看出这一公司资金情况是否良好，如果其股权大量质押，说明整体资金端紧张，未来担保实力存疑。最后，要审视其资产情况，一旦出现风险，需要执行担保人财产时，是否有优质的资产可供后续执行等等。

三、金融资产转让模式

这一块主要针对机构业务而言，金交场所一般要求"一把接"，即以机构为主体受让、承接挂牌的金融资产。针对挂牌的金融资产，主要有不良资产、债权、股权、知识产品等资产。这块最常见的是不良资产包的受让与处理。其流程如下：

图 9-7　金融资产转让模式

　　这里金交场所起到的是对挂牌资产的审核及流转的作用。因此，针对金融资产转让业务，要求受让机构必须是以公司或合伙企业为主体，不能以自然人为主体承接。

　　但这一模式要注意的是，部分金融机构为满足"机构对机构"的备案要求，虽然表面上是以机构为主体挂牌资产，并以有限合伙为主体摘牌资产，但实际上却是将个人投资者放入有限合伙企业中，即在机构主体的背后是 N 个自然人投资者。因此，这种方式备案的产品，金交场所很难审核底层真实的投资者是谁，一旦发生产品风险，投资者将陷入求助无门的状态。因此，闫老师在这里特别提醒投资者，要注意这一类产品，防范投资风险。

> **【闫老师小结时刻】**
>
> 　　金交场所备案产品模式主要有定向融资模式、收益权模式、金融资产转让模式三类。这三类模式的产品要素、架构、管理方式、备案要求、风控措施各有不同，投资者要了解不同模式产品之间的特点，在筛选金交场所备案类产品时要具体分析和解读。同时针对金融资产转让模式中"假机构真个人"的操作模式，投资者要格外注意。筛选产品的过程，就像是打地鼠的游戏，总有新的问题和套路出现，作为投资者，我们要拿好手中的锤子，将这些问题和套路——消灭。

第三节 当前金交场所的监管趋势是怎样的?

投资固定收益类产品,绕不开的问题便是监管,它对固收类产品的存续、发展具有深远的影响。所以,选择某一固收产品前,一定要对产品的监管趋势有所了解。

当前金交行业主要监管政策有:38号文《国务院关于清理整顿各类交易场所切实防范金融风险的决定》、37号文《国务院办公厅关于清理整顿各类交易场所的实施意见》、29号文《关于加大通过互联网开展资产管理业务整治力度及开展验收工作的通知(整治办函〔2018〕)》以及清整联办文件《关于妥善处置地方交易场所遗留问题和风险的意见》、《关于三年攻坚期间地方交易场所清理整顿有关问题的通知》。这五个文件组成了当前金交场所的监管体系,其中38号文被称为金交监管的源头文件,它确立了当前的监管行业监管模式,即证监会联席会议+地方金融办。而于2018年11月颁布的清整联办文件,则标志着金交行业正式进入强监管时代。

那么,当前金交场所的监管趋势是怎样的? 它又对金交场所备案类产品带来哪些影响呢?

趋势一:金交场所业务范围将进一步限定与规范

根据监管政策文件及监管层领导讲话内容,未来金交场所业务将围绕着金融企业非上市国有产权转让、地方AMC不良资产转让以及地方金融监管领域的金融产品交易。

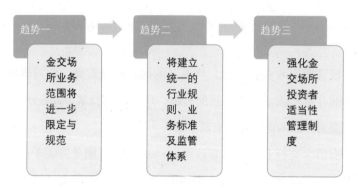

图 9-8　金交场所的三大监管趋势

那么，对于当前金交场所的通道业务，未来投资还能不能做呢？根据清整联办文件[①]，其中指出不得为其他金融机构或一般机构提供规避监管的通道业务。这里首先要看到，其内容限制的是规避投资范围、杠杆约束等监管要求的通道服务。这类通道业务是被限制和禁止的，那么不涉及规避监管的通道业务行为，仍有一定生存空间。其次，结合这一点要注意通道业务的主体性质，尤其是很多私募基金管理人通过金交中心通道备案产品，如果是以私募管理人作为管理主体，那么在监管层看来有明显的规避监管嫌疑。最后，金交中心通道业务会被监管层严格监管并予以压缩，是可预见的趋势，不管这次文件是否将通道业务一刀切，但在未来这一块业务，都会被监管层所注意。

---

　　① 清整联办2号文：不得非法从事中央金融部门监管的金融业务，涉及人民银行、银保监会、证监会业务许可事项的，应当取得业务牌照；未经批准，不得发行、销售（代理销售）、交易中央金融管理部门负责监管的金融产品；不得直接或间接先给社会公众进行融资或销售金融产品，不得与互联网平台开展合作，不得为其他金融机构（或一般机构）相关产品提供规避投资范围、杠杆约束等监管要求的通道服务。

因此,对于投资者而言,在筛选金交场所备案类产品时,要注意所投资产品,是否存在规避监管的嫌疑,如规避投资范围限制、杠杆约束、风控要求等。若所筛选产品存在这一嫌疑,那么该产品未来受监管影响就较大,极有可能出现政策性风险。

趋势二:将建立统一的行业规则、业务标准及监管体系

统一的行业规则、业务标准及监管体系的欠缺,一直是困扰金交行业发展的重要症结。在2019年年初的证监会领导讲话中,明确提出:"在行业交易场所规则制定上,行业主管部门要加强行业交易场所规则制定和业务指导。统一业务的监管标准,深化央地协同,健全监管机制,各地区要落实属地监管责任,制定完善监管规则,健全清理整顿和日常监管的工作机制,对违法违规的活动保持高压态势,坚决防止违法违规的问题死灰复燃,要夯实交易场所制定监管责任,完善投资者适当性管理,严守合规底线,维护金融安全和社会稳定。各地可以结合当地的产业优势和实体经济的需求,引导支持交易场所合规运行。"

因此,统一的行业规则、业务标准、监管体系的搭建将作为未来金交行业监管的重点方向,其中首要的是对监管体系的梳理。以前金交监管上一直存在多龙治水问题,名义上虽然由证监会联席会议监管,但实际监管方往往由各省市金融办实际负责。各地监管要求不一,而监管的松紧不同,也导致监管套利空间的存在。由于金交场所属地化经营尚未落实,从而导致其在全国范围内开展业务,造成不同区域间金交场所竞争混乱,行业规则、业务标准紊乱。

与此同时,各家金交场所间业务管理模式、产品备案审核标

准、风控架构及逻辑等方面，都存在很多差别，造成一家一标准、一地多特色的情况。面对此现状，急需统一的行业组织进行规范，急需统一的行业标准来落实。

所以，结合这样的现状和问题，监管层在2018年下半年开展的监管活动，与以前存在很多不同。尤其是之前的监管活动，以各地金融办自查自纠为主，监管巡查为辅。监管活动呈现运动式的特点，缺乏各监管力量之间的协调，造成监管空白。而在2018年的监管活动中，则呈现出各监管机构之间打破壁垒、相互配合的特点。从清整联办文件，为监管合作定下基调，到证监会领导讲话中着重点出监管合作必要性，在2019年监管活动呈现出完全不同的状态，建立起了从中央到地方相互合作、相互协同的金交场所监管体系，同时通过清整联办小组的方式，整合各地监管力量，并将监管权责进行划分分配，改变过去多龙治水的问题。而在金交场所监管体系搭建完善的同时，金交场所业务指导标准、行业规则也将进一步建立。

最后，统一的行业规则、业务标准及监管体系的建立，需要投资者注意两方面影响：一方面，金交场所的管理将更为规范，金交场所备案产品的审核力度、备案标准都会提升，这在一定程度上，增加了产品的安全性、保障性。但另一方面，未来想要通过金交场所备案产品将越来越难，同时行业规则、业务标准的逐步落地，也会对存续的金交场所备案类产品造成影响与冲击，投资者要注意规避风险。

趋势三：强化金交场所投资者适当性管理制度

根据清整联办文件内容："金融资产交易场所应制定投资者

（包括交易类业务的买方）适当性制度，且投资者适当性标准不低于《关于规范金融机构资产管理业务的指导意见》（银发〔2018〕106号）要求的合格投资者标准，并在开户环节对投资者进行实名校验、风险识别能力和风险承担能力测试。"

因此，未来金交场所相关挂牌资产投资者标准将参照《资管新规》的投资者适当性要求，金交备案类产品的起投额将被拉高，同时对于投资者认定标准也会提升。那么，对于金交场所备案产品投资者来说，这一趋势无疑是个好消息，强化投资者适当性管理制度，是对投资者权益的一种保护。通过对投资者实名校验、风险识别能力和风险承担能力测试，避免投资者购买不符合自身风险承受能力的产品，损害投资者权益。所以，在未来筛选这类产品时，要注意所备案的金交场所是否已经建立了投资者适当性管理制度，是否对投资者权益做了充分保障。

【闫老师小结时刻】

金交行业强监管时代的到来，未来监管趋势有三，分别为金交场所业务范围将进一步限定与规范、将建立统一的行业规则、业务标准及监管体系以及强化金交场所投资者适当性管理制度。作为投资者，要把握这三大监管趋势，了解其对于筛选金交场所备案类产品的影响，在筛选产品时，能够结合最新的监管变化，做出正确的投资选择。

第四节　强监管背景下，金交场所备案类产品的新变化

在经历野蛮生长时代后，金交行业迎来了自己的强监管时代。那么，在当前金交行业强监管的背景下，金交场所备案类产品又产生了哪些变化呢？这些变化对于这类产品的未来投资产生了哪些影响呢？

图 9-9　强监管背景下,金交场所备案类产品四大变化

变化一：定融产品模式已被多地叫停

在过往的金交中心备案产品模式中，定向融资模式（简称定融）非常常见，这一模式也有很多种名称，如："定向融资计划 /工具""定向债务融资工具""直融计划 /产品"等。这一模式特点十分鲜明，架构清晰，操作简单，是其最大的特点。

由于这一模式具有其自身特点，一直受到金融机构的欢迎。但同时，这一模式也存在着颇多争议与矛盾。其存在的争议主要有两方面：一方面是监管上的争议，这一模式虽然操作简单，但整体风险较大，极容易被自融、资金池等违规操作所使用，同时因其底层资产过于模糊，难以监控资金真实去向，监管层对是否禁止这一模式一直处于摇摆状态，该类模式的产品合规性一直存

疑。另一方面，是风控上的争议。定向融资模式虽然有相应担保或抵押，但其核心风控要点在于融资主体的信用，产品架构上类似于纯信用借贷，因此在风控管理上，缺乏足够的风控措施，而依赖于融资主体信用，风控保障较低。根据目前的金交行业通道业务反馈，截至 2019 年 3 月，已有多地金交中心不再接受定向融资产品模式，目前全国范围内仍可做定向融资模式金交中心仅十余家。

对于定向融资模式的金交备案产品来说，既面临着监管层的压力，又面临着金交场所备案的压力，可预见的是这一模式产品在未来固收类市场的比例将逐步降低。对于投资者来说，要关注政策变动及备案机构标准提升带来的风险，了解产品的最新动态。因此，对于定向融资模式金交产品要格外慎重。

变化二：备案产品资金端要求更加倾向于机构资金

在过去，金交中心对于备案产品的资金端来源要求较少，只要产品投资人数在 200 人以下，并符合起投点要求（一般在 10 万元）即可，甚至有部分金交中心对备案产品无起投点要求。但是最新情况已经完全不同，目前多地金交场所明确表示备案产品资金端只接受机构资金，不再接受个人资金。

以闫老师实践中接触非常密切的一家地方金交中心为例，在 2018 年还可以接受个人投资者资金，但到了 2019 年后，明确表示备案挂牌的产品，其资金来源只能是机构资金。

那么，这种资金端更倾向于机构资金的现象，是个别现象还是行业趋势呢？根据 2019 年最新金交场所备案情况反馈，全国范围内有 12 家金交场所表示只做机构资金，不做个人资金，占全部统计金交场所（63家）比例为19%，可见这一情况并不是个例。同时随着各地监管活动加强，这一趋势也将愈演愈烈。

因此，对于金交场所备案产品来说，这一趋势影响是巨大的。目前金交场所备案产品的投资仍以个人投资者为主，机构投资者仅占非常小的比例。一旦金交场所要求所备案的产品只由机构投资者投资，那么，个人投资者将无法投资这类产品，或者将个人投资者包装成机构投资者（合伙企业方式）进行投资，这一点也是金交场所备案类产品面临的潜在风险之一。

变化三：金交场所业务属地化管理趋势明显

什么是金交场所业务属地化管理呢？即地方金融资产交易场所仅能针对本省范围内金融资产开展业务，不能跨省、跨区域开展业务。对于金交场所业务属地化管理，以前经常被提起，但一直未被落实，因而各家金交场所业务遍布全国，甚至跨省、跨地区设立分公司，以方便开拓全国业务。但进入2019年后，金交场所业务属地化管理趋势越发明显。

其中，江苏省走在了前列。目前江苏省内金交场所均被要求业务范围限制在本省范围内，也就意味着未来备案产品的项目方只能是江苏省内企业或是江苏省内的资产。

而从全国范围看，江苏省金融办要求金交场所业务属地化并非孤立存在，如安徽、山西、浙江部分金交场所也反馈说，目前其通道业务仅针对省内客户。统计显示，表明只做省内业务的金交场所，占全部金交场所（63家）比例为17%。

目前，虽然仍有很多金交中心在全国开展业务，但业务属地化管理趋势已经越发明显。对于投资者来说，要注意所投资产品的项目方或底层资产，是否与备案的地方金交场所属于同一省份，若两者分属于不同省份，则需要关注未来金交场所业务属地化管理后对于存续金交场所备案产品可能形成的冲击与影响。同时，在未来筛选金交场所备案类产品时，要格外关注这一点，以防止未来产品存续过程中，因属地化业务要求导致产品发生风险。

变化四：已有多地金交场所暂停业务，金交行业进入洗牌期

根据统计，截至 2018 年年底（或 2019 年年初）全国共有地方金融资产交易场所（金融资产交易中心和金融资产交易所）70 余家，其中地方金融资产交易所有 9 家，其余为地方金融资产交易中心。而根据最新的金交行业调研情况，已有部分金交中心暂停业务或不再开展业务。

截至 2019 年 3 月，已有 15 家地方金融资产交易中心暂停业务，占统计的金交场所比例为 23%。其中不乏一些曾经在市场中非常活跃的金交中心，而看到这些市场中知名机构已处于暂停业务状态，让人感受到金交行业的巨大变化。可谓是"眼看他起高楼，眼看他宴宾客，眼看他楼塌了"。

对于金交场所备案类产品来说，一旦遭遇备案机构暂停业务，将对现有产品的管理造成巨大影响。一方面，会导致投资者对这类产品的信任度进一步降低，增加产品未来募集难度。另一方面，会造成产品安全保障水平下降，产品存续风险提升。而投资者筛选金交场所备案类产品时，一定要关注备案机构的背景及实力，有无重大负面信息。因为在金交行业进入洗牌期后，背景实力较弱，且存在颇多负面消息的金交场所，其所受到的监管影响与冲击较大，一旦被暂停业务，将对其现有的备案产品造成影响。所

以，这一点也是我们在筛选这类产品时必须予以重视的。

> **【闫老师小结时刻】**
>
> 　　随着金交行业进入到强监管时代，金交场所备案类产品发生了巨大的变化，从定向融资模式范围受限，到资金来源偏向于机构资金，再到业务范围属地化管理，最后到金交场所洗牌期到来。作为投资者，我们需要关注金交行业的变化带给备案产品的影响，尤其是在我们筛选金交场所备案类产品时，要结合最新的行业变化、监管要求，提前预判产品未来存续期内的风险。

第五节　典型案例分析——如何筛选金交场所备案类产品

　　典型产品案例：AA 仓储物流资产支持收益权产品（本书中典型产品案例均为实践中真实产品，经闫老师删减改编后，进行分析解读。）

　　备案地方金融资产交易场所简介：×× 金融资产交易中心有限公司，是由 ×× 省金融办审批，×× 市政府支持设立的，经营范围：为金融资产交易提供信息服务；为金融资产的登记、挂牌、托管、转让、确权、结算提供信息服务；市场管理服务；市场调研与数据分析；企业征信服务；信用评级；资产评估；互联网云技术及大数据管理服务；互联网计算机的软件及网络辅助服务。×× 金交中心致力于成为区域多层次资本市场重要的骨干交易节点和有影响力的金融场外交易市场，发挥金融枢纽集聚功能，发展绿色金融、支持经济转型升级。

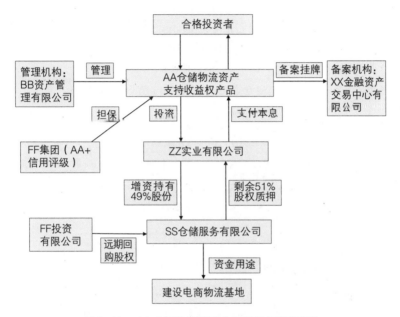

图 9-10　AA 仓储物流资产支持收益权产品架构

表 9-1　AA 仓储物流资产支持收益权产品说明书

产品名称	AA 仓储物流资产支持收益权
备案机构	×× 金融资产交易中心有限公司
管理机构	BB 资产管理有限公司
发行人	ZZ 实业有限公司
募集规模	3 亿元
产品期限	24 个月
预期年化收益率	10%/ 年
认购起点	50 万元

续表

收益分配方式	按季度分配收益,到期偿还本金和剩余收益
转让赎回	可转让,不可提前赎回
风险等级	本产品属于【R3- 中等】风险投资品种,适合风险识别、评估、承受能力【C3- 平衡型】及以上的合格投资者。
投资标的	SS 仓储服务有限公司
资金用途	SS 仓储服务有限公司用于建设电商物流基地
还款来源	1. 租金收入; 2. FF 投资有限公司远期回购; 3. FF 集团作为担保人提供的资金支持。
风控措施	1. 通过持有 SS 仓储服务有限公司 49% 股权及 51% 股权权益质押登记,享有底层资产权益和租金收益; 2. FF 投资有限公司的远期收购; 3. FF 集团(AA+ 信用评级)提供的连带责任保证担保。

两层次产品分析法

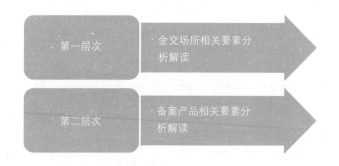

图 9-11　两层次产品分析法

　　筛选金交场所备案类产品,要拆分成两个层次,分别为金交场所相关要素和备案产品相关要素,两个层次之间是相互连接、相互作用的关系。因此,我们在筛选产品时,先要进行层次拆分,将两个层次分别解读分析，再进行整合，以得出最终的产品筛选结论。

下面，就以闫老师所举的 AA 仓储物流资产支持收益权产品为例，带领大家一同来分析金交场所备案类产品。

第一层次：金交场所相关要素分析解读

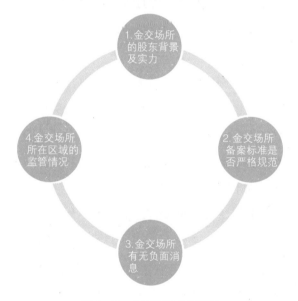

图 9–12　金交场所分析要素

1. 看金交场所的股东背景及实力

在第四节中，闫老师提及当前金交行业已进入洗牌期，对于那些背景实力较弱的金交场所，存在较大的出局可能。对于金交场所备案类产品而言，一旦产品备案的金交场所出于政策变动或其他原因，引起业务暂停或关闭，那么对于存续的备案产品会产生非常大的冲击，从而增加存续备案产品的风险。

　　因此，在第一层次中，我们首先要看备案机构的股东背景及实力。如例子中的××金融资产交易中心有限公司，其股东背景为位于外省的两家科技公司及当地的保理公司，并无当地国资委、产权中心或国企背景，属于纯民资背景，背景实力较弱。在实力方面，该备案金交场所，在同行业中处于中下游水平，整体备案规模较低，市场影响力较弱。并且所在省份存在多家地方金融资产交易场所，相比于同省其他金交场所，其实力较为弱势，未来有被合并整合的可能。

　　所以，对于案例中的××金融资产交易中心有限公司来说，未来面临较大的监管压力，一旦所在区域监管活动加强，或者监管政策稍有变化，将直接影响其备案业务的运转。从这一点来看，该产品身上存在的潜在风险点较高。

　　2. 看金交场所备案标准是否严格规范

　　金交场所其备案的标准是否严格规范，备案审核是否细致，直接影响所备案产品的安全性。若该金交场所备案标准较低，审核宽松，极有可能导致一些存在违规风险的产品实现备案并发行。严格的备案标准、备案审核，相当于为投资者做了一道风控，而细致、严格的审查，也可以在产品备案前期发现产品中存在的风险，并可要求申请备案机构进行整改，以提升备案产品的安全性。

　　因此，对于备案标准、审核较为宽松，甚至是形如虚设的金交场所，对在其备案的产品，投资者一定要格外注意。由于备案机构并没尽到严格审核的职责，其备案产品的风险不可控，甚至备案材料存在虚假可能，这种情况将埋下未来产品爆雷的祸根。

3. 看金交场所有无负面消息

这一点与上一节金交场所备案标准是否严格规范存在着密切的关系。金交场所的负面消息指发生大面积备案产品违约爆雷情况、出现投资者群体纠纷事件、受到监管部门的处罚、曾被暂停业务，等等。这些负面消息的出现，多是由于金交场所自身管理存在问题，如备案审核粗放，备案监督流于形式，最终必将导致问题集中爆发。

因此，对于负面消息（或因素）缠身的金交场所，对在其备案的产品，投资者要格外注意那些虽然完成了金交场所的备案审核，但审核流于形式，并未做到对产品真实情况的调查及对产品潜在风险的审查。因此，如果所备案的金交场所自身公信力较差，在其备案的产品的公信力自然也会受到影响。

4. 看金交场所所在区域的监管情况

闫老师在第三节中介绍到，目前金交场所的监管机构虽划分给证监会联席会议，但实际的监管方是其所在省份的金融办。因此，所在区域的监管情况，对于其经营管理有着巨大影响。比如，备案金交场所所在区域的监管部门要求金交场所业务属地化，或者要求省内范围内同类交易场所进行整合，再或许要求省内金交场所暂停业务集中整改，等等，都会给金交场所的备案业务造成影响。

因此，投资者在分析备案金交场所要素时，不仅要从金交场所自身角度分析，也要关注所在区域的监管情况，如果所在区域监管政策处于剧烈变动中，则投资者需要格外谨慎，监管政策的变动可能会对金交场所目前存续备案产品及未来通道业务造成巨大冲击。

【闫老师小结时刻】

在筛选金交场所备案类产品过程中，其所备案的金交场所情况非常重要。就像我们买房子，不能只看户型，还要看房屋所在小区情况、物业情况等。

由于当前金交行业还没有统一的行业规则、业务标准，因此，不同的金交场所，其针对备案产品的管理模式、备案要求、备案程序、审核条件都存在很大差异。所以，在筛选金交场所备案类产品时，所备案的金交场所的背景实力、备案标准、有无负面消息、所在区域监管情况都是我们重要的筛选标准。

这里闫老师要提醒一点，产品在地方金融资产交易场所备案，并不等同于金交场所对产品予以充分保障或增信。

金交场所确认的只是产品的备案挂牌行为，在申请备案机构提交的相关材料符合金交场所备案标准后，金交场所为其办理产品备案挂牌手续。就如同私募基金产品在中基协备案一样，并不等于中基协对私募产品有保障或增信。这一点大家要格外注意，就算备案的金交场所实力背景非常强，并不代表在其备案的产品就一定是低风险、稳定、安全的，而就具体产品情况，我们要在下一层次中继续分析。

第二层次：备案产品相关要素分析解读

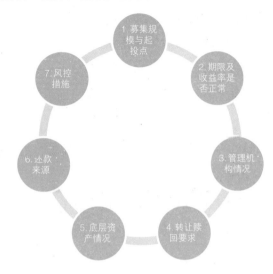

图 9-13　备案产品分析要素

1. 看备案产品的募集规模与起投点

对于金交场所备案类产品，要看它的募集规模与起投点，通过这两个要素，首先可以预估这个产品投资者人数有多少，是否突破了 200 人的投资红线。其次，目前各地金交场所备案产品起投点没有统一规定，有些金交场所甚至无起投点要求。根据《资管新规》的要求，债权类产品最低起投点在 30 万元以上。这就意味着未来金交场所备案类产品的起投点，应参照这一标准要求。那么，对投资者来说，如果所投资的金交场所备案类产品起投点过低，比如 1万元起投，就需要注意潜在的违规风险。同时还要关注备案产品的募集规模，预估其投资者人数，以募集规模一个亿为例，若起投点为 1 万元，那么其投资者人数极有可能超过 200 人。

因此，备案产品的募集规模与起投点，是我们分析产品潜在风险时最简单最直接的要素，大家要多多留意。

2. 看备案产品的期限及收益率是否正常

一方面要看产品的投资期限是否正常，这一块要结合底层资产的情况（即底层资产未来还款能力），通过期限＋募集规模＋收益率，大家可以简单预估一下在期限到期后，项目方需要支付的资金规模。再结合产品说明书中项目方还款来源，看到期后其还款来源能否足额支付款项。

这里要格外注意"长债短投"的违规操作，即底层资产或项目方回款期限较长，为方便销售，将长期限的产品拆分成一个个短期产品，通过滚动发行、不断续期的方式，维系产品运作。一旦所投的是"长债短投"的产品，其潜在风险较高，投资者一定要慎重投资。最后，在收益率方面，还是闫老师老生常谈的那句话，收益与风险成正比，这里要与市场中同类产品做横向对比，看所投金交场所备案类产品收益率是否正常。

3. 看备案产品的管理机构情况

管理机构能够做到尽职尽责，对于备案产品的安全性、稳定性来说非常重要。相比于投资者，管理机构专业度更高，对产品的把控能力更强。因此，在产品安全运作中起到了关键作用。反之，如果管理机构负面消息较多，管理能力较差，在之前的管理历史中发生过多次产品延期或违约情况，曾受到多次监管警告或处罚等，那么，对于这样的管理机构所管理的产品，其产品自身安全性存疑，管理机构能否尽职尽责保障投资者权益同样是存疑的。

4. 看备案产品的转让赎回要求

转让赎回要求与备案产品的开放期、封闭期有关，影响着投资者在管理存续期限内能否提前退出，同样影响着投资的流动性。对于期限较长的投资产品来说，一般会设置一定开放期或赎回期，在特定期限内投资者可以继续申购产品份额或将产品份额申请赎回。对于投资期限较长的金交场所备案类产品，投资者要注意这方面的规定，一旦在存续期限内，投资者出于某种原因，需要将份额提前赎回，但因不能转让或赎回条款的限定，将导致投资者投资款项在产品到期日之前无法提前退出。以闫老师所举产品为例，有的产品说明书中便规定本产品可转让，但是不可提前赎回，这一条款看似简单，却暗藏杀机。

因此，对于备案产品投资期限较长，又不允许转让或提前赎回的产品，投资者要格外注意。由于当前金交备案产品未来政策变动风险、行业整顿风险较大，尽可能选择中短期产品，以规避未来潜在风险。

5. 看备案产品的底层资产情况

不管是备案产品采取哪种产品模式，底层资产都是不可忽视的要素。底层资产究竟是什么？这是我们在筛选产品时必须注意的一点。以闫老师所举案例——AA 仓储物流资产支持收益权产品，最终底层标的为 SS 仓储服务有限公司的股权权益权及租金收益权，其资金最终用途为 SS 仓储服务有限公司建设电商物流基地。

那么，针对这一产品的底层资产，首先要看其底层资产的真实性，即底层资产涉及的股权增资及股权质押是否办理完毕、租金收益权是以何种方式持有、是移交租金收款账户还是委派财务人员进行账户监管、租金收益是否打入指定账户等等。其次，要了解实际的资金用途，以典型产品为例，其资金用于建设电商物流基地，必须了解这一用途是否真实，有无资金被挪用的风险，这一项目是否是空壳项目，等等。最后，要了解产品中底层资产的风控及保障措施，分析产品的安全保障是否全面充足。

所以说，底层资产是我们在筛选产品时必须关注的要素。因为这些要素反映了产品最真实的一面，这也是未来产品能否顺利退出的关键所在。由于针对底层资产的不合规操作非常多，投资者在筛选判断时一定要格外注意，对于底层资产模糊的产品，一定要将之列入黑名单。

6. 看备案产品的还款来源

备案产品的还款来源是否稳定、安全，直接影响投资款项未来能否正常兑付。这里我们结合典型产品中还款来源具体分析。该产品还款来源有三，分别是租金收入、FF 投资有限公司远期回购、FF 集团作为担保人提供的资金支持。其中最为核心的还款来源是租金收入，即 SS 仓储服务有限公司旗下仓储基地的租金收入。而其他两项收入，并非底层资产直接形成的收入，而是担保方提供的增信措施。所以，虽然该产品有三项还款来源，但实际上真实与项目有关的还款来源只有一项，即租金收入。而其他两项，是增信措施，即是在租金收入无法覆盖产品本息时，提供的保障措施。那么，这两项收入能否实现，取决有二：第一是租金收入并不能覆盖产品本息。第二是 FF 投资有限公司与 FF 集团有足够的资金实力、担保实力，在租金收入无法覆盖本息时，提供资金支持。

因此，我们在分析备案产品还款来源时，要注意虽然其注明有多个还款来源，但最核心的还款来源是与底层资产有关的还款来源，这一还款来源是保障产品能否正常兑付本息的关键。而其他担保方或股东方提供的资金支持，只能被视为一种保障措施，而能否发挥作用，还要看担保方或股东方的资金实力、担保实力等等。所以，还款来源丰富，并不代表产品一定安全，投资者要分清不同还款来源之间的区别。

7. 看备案产品风控措施情况

风控措施情况与产品安全性关系密切，也是我们分析产品时的重中之重。这里以典型产品中风控措施为例，其风控措施有三个，分别为：

（1）通过持有 SS 仓储服务有限公司 49% 股权及 51% 股权权益质押登记，享有底层资产权益和租金收益；（2）FF 投资有限公司的远期收购；（3）FF 集团（AA+ 信用评级）提供的连带责任保证担保。

这里我们逐一来分析，首先是持有 SS 仓储服务有限公司 49% 股权及 51% 股权权益质押登记，享有底层资产权益和租金收益。这里要关注其增资扩股的底层协议以及股权质押是否办理完毕。同时所质押股份的公司，其股份价值多大也是需要思考的问题。不同于上市公司股份，一般公司股权缺乏公开、透明的交易估值市场，因此，该股权价值是否高估，股权收益有多大，都是值得注意的问题。

其次是 FF 投资有限公司的远期收购，这里要考量其远期收购的承诺是否真实，有无底层材料证明。同时还要考量 FF 投资有限公司的实力背景，即产品到期后其是否具有股权回购的能力。这里可以参照担保方的判断标准进行比照。

最后是 FF 集团（AA+信用评级）提供的连带责任保证担保。从信用评级上看，其主体信用较高（AA+），但在第七章企业债券类产品中，闫老师提到目前信用评级市场较为混乱，由哪家信用评级机构给出的评级，影响其信用评级的可靠性。所以，这里并不能盲目相信评级，即使信用评级高，也不代表担保实力强。大家还是要结合担保实力参考要素来判断，比如担保方的资产规模、资产负债率、财务情况、运营情况、管理情况、人员情况、对外担保情况、涉诉情况等等。

因此，在风控措施方面，投资者要注意具体措施具体分析，要深入了解风控措施的真实情况，了解不同措施的保障作用。

【闫老师小结时刻】

对于筛选金交场所备案类产品，大家尤其要注意从两个层次分别来解读。一方面要关注备案金交场所的情况，另一方面要关注备案产品的情况。在备案金交场所方面，要结合其股东背景实力、备案标准、有无负面消息、当地监管情况等要素分析。在备案产品方面，要结合其产品基础要素及风控、还款来源、底层资产等要素分析。最终，将两层次的内容相整合，得出筛选的结果。这样的筛选过程，就像我们玩拼图游戏，先了解每一个小拼图，再逐一拼凑成一张完整的图。

以上便是第九章《是螳螂捕蝉还是黄雀在后——金交场所备案类产品最好的时代？》的全部内容，闫老师希望大家通过这一章节的内容，对金交场所备案类产品有更多的了解，同时对如何筛选金交场所备案类产品有更多的认识，在未来的产品投资中，能够活学活用，做出理性的判断。在下一章节中，闫老师将为大家具体介绍房地产系产品，请关注下一章节《山雨欲来风满楼——房地产系产品》。

第十章

山雨欲来风满楼——房地产系产品

投资基本功第三招

庖丁解牛
之郁闷的暴发户

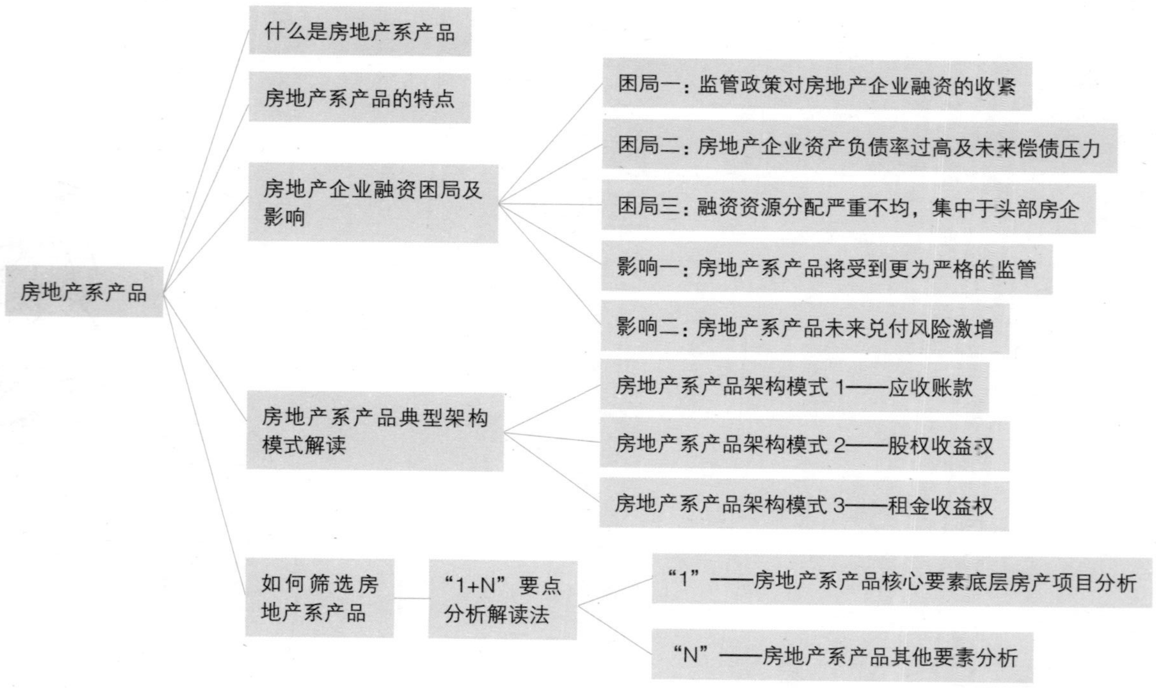
房地产系产品
什么是房地产系产品
房地产系产品的特点
房地产企业融资困局及影响
困局一：监管政策对房地产企业融资的收紧
困局二：房地产企业资产负债率过高及未来偿债压力
困局三：融资资源分配严重不均，集中于头部房企
影响一：房地产系产品将受到更为严格的监管
影响二：房地产系产品未来兑付风险激增
房地产系产品典型架构模式解读
房地产系产品架构模式 1——应收账款
房地产系产品架构模式 2——股权收益权
房地产系产品架构模式 3——租金收益权
如何筛选房地产系产品
“1+N”要点分析解读法
“1”——房地产系产品核心要素底层房产项目分析
“N”——房地产系产品其他要素分析

在第九章的内容中，闫老师为大家介绍了金交场所备案类产品，这类产品的市场火热状态与强监管大背景息息相关。曾经因为监管上的空白，带给它巨大的发展空间。如今，此类产品同样面临着强监管的压力，整个行业进入到了洗牌期，从备案标准到备案审核、监督，再到产品架构、模式、风控，金交场所备案类产品的每一方面都在经历着变革。"生命给你的每一份礼物，都在暗中标好了价格"，金交备案类产品在享受监管真空带来的巨大发展空间的同时，也为日后强监管引发的产品风险激增埋下了伏笔。因此，对于筛选金交场所备案类产品来说，既要关注所备案金交场所的情况，又要关注产品自身的情况，需要先拆分解读，再综合分析，得出产品筛选结论。

进入第十章，闫老师将为大家介绍房地产系产品。房地产作为中国过去 30 年间最为保值的资产，成为许多中国家庭投资中最重要的一部分。持续火热的房地产市场，不但造就了实力强大的房企，也造就了无数家庭暴富的神话。

房地产系产品与房地产市场关系密切。一方面，这一类产品是当前房地产企业重要的"输血"来源，为房地产企业的运作经营、项目开发提供资金支持。另一方面，其通过应收账款、租金收益权、股权收益权等多种方式，成为房地产市场中不可忽略的一环。房地产系产品与房地产市场之间，可谓是"同呼吸，共命运"。而随着当前房地产监管政策的急剧变化、房地产市场拐点的来临，也对房地产系产品造成了巨大的冲击与影响，"山雨欲来风满楼"。

那么，房地产系产品当前面临怎样的挑战？未来的发展会怎样？我们又该如何筛选房地产系产品？带着这些疑问，让我们一同走进第十章《山雨欲来风满楼——房地产系产品》。

第一节　什么是房地产系产品？

提到房地产，投资者肯定都知道，那与之相关的房地产系产品是什么呢？首先，房地产系产品是指投资标的为房地产企业或房地产项目的金融投资产品。根据管理机构的不同，可分为信托房地产类产品、私募房地产类产品、金交场所备案房地产类产品等等。

其次，房地产企业与房地产系产品之间的关系是怎样的？一方面，房地产系产品为房地产企业提供重要的资金来源，尤其是在当前房企融资越发困难的背景下，房地产系产品这一融资渠道显得越发重要。对于房地产企业来说，在整体监管政策收紧，房地产市场由热转冷，银行信贷规模缩减的背景下，拓宽房地产系产品融资渠道，保障资金供应，是其在行业寒冬期能够生存下去的关键。

另一方面，对于房地产系产品来说，房地产企业为其提供源源不断的项目来源。不同于其他领域企业，房地产企业整体资金实力较强，资产规模较大，尤其是在房地产市场上升期内，房地产企业还款能力较强，违约率较低。这就是金融机构青睐房地产企业的原因之一。同样，对于房地产系产品投资者来说，房地产系产品融资主体较强，社会认可度较高，产品担保措施完善，信用程度较高，颇受投资者的欢迎。因此，房地产企业与房地产系产品两者是相互依存、互为表里的关系，而与房地产企业的深度绑定，虽然带给房地产系产品巨大的项目体量、多元的产品模式、较高的投资者认可度，但是，这种"鸡蛋只放在一个篮子里"的做法，很容易带来一荣俱荣、一损俱损的结果，增加了产品未来的不确定风险。

最后，房地产系产品有哪些特点？

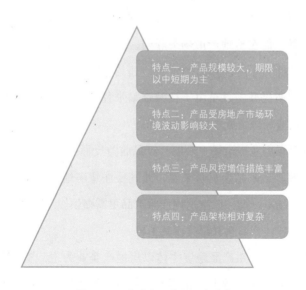

图 10-1　房地产系产品四大特点

特点一：产品规模较大，期限以中短期为主

房地产企业的融资需求涵盖了从项目开发、项目销售、项目管理、项目退出的全流程，其资金需求体量巨大，这也导致了与之相关的房地产系产品规模较大。同时在产品期限上，根据底层资产的不同，时间上略有差异。但在当前房地产企业高周转情况的影响下，整体产品期限以中短期为主，期限一般在1—3年。这一特点，对于房地产系产品的管理机构、承销机构提出了较高的管理、募集要求，因此，龙头房企合作的金融机构背景实力均处于行业前列。

特点二：产品受房地产市场环境波动影响较大

由于房地产系产品与房地产企业间的密切关系，此类产品深受房地产市场环境的影响。在房地产市场上升期内，其底层资产安全性进一步提升，融资主体的还款能力增强，但产品的收益率略有下降。而在房地产市场下降期，其底层资产风险增加，融资主体还款能力下降，产品的延期、违约可能性增加，但产品的收益率会有所提升。这是由于在融资紧张背景下，市场中融资渠道锐减，相应的融资成本将会被抬升。

所以在房地产市场上升期，产品收益反而会有所下降。因此，对于房地产系产品投资者来说，尤其要注意房地产市场情况的变化，在市场下行期，筛选房地产系产品更需谨慎。

特点三：产品风控增信措施丰富

由于房地产系产品融资主体以房地产企业为主，整体实力背景较强，资产规模较大，作用于产品时，可以提供丰富的增信措施，如股权质押、资产抵押、多重保证担保等。但这里闫老师要提醒大家注意的是，风控措施较多，并不代表产品安全性一定更高，风控措施不在于多，而在于是否有效。就像一位武学全才，号称刀枪剑戟样样精通，实际上却是样样只懂皮毛，一旦实战，立马露馅儿。

所以，我们在筛选房地产系产品时，不能只看其风控措施有多少，更重要的是关注这些措施的效能。

特点四：产品架构相对复杂

由于当前监管层对房地产企业直接融资渠道的限制，尤其是纯借贷性质的产品，监管层予以明确收紧。房地产系产品虽然其最终资金使用方为房地产企业或项目，但在产品架构设计上，不能直接投向房地产企业，只能通过多层的架构设计，如应收账款、股权收益权、租金收益权等方式，最终实现产品备案发行。因此，房地产系产品管理机构为了符合监管部门的要求，产品架构设计较为复杂，而复杂架构的设计目的具有规避监管的嫌疑。所以这一点，也是房地产系产品的潜在风险点之一。

【闫老师小结时刻】

对于房地产系产品来说，首先要了解这一产品的概念，其次要了解其与房地产企业之间的关系，最后要掌握这类产品的特点。就像我们做实验前要准备好工具一样，这些内容便是我们接下来分析解读的工具，帮助我们能够更好地了解房地产系产品。

第二节　背靠大树要倒？——房地产企业融资困局及影响

如闫老师在第一节中介绍的，房地产系产品与房地产企业之间是相互作用、相互依存的关系。近几年，背靠房地产企业这棵大树，让房地产系产品得到了快速发展，产品体量剧增。对于这类产品来说，能否顺利兑付退出，取决于作为融资方或底层资产的房地产企业项目的情况。所以，当前房地产企业所面临的融资困局，正逐步增加房地产系产品的风险，房地产企业这棵参天大树，难道真的要倒了？

带着这样的疑问，让我们一同来看看当前房地产企业面临的融资困局。

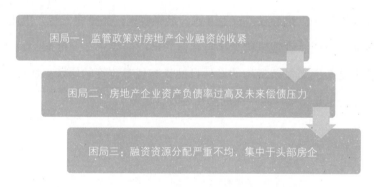

图 10-2　房地产企业面临的三大融资困局

困局一：监管政策对房地产企业融资的收紧

从 2016 年年底至 2019 年，监管层针对房地产企业融资出台多项政策，将房地产企业融租渠道逐步收紧，具体政策如表 10-1：

表 10-1 2016—2018 年房地产企业融资领域监管政策

发布时间	文件名称	核心内容
2016 年 11 月	国家发改委《关于企业债券审核落实房地产调控政策的意见》	就房地产企业通过发行企业债券用于开发商业性房地产项目的行为予以明确限制。
2016 年 11 月	银监会《关于开展银行业金融机构房地产相关业务专项检查的紧急通知》	要求 16 个房地产价格上涨过快城市(北京、上海、广州、深圳、厦门、合肥、南京、苏州、无锡、杭州、天津、福州、武汉、郑州、济南、成都)的银行业金融机构进行专项检查。
2017 年 4 月	银监会《关于提升银行业服务实体经济质效的指导意见》《关于银行业风险防控工作的指导意见》	整顿银行违规贷款行为,严禁违规资金流入房地产市场,将房地产企业贷款列入重点监测范围。
2017 年 5 月	银监局《2017 年信托公司现场检查要点》	重点检查信托公司如下业务:通过股债结合、合伙制企业投资、应收账款收益权等模式变相向房地产开发企业融资规避监管要求,或协助其他机构违规开展房地产信托业务;"股 + 债"项目中存在不真实的股权或债权,是否存在房地产企业以股东借款充当劣后受益人的情况,以归还股东借款名义变相发放流动资金贷款。
2017 年 12 月	中基协《证券期货经营机构私募资产管理计划备案管理规范第 4 号——私募资产管理计划投资房地产开发企业、项目》	证券期货经营机构设立私募资产管理计划,投资于房地产价格上涨过热热点城市(目前包括北京、上海、广州、深圳、厦门、合肥、南京、苏州、无锡、杭州、天津、福州、武汉、郑州、济南、成都等 16 个城市)普通住宅地产项目的,暂不予备案,包括但不限于以下方式:(一)委托贷款;(二)嵌套投资信托计划及其他金融产品;(三)受让信托受益权及其他资产收(受)益权;(四)以名股实债的方式 [3] 受让房地产开发企业股权;(五)中国证券投资基金业协会根据审慎监管原则认定的其他债权投资方式。

发布时间	文件名称	核心内容
2018 年 1 月	银监会《商业银行委托贷款管理办法》	银行委托贷款通道被叫停。 商业银行应严格隔离委托贷款业务与自营业务的风险，严禁以下行为： （一）代委托人确定借款人。 （二）参与委托人的贷款决策。 （三）代委托人垫付资金发放委托贷款。 （四）代借款人确定担保人。 （五）代借款人垫付资金归还委托贷款，或者用信贷、理财资金直接或间接承接委托贷款。 （六）为委托贷款提供各种形式的担保。 （七）签订改变委托贷款业务性质的其他合同或协议。 （八）其他代为承担风险的行为。
2018 年 1 月	上海银监局《关于规范开展并购贷款业务的通知》	要求对投向房地产行业的并购贷款进行严控。
2018 年 6 月	国家发改委、财政部《关于完善市场约束机制严格防范外债风险和地方债务风险的通知》	就房地产企业境外发债行为进行约束，要求房地产企业境外发债主要用于偿还到期债务，限制房地产企业外债资金投资境内外房地产项目、补充运营资金等，要求企业提交资金用途承诺。

通过以上政策的逐步发布和实施，我们可以看到房地产企业的各大融资渠道，从银行贷款到信托、私募，再到海外融资都受到了监管层严格监管，房地产企业暂时陷入到融资渠道不畅的困局中，这些政策就像是一道道金箍套在房地产企业身上，以规范其合理发展。

困局二：房地产企业资产负债率过高及未来偿债压力

Wind 数据显示，2015—2017 年，上市房地产企业的平均净负债率分别为 69.15%、64.01% 和 79.43%，而到了 2018 年年底上市房地产企业的平均净负债率已突破 80%，其中上市房企中泰禾集团净负债率最高，达到了 437%，其他上市房企如中国恒大、富力地产、华夏幸福、融创中国、绿地控股等，均超过了 100%，可见房地产企业整体负债率处于高位。

而与高负债率息息相关的是房地产企业未来偿债压力。根据恒大地产研究院的统计，截至 2018 年 6 月底，除民间融资和类金融机构贷款，全国各类房地产企业有息负债余额约 19.2 万亿元，而到了 2018 年年底这一数据达到了 20 万亿元以上的规模。相比 2017 年年底，2018 年全国房地产行业新增融资规模超过 2.5 万亿元。同时要注意的是，2018 年房地产企业的融资成本是远高于 2017 年的，也就意味着 2018 年房地产企业不但新增了更多的债务，而且这些债务需要支出的利息也更高了。

因此可以说，2018 年后不仅中小房企面临着巨额债务压力，大型房企、头部房企的债务压力同样不轻，即使是 TOP50 的房企，也极有可能被其债务压力拖垮，这也是当前房地产系产品面临的潜在风险之一。

困局三：融资资源分配严重不均，集中于头部房企

在当前融资趋势紧张的情况下，融资资源进一步被头部房企所垄断。尤其是 TOP100 以外的中小房企，不但面临着原有融资渠道的紧缩，还面临着融资成本的暴涨。以主流的融资渠道为例，其目前融资主体标准均提升至 TOP50 房企，部分金融机构甚至将融资主体范围限定在 TOP30 房企内。那么，对于无法跻身头部的房地产企业来说，面临的融资困难将越来越多，同时对于房地产

系产品来说，如果所投资标的公司为中小房企，则其产品的潜在风险巨大。

因此，相比于头部房企，中小房企在房地产市场下行期内，面临的困难更大，而与之有关的产品风险也将会大幅提升。

那么，当前房地产企业融资困局带给房地产系产品哪些影响呢？

图 10-3 房地产企业融资困局带给房地产系产品的两大影响

影响一：房地产系产品将受到更为严格的监管

从上文闫老师列举的监管政策文件可以看出，这一轮针对房地产企业融资是全方位的监管。而作为房地产企业重要的融资渠道，房地产系产品将面临监管层密切的关注。不管是信托产品、私募产品还是金交场所备案产品，都将面临强监管带来的冲击，而一些此前不合规的操作，也将被监管层予以严厉禁止。对于房地产系产品来说，其产品架构、管理模式、风控措施等方面，都将进行调整或升级，以符合当前监管政策的要求。

因此，房地产系产品的合规问题，将成为这一产品接下来筛选时关注重点。

影响二：房地产系产品未来兑付风险激增

虽然 2018 年上半年中国楼市再次掀起波澜，但由于各地政府出台限价、限售等措施，房地产企业在这轮楼市上涨中并未获得巨额收益，反而做了高位地价的"接盘侠"，处于不上不下的尴尬地位。

对于房地产系产品来说，其能否正常兑付退出，取决于融资方或项目方的运营情况，而当前房企销售方面处于瓶颈，仅依靠项目自身的现金流，很难覆盖产品本息。那么就需要看房企的其他收入，尤其是房企的外部融资。但结合闫老师列举的数据，当前各大房企负债率畸高，新增债务规模、融资成本远高于同期，也就意味着想找"接盘侠"并没有那么容易。那么，对于房地产系产品来说，其要勒紧裤腰带过日子了，未来兑付期内做好延期或违约的准备，做好风险防范工作。同时对中小房企的产品来说，真是喝凉水都塞牙，由于中小房企的背景实力较弱，在融资寒冬期内资金渠道面临的压力更大，而其过去几年的扩张，也带来负债规模的激增，其面临的债务违约风险远高于头部房企。

因此，在筛选房地产系产品时，要格外关注涉及中小房企的产品。

【闫老师小结时刻】

当前房地产企业面临着监管政策的收紧、资产负债率过高及未来偿债压力以及融资资源分配严重不均，集中于头部房企的三大融资困局，这些融资困局不仅仅困扰着房地产企业，还深深地影响着与之相关的房地产系产品，导致房地产系产品一方面面临更严格的监管，另一方面产品自身风险显著增加。因此，我们在筛选房地产系产品时，尤其要关注与之密切相关的房地产市场情况，了解当前整体房地产企业融资情况，以做出客观、深入、准确的投资判断。

第三节　百变模式说——房地产系产品典型架构模式解读

在第一节中，闫老师有提及房地产系产品一个非常重要的特点是，产品的架构较为复杂。由于当前监管层对于房地产系产品要求较为严格，房地产系产品必须通过多样化的产品架构设计，以满足监管层的要求。但是这些产品架构是否合规？在不同的产品架构中存在哪些关键点值得我们关注？下面，闫老师将列举三种典型的房地产系产品架构模式，帮助大家加深对这一类产品的理解。

一、房地产系产品架构模式 1——应收账款

案例一：BB 应收账款收益权私募基金

基金投向概述：受让 AA 建工集团对 CC 置业开发有限公司的应收账款（已确权）。

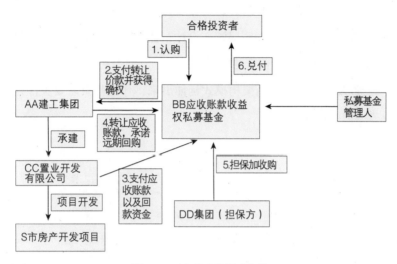

图 10-4　应收账款模式架构

　　根据闫老师上面列举的房地产应收账款类产品，我们可以看到这一产品的整体资金流向。首先投资者资金打到 BB 应收账款收益权私募基金中，之后由私募基金账户打 AA 建工集团账户，取得 AA 建工集团持有的对承建方 CC 置业公司的应收账款，并由 AA 建工集团对该应收账款进行确权。最后这笔应收账款产生源头是 S 市的房地产开发项目，也就意味着该房地产系产品还款来源为 S 市房产开发项目的后期回款及销售收入。

　　同时在这一产品架构中，为了提升产品风控，还增加了 DD 集团的担保，其承担担保责任，并在项目到期后，CC 置业公司未足额支付相关款项时，承担回购义务。

　　因此，这一产品的底层资产为 AA 建工集团对 CC 置业开发公司的应收账款。相比于房地产项目直接融资模式，这一架构增加了一道流程，就是 AA 建工集团对项目公司的应收账款，换句话说，借由应收账款这一底层资产设计，让实际的房地产项目获得融资，同时又满足了监管的要求。

那么，从这一产品架构模式延伸出来，作为投资者要关注这一架构中哪些要素呢？

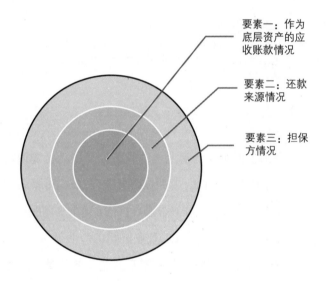

要素一：作为底层资产的应收账款情况

要素二：还款来源情况

要素三：担保方情况

图 10-5　应收账款模式需关注要素

首先，需要关注作为底层资产的应收账款情况。是否确权？折账率有多少？是否与产品期限一致？是否有专业机构出具证明审核材料？等等。其次，需要了解还款来源的情况，即真实的底层项目——房地产项目情况。其区位情况如何？销售情况如何？相关文件是否办理完毕？当地政府政策情况如何？等等。最后，还要了解担保方情况。这点结合闫老师之前介绍担保方实力审查要素进行参考即可。

因此，房地产系应收账款架构模式的核心，在于其真实的底层资产情况。同时投资者要关注这一架构的合规性，以及这一架构是如何设计的，其资金流向是怎样的，进而对这一架构的产品风险有更好的把握。

什么是应收账款

应收账款是指企业在正常的经营过程中因销售商品、产品、提供劳务等业务，应向购买单位或合作单位收取的款项，包括应由购买单位或接受劳务单位负担的税金、代购买方垫付的各种运杂费等。这是伴随企业的经营行为发生而形成的一项债权。做个简单的比喻就是，闫老师在谢大脚超市进了一批货，但没付钱先挂账，约定年底结算，等年底谢大脚超市向闫老师要求支付这笔钱，这就是简单的基于销售行为产生的应收账款。

二、房地产系产品架构模式2——股权收益权

案例二：AA股权收益分享合约型产品

资金投向：地产项目股权收益权，资金最终用于地产项目开发。

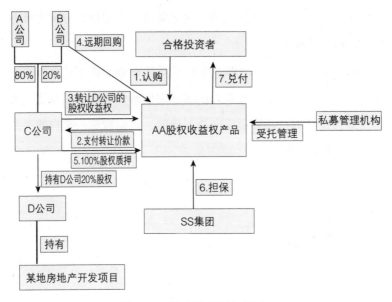

图 10-6　股权收益权模式架构

　　股权收益权架构模式，也是房地产系产品中非常常见的一种架构模式，其整体架构更为复杂。以闫老师上面列举的房地产系股权收益权产品为例，投资者投资款项打入 AA 股权收益权产品后，该产品支付转让价款至 C 公司，取得 C 公司持有的 D 公司 20% 的股权。同时 D 公司持有该房地产开发项目 100% 股权，相当于投资产品间接持有该房地产项目 20% 股权。

　　其次，在增信措施上，相对来说更加复杂多样。先由 C 公司的股东 B 公司（持有 C 公司 20% 股份）提供远期回购；C 公司 100% 股权质押给该投资产品；再由 SS 集团提供担保。

　　最后该项目还款来源，是透过最终的底层资产房产开发项目，实现资金还款。

那么，从这一产品架构模式延伸出来，作为投资者要关注这一架构中哪些要素呢？

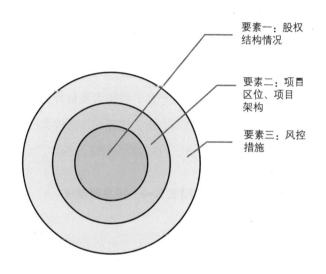

要素一：股权结构情况

要素二：项目区位、项目架构

要素三：风控措施

图 10-7　股权收益权模式需关注要素

首先，针对于股权收益权架构模式，必须格外关注股权结构情况。以该产品架构为例，其持有的项目公司 20% 的股权，那么对项目公司股权架构要有相应的了解，如股权比例、出资方式、股东会、董事会设置等等。同时其他股东在项目运作中的地位也需格外关注。不同股东在项目中分管哪一方面，尤其是直接操作项目的股东，其整体运营经验、过往历史，都决定着该项目能否成功运作的关键。同时不要忽视股权变更后的税务问题等等。

其次，是项目区位、项目架构。针对房地产项目，其区位好坏直接影响其未来收益情况，同时大型地块如何进行设计，如何安排未来项目定位、市场营销策略、规划准则、项目时间节点、进度情况，都需要及时跟进与关注。

最后，是风控措施方面。以该项目为例，其还款来源在于项目回款，股东回购以及担保方担保。那么，针对回购股东情况，以及担保方情况要进行审查。尤其针对其财务、资产等状况，来判断一旦发生风险，其是否能承担相应兑付义务。

因此，房地产系股权收益类产品，投资者要格外关注股权结构情况，通过对产品架构的梳理与分析，进而在筛选这类产品时，可以更容易发现产品潜在风险点，以规避投资风险。

三、房地产系产品架构模式 3——租金收益权

案例三：AA 租金收益权产品

资金投向：拟自 CC 集团房地产开发股份有限公司处受让其位于 SS 市 ×× 写字楼的租金收益权。

租金收益权架构模式，也是房地产系产品中常见架构模式之一。它以商业地产所产生的租金收益作为底层资产，通过收益权买断或转让方式，持有底层资产的权益。以闫老师所列举的 AA 租金收益权产品为例，投资者资金打入产品账户后，再由该产品支付价款，从 CC 集团房地产开发股份有限公司处受让其持有的 SS 市 ×× 写字楼租金收益权。同时为保障产品安全，由 EE 集团提供连带责任担保。该产品架构模式中，核心还款来源为 SS 市 ×× 写字楼未来租金收益。

那么，从这一产品架构模式延伸出来，作为投资者要关注这一架构中哪些要素呢？

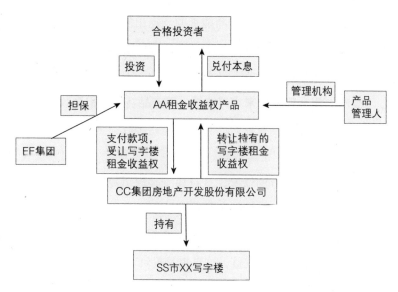

图 10-8　租金收益权模式架构

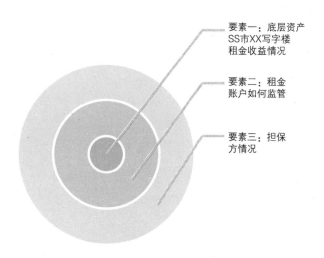

图 10-9　租金收益权模式需关注要素

首先，底层资产 SS 市 ×× 写字楼租金收益情况，是这一产品的核心还款来源，也是产品能否顺利退出的关键。所以，要考量其过往租金情况、当前出租率、底层合同情况、租金价格、周边区位情况等等。

其次，租金账户未来如何监管，即产品在受让租金收益权后，如何监管后续租金回款账户，如何保障租金收益未被挪用，如何保证底层写字楼宇正常运营等等。

最后，是担保方的情况，这点属于常规风控措施，大家可参照闫老师前面分析担保方实力的内容。

因此，房地产系租金收益权类产品，核心在于其底层资产——商业楼宇的租金收益，这点也是投资者在筛选这类产品时，需要着重把握的。

【闫老师小结时刻】

在投资房地产系产品时，尤其要关注其产品架构模式是怎样的，不同的产品架构模式，其关注要素也是不同的。了解这些，有助于我们在筛选房地产系产品时，更好地把握住产品的核心关键点，进而更加精准地做出投资判断。不管是房地产系产品采用何种架构模式，其底层资产始终是围绕着房地产项目的，这一点也是房地产系产品与其他固定收益类产品的区别所在。

第四节　案例分析——如何筛选房地产系产品

典型产品案例：WW 股权收益分享合约产品（本书中典型产品案例均为实践中真实产品，经闫老师删减改编后，进行分析解读。）

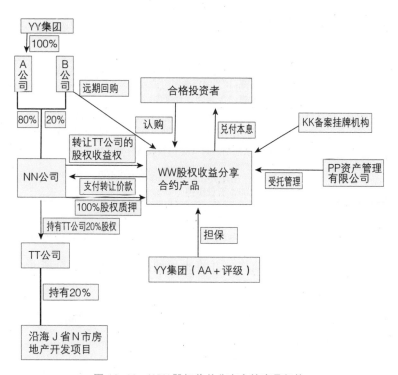

图 10-10　WW 股权收益分享合约产品架构

表 10-2 WW 股权收益分享合约产品说明书

产品名称	WW 股权收益分享合约产品
产品发行人	NN 公司
产品管理人	PP 资产管理有限公司
产品类型	股权收益分享合约产品
发行规模	不超过 2 亿元人民币
产品投向	地产项目股权收益权,资金最终用于项目的开发建设。
产品预期收益率	100 万元＜投资金额＜ 300 万元　　预期年化收益率 9.0% 300 万元＜投资金额＜ 1000 万元　预期年化收益率 9.2% 1000 万元＜投资金额　　　　　　　预期年化收益率 9.5%
产品期限	12 个月
产品还款来源	第一还款来源:沿海 J 省 N 市房地产开发项目销售回款; 第二还款来源:B 公司远期回购; 第三还款来源:YY 集团自有资金。
赎回条款	投资者可在实际持有满六个月之日赎回,需在对应的赎回开放日前 15 个工作日之前提交赎回申请。
风控措施	1.B 公司承诺远期回购 WW 股权收益分享合约产品所持有的 TT 公司股份; 2.YY 集团(信用评级 AA+)提供连带责任担保; 3.NN 公司 100% 股权质押。

NN 房地产开发有限公司于 2018 年 1 月 29 日竞得位于 J 省 N 市的 R2018-066 号地块,并将土地使用权变更至其全资子公司——TT 房地产开发有限公司名下。经友好协商,YY 集团、UU 集团、OO 集团、LL 集团、QQ 集团五方达成协议,共同投资开发该项目,各持 20% 股权。

项目可售面积 12.13 万平方米,预计销售金额 13.70 亿元。项目区位情况为:位于 N 市(2018 年 N 市实现生产总值 8000 亿元,增长 7.8%。人均 GDP 达到 105 903 元,增长 7.8%)中心城区,交通配套完善,临近地铁口,周边配套资源丰富,有学区价值。项目产品结构为高低配组合,小高层、联排独立成区。项目所在地房地产市场情况：N 市 2018 年住宅市场量价齐升，供不应求，供应量及成交均价明显上涨。

项目销售目标及去化速度：项目全部货值为 13.7 亿元（含税、含车位），其中小高层均价 11 500 元 / 平方米、别墅均价 18 000 元 / 平方米、车位 7.5 万 / 个。截至 2019 年年底，小高层预计去化完毕，联排别墅去化 6 成。

房地产系产品"1+N"要点分析解读法

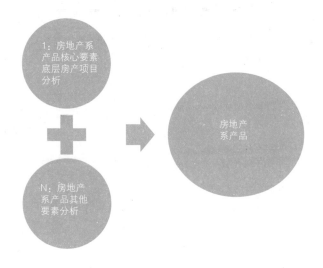

图 10-11　"1+N"要点分析解读法

对于筛选房地产系产品来说，可采用"1+N"要点分析解读法，深入分析产品情况，挖掘其潜在的投资风险。这里的"1"是指房地产系产品中最为核心的一部分，即底层房地产项目的情况。而"N"是指围绕着底层资产这一核心要素的其他产品要素。

下面就以闫老师所举的 WW 股权收益分享合约产品为例，带领大家一同来分析房地产系产品。

"1"——房地产系产品核心要素底层房产项目分析

底层房产项目的真实情况，不仅关系到房地产系产品还款来源能否稳定、产品能否顺利退出，还关系到产品一旦出现风险，能否顺利处置，降低投资损失。因此，在筛选房地产系产品时，第一步要剖析的就是房地产系产品的底层资产，即底层房地产项目情况。那么，针对于底层项目，有哪些要素需要我们仔细分析呢？这里以闫老师所列举典型产品为例，我们逐一分析。

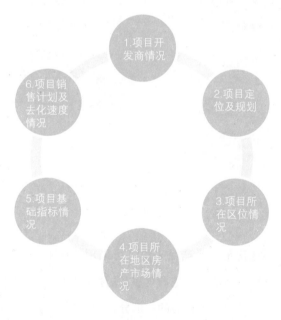

图 10-12　底层房产项目分析要素

要点1：项目开发商情况

项目的开发商是谁，不仅仅影响项目的整体质量，更深深影响项目的对外影响力，并与项目的销售价格、去化速度有着密切的关系。比如闫老师设立的闫氏集团涉足房地产开发，在市场中口碑极差，建造的房屋偷工减料，导致房屋雨天漏水，晴天外墙掉皮。那么，如果房地产系产品的底层项目开发商是闫氏集团，将会导致在项目销售阶段，受到开发商口碑质量影响，导致销售去化速度缓慢，甚至导致产品出现违约风险。

以案例中项目为例，其属于共同开发项目，即存在多家开发商，分别为YY集团、UU集团、OO集团、LL集团、QQ集团，背景实力较强，对于项目开发进度及质量有非常大的帮助。这里要注意的是，对于存在多个开发商的房产项目，投资者要关注其各个开发商之间的分工是怎样的，其相互之间的协作沟通是否顺畅，彼此之间的掣肘是否会影响项目的整体进度及质量，等等。

因此，项目开发商的情况，直接关系到底层项目的未来运转，是在分析底层项目时，尤其要注意的地方。

要点2：项目定位及规划

房产项目的定位及规划对于项目未来销售及去化同样非常重要，以闫老师所列举项目为例，其定位为高端别墅区，产品结构为高低配组合，小高层、联排独立成区。在其规划中，主打项目差异化、资源最大化、同面积更大实用空间。也就意味着，这一底层项目针对的是当地高端人群。

那么，需要考量的是，当地是否存在同类高端项目？当地受众人群数量有多少？周边配套能否符合其高端的定位？当地接受程度有多少？等等。同时，不同的定位与规划，对于项目未来销售及去化的难度是不一样的。以高端住宅项目为例，一般其销售去化速度会慢于中低端住宅，其受到当地经济环境影响较大，对项目自身考验较多。

因此，不同定位及规划的底层项目所面临的市场环境是完全不同的，围绕着不同的项目类型，其又细分为不同的情况，这也是房地产系产品筛选的难点所在，所以投资者在筛选这类产品时，需要格外细致、认真。

要点3：项目所在区位情况

区位情况对于底层房产项目的关键程度，就如同汽车引擎对于汽车的关键程度。以闫老师所举项目为例，其所在区域为沿海省份J省N市的中心城区，同时其所处的N市整体经济情况较好（2018年N市实现生产总值8000亿元，增长7.8%。人均GDP达到105 903元，增长7.8%）。在交通等配套设施方面，该项目区位交通便捷，靠近地铁口，并且有学区价值。这样的区位条件，意味着该项目在未来销售过程中优势较大，对于当地购房者吸引力较高，项目未来回款情况相对稳定。那么，这里我们换另一种情况来看，假如该项目位于两万块可以买一套房的鹤岗市，而且所在区位交通等配套设施较差，处于郊区等偏远地带。对于这种情况，即使产品说明书介绍得天花乱坠，投资者也要格外慎重，由于其底层项目存在巨大的风险，对于产品整体风险会有巨大影响。

因此，在筛选房地产系产品时，要格外注意其底层项目的区位情况，以判断产品潜在的风险性。

要点 4：项目所在地区房产市场情况

这一点直接影响到产品的还款来源，即项目的销售收入。这既要考虑项目所在区域的房产政策，比如有无出台限售、限价政策等，又要考虑当地的房产市场存量、同类项目的销售情况、平均售价等因素。比如以杭州楼市为例，虽然整体销售价格攀升，但当地政府出台了限价、限售政策，导致新项目即使开盘销售，也只能按照较低的指导价，不能按照实际的市场价格。那么，这种情况对于房地产系产品来说，就是一项潜在的风险。以闫老师列举项目为例，其项目预估售价为小高层均价 11 500 元 / 平方米、别墅均价 18 000 元 / 平方米、车位 7.5 万 / 个，整体销售收入预估 13.7 亿元。那么，一旦当地政府设定指导价，要求新开项目按照政府指导价销售，将导致该项目实际收入远低于预估收入，其直接影响就是房地产系产品的还款来源锐减，产品整体风险将激增。

因此，项目所在地区房产市场情况也是投资者在筛选房地产系产品时，需要格外注意的。不是所有的地区、所有的区块的项目都会大卖，房产市场有着自身的规律，各地有不同的情况，万万不可拿一套标准衡量全国，造成误判。

要点 5：项目基础指标情况

透过项目的基础指标，可以让我们更好地把握项目的真实情况。这里闫老师列举一些项目基础指标，帮助大家来把握房地产项目的真实信息。常见的房地产项目关键指标有：项目规划用地面积、总建筑面积、计容面积、容积率、可售面积、内部收益率（IRR）、销售净利率、净利润额、项目时间节点预计、项目定价及利润测算等等。这些指标看似基础，但却可以帮助我们对底层项目有更全面、更深入、更细致的了解，有助于我们后续的分析解读。

所以，项目基础指标情况，也是我们在分析底层项目情况时不可忽视的信息，同时要将这些指标与产品说明书、宣传资料、产品合同中相关内容做对比，看相关内容是否真实，是否存在虚假或夸大描述的情况。

要点6：项目销售计划及去化速度情况

项目销售计划及去化速度，影响着产品到期后能否顺利兑付退出，考虑这一要素十分关键。投资者要注意的是，要将底层项目的去化速度与当地同类项目做对比，看其标注的去化速度能否实现。同时对于底层项目的销售计划，要结合当地的实际情况来判断，比如当地楼市存量、当地的房产市场火热程度、当地对同类项目的接受程度等等。

因此，对于项目销售计划及去化速度情况，投资者不能只看产品说明书或宣传资料中介绍的情况，要结合项目所在地的实际情况来判断。避免因去化速度过慢，导致产品延期或违约。

【闫老师小结时刻】

底层房产项目情况，在房地产系产品中占据着核心的地位。围绕这一核心，大家要关注与之相关的项目开发商情况、项目的定位及规划、项目所在区位情况、项目所在地区房产市场情况、项目基础指标情况、项目销售计划及去化情况等要素。需要综合这些要素情况，进行具体分析与解读，同时注意在分析这些要素时，要结合项目所在地的实际情况，避免因产品说明书或宣传资料的底层项目信息虚假或夸大宣传，导致投资者做出错误的预判。房地产系产品不同于其他固收产品，其涉及的产品要素、细节繁多，需要投资者认真、细致分析解读，以避免投资出现风险。

"N"——房地产系产品其他要素分析

在分析完房地产系产品的核心要素——底层房产项目后，关于房地产系产品的其他要素也是值得关注的，这些要素与核心要素一起构成了房地产系产品，而它们背后蕴藏着诸多信息，下面就让闫老师带领大家逐一分析这些要素。

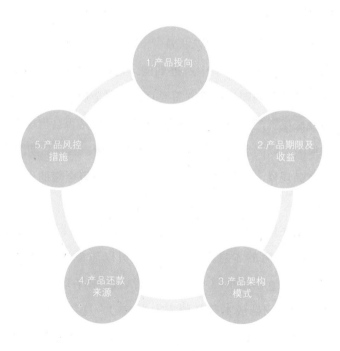

图 10-13 产品其他要素分析

1. 看房地产系产品投向

产品的投向是什么？这一点与底层资产关系密切。这里要注意的是，所披露的产品投资与底层资产是否一致，产品的资金是否真实地投向到底层资产之中。尤其要注意投向披露是否清晰准确，如果投向披露含糊不清，或者不披露真实投向，那这一产品的安全性就值得怀疑，需要投资者格外小心。

因此，在房地产系产品投向方面，要注意与底层资产的情况进行比较，以确定产品投向的真实性。投资者要加强对产品投向的把控能力，避免出现模糊化投向，出现产品资金被管理机构或项目方违规挪用的问题。

2. 看房地产系产品期限及收益

如闫老师在前面章节中所提到的，通过产品的期限和收益，可以预估该产品到期后项目方需要兑付的资金规模，同时结合还款来源及底层资产的情况，判断该产品到期后是否会出现延期或违约的风险。以闫老师所列举的典型产品为例，其产品期限为 12 个月，产品规模为 2 亿元，年化收益率按照投资金额的不同分为 9.0%、9.2%、9.5%。

那么，底层的房地产项目要实现多少的销售回款才可以覆盖掉产品到期后的本息呢？这里我们可以简单计算一下，$2 \times$ ［1+（9.2%+5%）］=2.284（假设投资者收益率平均为 9.2%，销售成本、项目团队成本等其他成本为 5%）。这意味着，该产品一年到期后要支付的本息为 2.284 亿元，而其底层资产为项目公司的 20% 股权收益权，对应到底层资产形成的项目回款应该在 2.284÷0.2=11.42 亿元。因此，底层的房地产项目，其一年之内的销售回款要达到 11.42 亿元，才能保证该产品到期后能够顺利兑付（这里不考虑担保方、股东回购等要素）。

所以，我们通过房地产系产品的收益及期限，可以计算出到期后产品兑付资金规模有多少，同时根据产品的架构模式、还款来源，预估出底层资产需要产生多少的收入，才能覆盖掉产品的本息。而在我们预估出这些数据后，可以结合底层资产的实际情况，判断到期后是否会存在还款来源不足，难以覆盖产品本息的风险。

3. 看房地产系产品架构模式

这一点闫老师在第三节中着重分析过，不管是应收账款模式、股权收益权模式还是定向融资模式、租金收益权模式，它们始终是围绕着房地产这一核心。也就意味着，不管哪种模式，都植根于底层的房地产项目。那么，在投资者筛选分析时，要结合第三节中的知识点，注意不同架构需要关注的重点，了解不同架构之间的区别，进而判断所筛选房地产系产品中的潜在风险点。

4. 看房地产系产品还款来源

所谓还款来源，简单来说，就是项目方拿什么还投资者的钱。以闫老师所列举典型产品为例，还款来源有三：第一个还款来源是沿海 J 省 N 市房地产开发项目销售回款；第二个还款来源是 B 公司远期回购；第三个还款来源是 YY 集团自有资金。那么，我们逐一来分析。沿海 J 省 N 市房地产开发项目的销售回款是整个产品中最为核心的还款来源，是支撑产品顺利退出的基础。这一点，大家可结合第一部分的底层房地产项目情况进行分析。

接下来是 B 公司远期回购，B 公司是 NN 公司的股东之一（占有 NN 公司 20% 股份），其针对产品所持有的 TT 公司股份的远期回购是否具有保障能力，取决于 B 公司的实力背景。虽然其承诺远期回购，一旦发生风险，需要回购股份时，会以怎样的价格回购？是以怎样的方式回购？这都是投资者在筛选产品时需要予以明确的。同时，其是否具有足够的资金实力回购产品所持有的股份，这一点也需要投资者予以分析。

最后，是 YY 集团自有资金。即 YY 集团作为担保人，在产品发生风险时，向投资者承担担保责任。这里提及的是 YY 集团的自有资金，需要考察的是：YY 集团自有资金的规模有多少？同时 YY 集团其资产负债率、对外担保等情况如何？是否存在资不抵债的风险？以及其是否存在重大涉诉案件等其他风险？

因此，对于房地产系产品的还款来源，即使其存在多个还款来源，但最为稳定、核心的，仍是与底层资产相关的还款来源。而其他还款来源，更多是一种保障的方式，其能否发挥效用，需要深入地分析与解读。

5. 看房地产系产品风控措施

风控措施对于房地产系产品来说，是保障其安全性的最关键一步。这里以闫老师所列举的典型产品为例，其风控措施有三方面，分别为：（1）B 公司承诺远期回购 WW 股权收益分享合约产品所持有的 TT 公司股份；（2）YY 集团（信用评级 AA+）提供连带责任担保；（3）NN 公司 100% 股权质押。

第一，B 公司承诺远期回购，闫老师在还款来源这一点中已经提及，其能否发挥效力，要看 B 公司是否具有回购的能力，其到时的回购价格、条件是怎样的。

　　第二，YY 集团的连带责任担保，其能否发挥效力，取决于 YY 集团的背景实力情况。虽然 YY 集团具有 AA+ 的信用评级，不代表其担保一定能够发挥作用，还要结合 YY 集团的债务情况、公司运营情况、财务情况、涉诉情况等方面综合分析。

　　第三，NN 公司 100% 股权质押，这要关注其股权的实际价值有多少，如果是空壳公司，即使是 100% 股权质押，其保障实力仍如同虚设。所以，要结合 NN 公司实际情况判断，看其股权的估值是否公允，其公司是否在实际运营，其公司的财务状况是否良好等。

　　因此，房地产系产品的风控措施是否有效，投资者要结合具体措施的实际情况来分析，最终才能判断出这一产品的风险措施是否有效，其产品真实的安全性如何。

【闫老师小结时刻】

　　对于筛选房地产系产品，大家可通过"1+ N"要点分析解读法，抓住产品的核心重点，先从房地产系产品最为核心的底层项目要素出发，剖析具体项目要素的情况，分析其真实性、安全性、稳定性。之后分析围绕着核心要素的其他产品要素，如产品期限、收益、风控措施、还款来源、投向等。最后，将两部分的内容予以整合分析，得出最终的结论。

　　以上便是第十章《山雨欲来风满楼——房地产系产品》的全部内容，闫老师希望大家通过这一章节的内容，对于房地产系产品有更加深入的了解，在未来筛选这类型产品时，能做出更为清晰、全面、理性的判断。

　　到第十章为止，第二部分典型固定收益类产品解读的内容全部介绍完毕。从第三章到第十章，闫老师分别为大家介绍了不良资产类产品、政信类产品、融资租赁类产品、上市公司债权类产品、企业债券类产品、P2P产品、金交场所备案类产品以及房地产系产品，通过典型产品案例＋分析的方式，带领大家走进固定收益类产品的世界。

　　接下来，我们将进入最后一部分——《固定收益类产品的未来何去何从》。请关注下一章《如何运用固定收益类产品这把双刃剑？》

第三部分

固定收益类产品的
未来何去何从

第十一章
如何运用固定收益类产品这把双刃剑？

投资基本功第四招

避雷锦囊

锦囊一：树立理性的投资意识

锦囊二：兵来将挡，水来土掩——不同产品不同筛选标准

锦囊三：读懂风控——固收产品最后一道安全门

优质固定收益类产品身上的亮点是什么

如何发掘优质的固定收益类产品

双刃剑的第一面——三大避雷锦囊

双刃剑的第二面——借助东风，投资优质固收类产品

如何运用固定收益类产品这把双刃剑

在第二部分，闫老师为大家介绍了常见的固定收益类产品，从它们的定义出发，逐步深入到产品相关行业、监管背景，并以典型产品案例的方式，带领大家一同剖析、筛选不同类型的固定收益类产品。希望大家通过第一部分和第二部分的内容，不仅对固定收益类产品的理论知识、行业背景有更深入的了解，还可以对具体产品如何筛选有更加清晰、准确的认识。

那么，在接下来第三部分中，闫老师将对前面内容进一步总结和提炼，帮助大家形成固定收益类产品的知识体系。

第十一章，闫老师将为大家介绍固定收益类产品双刃剑的特点及背后的投资机会。

为何说固定收益类产品是一把双刃剑呢?

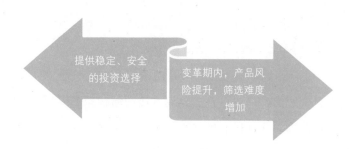

图 11-1　固定收益类产品双刃剑属性

　　固定收益类产品一方面为投资者提供稳定、安全的投资选择，帮助投资者实现投资收益，抵抗通货膨胀带来的影响；另一方面，因其自身正在经历变革期，从《资管新规》要求打破刚兑到 2018 年的产品爆雷潮，其所具有的安全性、稳定性的标签遭到诸多质疑，同时，不同类型产品间存在巨大的差异，这也增加了投资者筛选的难度。在固定收益类产品变革期内，如何避免踩雷，如何筛选出优质的固收产品，成为投资者的必备功课。

　　因此，固定收益类产品犹如一把双刃剑，如果使用得当，它将成为保护我们投资权益的利器。如果使用不当，就会招致风险。

　　那么，这把双刃剑的两面，我们该如何运用与把握呢？带着这些疑问，让我们一同走进第十一章《如何运用固定收益类产品这把双刃剑？》。

第一节　双刃剑的第一面——三大避雷锦囊

　　固定收益类产品虽然一直主打安全性，并不代表固定收益类产品就是零风险的，也同样存在产品延期或违约的风险。而在当前固收市场中，产品爆雷的消息越发频繁。不管是饱受争议的P2P产品，还是一直被认为安全性极佳的政信类产品、企业债券类产品、不良资产类产品等，产品延期或违约问题频频出现，致使投资者蒙受损失。在这样的现状下，投资者必须清醒认识到当前固收类产品市场变化，深入剖析产品内涵，发掘潜在投资风险，提升自身专业性。

投资者该如何避免踩雷呢？这里闫老师准备了三个锦囊，请投资者查收。

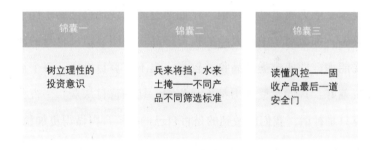

图 11-2　闫老师三大避雷锦囊

锦囊一：树立理性的投资意识

理性的投资意识，有助于我们客观、冷静地分析投资产品，并做出正确的投资选择，规避潜在的投资风险。那么该如何树立理性的投资意识呢？

图 11-3　树立理性投资意识步骤

　　"知己知彼，百战不殆"，所以，我们首先要了解自己的投资偏好、风险承受能力。闫老师在第七章《扒开华丽的外衣——直击企业债券类产品》中列举过投资者风险承受能力评测表，大家可以通过表格测试一下自己的风险承受能力，看自己的投资偏好、风险承受能力属于哪一级别。比如通过测试发现自己属于保守型投资者，那么对于中高风险的投资产品，则明显超过自身的风险承受能力，即使这类产品收益较高，也不可盲目投资。每个人的投资偏好、风险承受能力都不尽相同，切忌盲目从众。一夜暴富终究只是神话，我们能做到的是将自己的投资理财做得更加稳健、安全。因此，了解自己，是我们在进行投资前最关键的一步。

　　其次，要破除错误的投资观念。

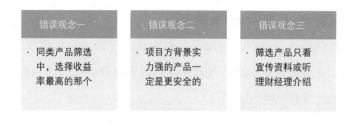

图 11-4　投资者常见三大错误观念

第一个错误观念是，同类产品筛选中，选择收益率最高的。即使是同类产品，其管理模式、底层资产、风控措施、产品架构等方面也存在诸多差异，切不可"一视同仁"，而是要结合同类产品的优劣势进行对比分析。如对比它们的管理人背景、底层资产情况、风控措施、还款来源等，切不可只拿收益率作为唯一衡量标准。同时这里闫老师要提醒的是，收益与风险是成正比的，天下没有免费的午餐，在我们选择更高收益率的同时，也选择了更高的风险。所以，在同类产品筛选中，切不可只看收益，必须将产品间的优劣势进行认真对比，最后再做出判断。

第二个错误观念是，项目方背景实力强的产品一定是更安全的。比如很多投资者存在的"城投信仰""上市公司信仰"等，认为政府平台或上市公司作为融资主体的产品，其安全性是远高于其他产品的。但是，不管是政府平台还是上市公司，其产品都是有好有坏的，需要投资者认真筛选。项目方背景实力并不代表产品不会发生风险。以 2018 年出现的延期或违约产品为例，实力强劲的政府平台、上市公司同样上榜，其涉及的产品规模巨大。因此，不管任何类型的产品、任何实力强劲的项目方主体，都存在风险，需要仔细甄别、筛选。所以说，项目方背景实力强，不代表产品就一定不会出现延期或违约，切不可以只看项目方背景，忽视了对产品风险的分析，导致自己的投资遭受损失。

第三个错误观念是，认为筛选产品只看宣传资料或听理财经理介绍就可以了。判断一个产品的实际情况，切不可只看宣传资料或只听理财经理的介绍，因为产品的实际情况很可能并不一致。因此，要了解产品的真实情况，必须结合产品相关的其他资料，比如产品合同、说明书、尽调报告等，以进行综合评判。

　　同时闫老师这里要提醒的是，投资者注意将宣传资料中提及的内容与实际的产品合同内容比照，看其所承诺的内容，是否逐一列明在产品合同中。否则发生纠纷，只以投资者所签订的合同为准，产品宣传资料中的内容难以作为法律依据。如在产品宣传资料中，提及有某家集团提供连带责任担保，但是在产品合同中并未注明，也未看到这家集团提供的担保函。那么，很有可能并不存在这项风控措施，这也就意味着，一旦产品发生风险，投资者想要这家集团承担保证责任，却发现并没有真实的担保协议，最终使投资者追偿无门。因此，投资者在筛选产品时，一定要综合各方面的资料，再天花乱坠的介绍，也不如白纸黑字的合同可靠。

　　最后，要对投资这件"小事"予以重视。投资并非一件小事，需要认真对待，投资者必须对自身的投资行为有足够清醒的认识。

　　粗放式的投资行为将带来无法掌控的投资风险。投资时的小小失误，很有可能导致投资的产品"踩雷"。每一个爆雷产品背后，都是投资者几万、几十万甚至是上百万的投资款。所以，筛选投资产品一定要慎重，切勿盲目乐观。必须做到仔细梳理产品情况，掌握产品的真实信息，深入分析产品的要素。

锦囊二：兵来将挡，水来土掩——不同产品不同筛选标准

　　在固定收益类产品市场中，产品种类丰富，不同类型产品间差异较大。因此除了一般的产品筛选标准外，还需要结合不同产品的自身特点，进行针对性的分析。可谓是"兵来将挡，水来土

掩"。大家要针对不同的产品类型,采用不同的筛选标准,以更好地把握产品真实情况,剖析产品中潜在风险点,进而做出正确的投资选择。

下面闫老师将以表格方式,帮助大家回顾之前的内容,进一步巩固不同类型固定收益类产品的筛选分析方法。

表 11-1 不同固收类产品筛选标准对比

产品类型	产品筛选方法	内容
不良资产类产品	不良资产类产品分析三步走	第一步:罗列出不良资产类产品中的基础信息(基础要素:1.底层资产;2.管理人;3.募集规模;4.托管;5.风控措施;6.产品收益;7.存续期限;8.备案) 第二步:信息拆分和深度挖掘 第三步:将不良资产类产品与其他固收类产品横向对比(价值潜力、市场潜力、资产潜力)
政信类产品	政信类产品两阶段分析法	第一阶段:产品基础要素剖析 第二阶段:宏观+微观角度要素解读分析 A 宏观角度:1.宏观经济情况+宏观政策动向;2.中央及地方关于地方债务规范政策走向 B 微观角度:1.看产品类型与管理机构情况;2.看产品的底层资产究竟是什么;3.通过产品募集规模、期限、收益简单评估未来兑付风险;4.看产品的风控措施是否完善、有效;5.从项目所在地情况,分析未来兑付风险
融资租赁类产品	融资租赁两层次拆分解读法	上层:一般产品要素拆分解读 下层:融资租赁要素拆分解读 (1.底层资金流转;2.底层融资租赁资产形成模式)
上市公司债权类产品	核心圈层辐射要素分析法	第一步:确定核心圈层及辐射要素(1.核心圈层;2.辐射要素) 第二步:围绕核心圈层,解读辐射要素(1.票面信息;2.承兑人或付款人情况分析;3.票据前手情况分析;4.风控措施分析;5.承兑人过往承兑历史分析;6.票据相关底层合同、文件)

续表

产品类型	产品筛选方法	内容
企业债券类产品	产品要素拆分解读法	第一步:搜集产品关键要素相关信息 第二步:具体分析解读产品关键要素(1.发行人要素分析;2.发行额与期限要素分析;3.年利率要素分析;4.信用级别要素分析;5.担保等增信要素分析;6.评级机构要素分析;7.债券违约前兆分析) 第三步:综合评判并结合自身投资偏好做出选择
P2P产品	三角度剖析P2P产品	角度一:P2P平台角度(1.看有无平台爆雷前兆;2.看平台背景实力如何;3.看平台过往产品延期、违约历史;4.看平台备案进度情况;5.看平台工商信息;6.看平台过往投资者反馈<风评>) 角度二:P2P产品角度(1.看产品收益是否正常;2.看产品投资期限;3.看产品的起投额及融资规模,判断投资人数;4.看产品是散标类产品还是集合类产品;5.看产品还款方式及清算方式;6.看是否存在额外加息或其他福利) 角度三:底层项目角度(1.看底层资产究竟是什么;2.看底层项目信息是否真实;3.看底层项目风控措施;4.看底层项目资金安全保障措施;5.看底层资产交易流程)
金交场所备案类产品	两层次产品分析法	第一层次:金交场所相关要素分析解读(1.看金交场所的股东背景及实力;2.看金交场所备案标准是否严格规范;3.看金交场所有无负面消息;4.看金交场所所在区域的监管情况) 第二层次:备案产品相关要素分析解读(1.看备案产品的募集规模与起投点;2.看备案产品的期限及收益率是否正常;3.看备案产品的管理机构情况;4.看备案产品的转让赎回要求;5.看备案产品的底层资产情况;6.看备案产品的还款来源;7.看备案产品风控措施情况)
房地产系产品	"1+N"要点分析解读法	"1"——房地产系产品核心要素底层房产项目分析(1.项目开发商情况;2.项目定位及规划;3.项目所在区位情况;4.项目所在地区房产市场情况;5.项目基础指标情况;6.项目销售计划及去化速度情况) "N"——房地产系产品其他要素分析(1.看房地产系产品投向;2.看房地产系产品期限及收益;3.看房地产系产品架构模式;4.看房地产系产品还款来源;5.看房地产系产品风控措施)

从表 11-1 中的内容，我们可以看到，不同类型的固定收益类

产品，在筛选标准上存在诸多差异。而其自身的不同之处，正是我们在筛选过程中需要格外注意的关键。

因此，在筛选固定收益类产品时，投资者切不可用一套标准来衡量。在固定收益类产品筛选中，不存在万能钥匙，我们只能结合不同类型固收类产品的特点，具体产品具体分析，以保证我们较为全面地了解掌握产品的客观性、针对性，以防我们在产品分析中发生误判。

锦囊三：读懂风控——固收产品最后一道安全门

在固收类产品筛选中，风控措施是必须予以关注和重视的一项内容。对于固收类产品来说，风控是产品最后一道安全门，更是产品能顺利退出的根本保障。风控措施是否完善，不仅仅关系到产品的安全性，更直接影响到产品出现风险后，能否尽可能降低自己的损失。因此，对任何固定收益类产品，都不能忽视风控措施的作用。读懂了风控，便是装上了固收类产品的最后一道安全门。

那么，该如何分析固定收益类产品风控措施呢？接下来，闫老师结合之前章节的内容，就风控措施进行系统性的梳理。

1. 主要风控手段对比

对于固定收益类产品而言，风控的手段有很多种，如担保、抵押、股权质押、承诺函、回购协议等。这么多风控措施，在整个项目中起到怎样的作用，都有怎样的优劣势呢？让我们逐一来看。

图 11-5　常见风控手段关注要点

首先，是最为常规的风控措施——担保。现在很多固收类产品都会要求 AA 以上信用评级的担保，而一般达到这一评级的企业，已经具有发债的资格。政府平台往往也符合这类要求。事实上，信用评级更多是一种提高前期信任感的问题。信用评级高，我们会认为其违约可能性不大，其信用值得信任，我们投资也好，放贷也好，未来兑付的预期就会高一些。很多固收类产品还会要求融资主体的法定代表人承担连带责任担保，即在产品发生风险时，法定代表人不能豁免自身的责任，对产品发生的损失承担连带责任。

但是，担保措施能否发挥作用，在于担保主体自身是否具有承担责任的能力。事实上，信用评级高低并不能代表其清偿能力的高低，很多高信用评级企业，负债率居高不下，资金流动性情况并不好。

因此，分析担保这一风控措施是否能够发挥作用，关键要看担保主体自身的实力，比如其资产规模、资产负债率、经营情况、利润情况、对外担保情况等，而像很多产品大肆宣传的所谓信用评级，只是信用评级机构对企业信用的外在认可，并不代表真实的担保实力。所以，分析担保这一风控措施时，不能盲目相信评级，而是要以看待融资方的标准，看待担保方，重点对担保主体实力、背景进行分析。

其次，是抵押这一风控措施。关于抵押，需要依据抵押物的实际价值来判断，同时要考虑到抵押物的贬值率。以动产抵押为例，如果是以仓库里的汽车作为抵押物，那么要计算到后期发生风险的处置速度，以及因处置时间过长导致的抵押物价值降低问题。

而对于不动产抵押，住宅、公寓、写字楼、商业物业，其表面估值可能是一样的，在后期变现上，或者说未来处置上，价值完全不同。以一线城市的住宅来说，公司按照七折左右价格抵押，未来出现风险还是可以抵御的。如果是商业，虽然每平方米价格高于住宅，在后续处置上，却并不能拿到其实际估值的价格。所以，一般商业物业作为抵押物，可能要打五折甚至更低。抵押物的估值非常重要，估值过高会导致后期执行时抵押物价值减损，债务无法得到清偿。

同时在抵押中，还要注意相关的法律问题，如《合同法》中买卖不破租赁①问题、抵押权的顺位问题、后续司法拍卖问题等。实践中经常出现执行抵押房产时，在抵押权设立之前，该房产已

---

① 买卖不破租赁，即在租赁关系存续期间，即使所有权人将租赁物让与他人，对租赁关系也不产生任何影响，买受人不能以其已成为租赁物的所有人为由否认原租赁关系的存在并要求承租人返还租赁物。

经签订了长期的租赁合同，那么根据"买卖不破租赁原则"，租赁权优先于抵押权，也就意味着虽然取得了房屋的所有权，但房屋的使用权无法实现，也会导致房屋无法实现处置变现。

因此，抵押虽然可以作为强担保措施，但在实际处置环节中，存在非常多的套路，需要投资者提前识别，规避投资风险。

之后，是股权质押。这里尤其要说明上市公司的股权质押。在股市上行时，所质押的股权价值相应升值，风控措施相应完善。与此相对的是，在股市下行时，所质押的股权价值下跌，将会导致风控措施效果减损。实践操作中，出现这种情况，往往会追加抵押物。但如果未能及时追加抵押，那么所持有的股权价值就会缩水，产品整体风险上升。值得提出的是，尤其要注意上市公司大股东大量质押手上的股权的情况。比如：某些出现债务危机的上市公司实际控制人的股权质押率甚至达到 90% 以上。那么可以预见的是，一旦上市公司层面受到负面债务问题影响，股价崩盘，这些股权质押将会变成一张空头支票。所以尤其要警惕一些上市公司股权质押的套路，比如上市公司实控人不断推出新概念，炒高股票市值，之后将股权大量质押，获取融资，进而盘活资产。而一旦股票腰斩，金融投资机构将就拖累与套牢。这一套路的集大成者便是"下周回国"的乐视 CEO 贾跃亭。

所以说，表面价值并不等于实际价值。这里我们还只是提到了上市公司股权质押，而对于那些以非上市公司股权质押的产品，则更需加以小心。这类公司的股权，缺乏公开、透明、中立的交易市场进行估值，因此其估值往往存在较大水分。所以，要对这类公司进行更为深入的了解，判断其估值是否公允，以确定其未来的保障作用。

而不管是抵押还是股权质押，都将面临着后期处置变现的问题。一旦出现风险，需要对抵押物进行处置，抵押人是否配合，以及法院的执行力度，都是需要考虑的因素。而对股权质押来说，尤其是上市公司的股权质押，则极容易受到股市波动影响，这些都是项目风控措施中需要格外关注的。

最后，是承诺函、回购协议等其他风控措施。这些风控措施是否有效，主要看承诺主体或回购主体自身经营状况。

以回购协议为例，在项目发生违约情况时，该回购主体是否能够进行足额兑付才是关键，因此，不管是承诺函，还是回购协议，主体情况非常重要，其自身资质的审核，是风控措施中的关键。

同时还要注意一点，根据《资管新规》打破刚兑的要求，承诺函、回购协议有变相保本保收益的嫌疑，因此实践中这些条款往往不能写入正式合同中，而是以"抽屉协议"的方式存在，那么一旦发生纠纷，"抽屉协议"作为违规行为，能否被认定为合法有效？能否以此为依据要求管理机构、融资人承担责任，仍是存疑的。所以，若承诺函或回购协议属于"抽屉协议"的方式，投资者千万不可忽略这种方式存在的违规风险。

2. 如何判断理财产品风控措施是否有效

上面闫老师列举了常见的风控措施，每一种措施都存在需要关注的要点。因此，判断一个产品的风控措施是否有效，要结合这个产品的实际情况来判断，不是每一种风控措施在任何产品上都能发挥作用的，因此，风控措施与具体理财产品之间的匹配度非常重要。就像我们选装汽车配件，即使将法拉利的发动机装在了小面包车上，也开不出法拉利跑车的感觉。

那么该如何判断固定收益类产品的风控措施是否有效呢？

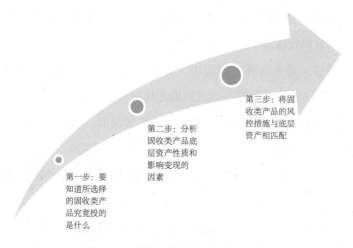

第三步：将固收类产品的风控措施与底层资产相匹配

第二步：分析固收类产品底层资产性质和影响变现的因素

第一步：要知道所选择的固收类产品究竟投的是什么

图 11-6 判断风控措施是否有效步骤

第一步：要知道所选择的固收类产品究竟投的是什么

即固定收益类产品的投向是什么，先要有一个大的范围上的判断。比如我们投的是固定收益的不良资产类产品，那么我们继续分析，这个不良资产类产品所投向的底层标的是什么，即其底层的不良资产包情况。

这些内容，都可以在理财产品的产品募集说明书、产品合同中找到，如果上面没有表明，一定要向投资机构咨询。

第二步：分析固收类产品底层资产性质和影响变现的因素

在了解固收类产品真实的投向之后，我们要具体分析其底层资产。比如我们投的是不良资产，那么不良资产有哪些特征呢？哪些是影响底层资产变现的因素呢？像不良资产，我们首先要考虑的是不良资产包具体的资产情况，是有抵押的资产还是有担保的资产，再或者是纯信用的资产。

其次，我们要考虑不良资产的账面价值与实际价值之间的差额，不良资产类产品是以几折的价格取得不良资产包的，其中存在多大的处置空间，等等。

最后，要考虑不良资产的处置时间，这点与不良资产团队情况息息相关，要了解其团队的历史、实力、背景等等。

因此，在了解固收类产品底层资产的特征以及影响变现因素后，我们就知道这个产品需要哪些方面的补充，存在哪些方面的不足，接下来便是将风控措施与底层资产进行匹配。

第三步：将固收类产品的风控措施与底层资产相匹配

在上一步中，了解到底层资产特征和影响变现因素后，将固收类产品的风控措施相匹配，看这些风控措施能否有效地作用到底层资产之上。这一点，大家可以结合闫老师上面对各类风控措施的优劣分析，再结合具体的产品情况来判断，看产品的风控措施与底层资产之间的匹配度，以得证出产品的安全系数。

综上，分析风控措施有效性，要将风控措施的情况与产品自身特性相结合，进而分析其是否有效，在风险发生时，能否起到应有的作用。

> **【闫老师小结时刻】**
>
> 　　以上三个锦囊，请投资者一定要收好。在筛选固定收益类产品前，一定记得打开这三个锦囊，然后按照锦囊中的提示，仔细筛选不同类型的固收类产品，做出正确的投资判断，以避免投资踩雷，保障自身投资的安全性。

第二节　双刃剑的第二面——借助东风，投资优质固收类产品

　　巴菲特有一句著名的投资名言说道"在别人恐惧时我贪婪，在别人贪婪时我恐惧"。在当前经济下行，投资市场处于低谷期时，固定收益类产品安全、稳定的优势越发凸显。在这一时期，如何借助市场东风，投资优质固收类产品，是保障我们投资保值、增值的关键点。

　　那么，在投资市场的低谷期，我们该如何发掘优质的固收类产品呢？这些优质的固收类产品有着哪些亮点呢？下面，闫老师将带领大家逐一分析。

一、优质固定收益类产品身上的亮点是什么

　　这里大家要注意的是，闫老师提到的是优质固定收益类产品，而不是全部固定收益类产品。结合前面的内容，大家知道对于固定收益类产品市场来说，同样存在鱼龙混杂的情况，一些质量较差、风险较高的固收类产品，不但无法保障投资者获得稳定的收益，而且产品自身风险较高，极有可能造成投资者投资损失。那么，对于真正优质的固定收益类产品来说，它身上应该具有哪些亮点呢？

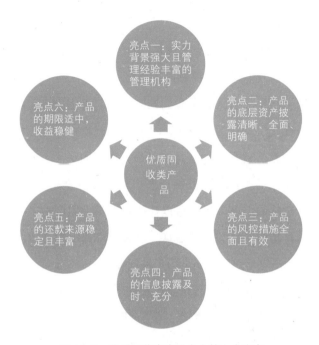

图 11-7　优质固收类产品身上的六大亮点

亮点一：实力背景强大且管理经验丰富的管理机构

产品的管理机构，就像是一个大管家一样，打理着家庭中方方面面的事务。这个管家靠不靠谱，影响着产品的安全性、稳定性等诸多方面。而优质的固收类产品，其管理机构一定是实力背景强大且具有丰富的管理经验。其中，实力背景强大，说明其在行业内影响力较大，并受到各方面的关注，因此其违规操作的可能性相对较低。有丰富的管理经验，说明其以往管理过多只固收类产品，有着丰富的实践经验，同时在以往的产品中未发生延期或违约情形，说明其管理能力较强，对产品自身安全来说，这也是一道安全保障措施。因此，优秀的管理机构是优质固收类产品身上的第一大亮点。

亮点二：产品的底层资产披露清晰、全面、明确

在前面章节中闫老师提及过，一个固收类产品究竟投了什么，它的底层资产是什么，这是我们判断产品是否安全可靠的关键要素之一。而底层资产的模糊化，为一些违规操作，如挪用产品资金、长债短投、虚假标的等提供了最为便捷的条件。所以，一个优质的固定收益类产品，其底层资产的披露一定是清晰、全面、明确的。这样的披露方式，可以让投资者最大限度地了解产品的真实情况，把握产品的底层信息。这种公开透明的方式，既是对产品的监督，也是对产品安全的一种保障。

亮点三：产品的风控措施全面且有效

风控措施是保障固收类产品安全的最后一道安全门，这一道安全门是否足够坚实，直接关系到产品的安全性、稳定性。而优质的固定收益类产品，其产品的风控措施一定是全面且有效的。这里的全面是指针对于产品自身潜在风险，均已设计针对性的风控措施予以保障。这里的有效是指，一方面产品相关的风控措施是真实存在的，另一方面这些风控措施在产品发生风险时，是可以起到作用的，即具有实际的风险保障能力。

正是优质固收类产品的风控措施全面且有效，才能够让产品的安全性、稳定性在同类产品中脱颖而出。

亮点四：产品的信息披露及时、充分

这里的信息披露，不仅仅涵盖产品募集期的信息披露，还包括产品管理期、退出期以及发生风险后的信息披露。信息披露是投资者能够了解产品真实情况的关键路径，而信息披露是否及时、

充分，影响着投资者能否第一时间掌握产品动态，尤其是在产品发生风险时，投资者能否提前做好准备。同时，信息披露也是投资者监督管理机构是否尽职尽责的重要渠道。因此，优质的固定收益类产品，其信息披露一定是及时、充分的，能够确保投资者及时了解产品的进度，最大程度保障投资者权益。

亮点五：产品的还款来源稳定且丰富

产品的还款来源，与产品能否正常兑付息息相关。因此，还款来源是否稳定、丰富，是考察优质固收类产品的关键点之一。对于优质的固定收益类产品来说，其核心还款来源是围绕着底层资产所形成的，同时为保障产品的安全性，还会提供其他增信措施，作为核心还款来源的补充，增强产品安全性、稳定性。

亮点六：产品的期限适中，收益稳健

一方面，固定收益类产品的期限有长有短，短期产品如 P2P 产品期限可以做到一周，而长期产品其期限可达到 3—5 年。对于投资者来说，期限过短或过长，均存在着潜在风险。期限过短的产品，极有可能存在资金池的问题，尤其是那些短期随存随取的产品，风险极大。而期限过长的产品，其未来潜在风险较高，风险较难预测。

因此，优质的固定收益类产品其期限一定是适中的，一般以 1—2 年期产品为佳。另一方面，固定收益类产品的收益也是有高有低，按照平均收益水平排序，为 P2P> 私募 > 信托 > 金交场所备案类产品 > 企业债券 > 银行理财。从中我们可以看出，虽然 P2P 产品的平均收益率傲视群雄，但这类产品的风险值也是最高的。所以，优质的固定收益类产品，虽然不代表其收益水平一定名列前茅，但其收益一定是稳健的，即其在保障产品安全性的同时，又为投资者提供稳定的收益。因此，优质的固定收益类产品，其产品期限适中，同时收益稳定。

二、如何发掘优质的固定收益类产品

发掘优质的固定收益类产品，不能寄希望于运气，而要寄希望于自身的专业实力。那么，在浩如烟海的固收类产品市场中，我们该如何发掘到优质的固定收益类产品呢？这里闫老师教给大家几点小技巧，帮助大家快速发掘到优质的固收类产品。

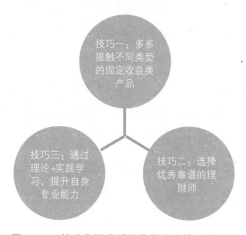

图 11-8　快速发掘优质固收类产品的三大技巧

技巧一：多多接触不同类型的固定收益类产品

就像女孩子挑选包包一样，只有对比了多种款式后，才能发现自己心仪的那一款。而发掘优质固定收益类产品也是一样，只有大家多多接触固收类产品，才能有对比，确定哪一款产品最适

合自己。

正如"读书破万卷，下笔如有神"一样的道理，多多接触不同类型的固收产品，会让投资者在比较产品优劣势时更加得心应手。在实践中，投资者可搜集同一类型多家机构的固收产品，来对比不同机构之间的产品特点、优劣势。同时也可就同一机构下面的不同类型产品进行对比。既要将产品做横向的对比，又要做纵向的对比。

因此，发掘优质固定收益类产品的过程，也是一个经验值不断增加的过程。投资者可以通过不断接触不同类型的固定收益类产品，开阔自己的投资视野，增长自己的投资经验，进而为发掘优质固收类产品打下坚实基础。

技巧二：选择优秀靠谱的理财师

若投资者没有足够的时间和精力去发掘优质固收类产品，那么选择优秀靠谱的理财师，帮助自己筛选产品，是一项安全且便捷的方式。随着金融市场的发展，如今独立理财师在投资者投资过程中扮演的角色越发重要，其群体日益庞大。

这里要注意的是，理财师除了自身业务能力过硬，是否尽职尽责也非常关键。所以，挑选理财师，需要投资者认真对待。优秀靠谱的理财师，需要满足如下要求：

第一，业务能力过硬，产品筛选经验丰富，对各类产品的特点、优劣势熟悉，既清楚产品相关的理论知识，又能熟悉产品的实践操作。

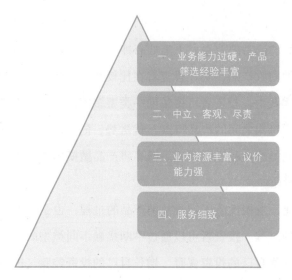

图 11-9   衡量优秀理财师的四大标准

第二，中立、客观、尽责，在帮投资者筛选产品时，始终站在投资者利益角度，不存在与金融机构相互串通、损害投资者利益的行为。

第三，业内资源丰富，议价能力强，能够拿到行业内优质的产品资源。

第四，服务细致，始终保持与投资者的沟通，帮助投资者了解产品投资进度。

以上四点，是投资者在筛选理财师时，需要重点关注的要点。选择优秀靠谱的理财师，将大大减轻投资者筛选固收类产品的压力，并将助力投资者家庭资产保值、增值。反之，不靠谱的理财师，将成为投资者的噩梦。因此，在这一技巧上，投资者需要格外注意。

技巧三：通过理论＋实践学习，提升自身专业能力

投资是一件需要不断学习的事情，对于投资者来说，提升自身专业能力既可以帮助我们筛选出优质的固收类产品，又可以帮助我们避免投资踩雷，保障投资安全。而这当中，需要投资者不断加深理论和实践的学习。

一方面，在理论方面，投资者可以通过阅读书籍、收听线上线下培训课程、参与投资者风险教育讲座等方式，提升自身的理论基础。

另一方面，在实践方面，合理安排自己的投资资金，先从安全性较高、模式架构简单的固收类产品入手，逐步增加自己的实践经验，再逐步拓展到其他类型的固定收益类产品，循序渐进，不断积累经验。

因此，投资就像是一场考试，需要我们不断预习、复习，增加知识的熟练程度，进而考取自己满意的分数。

【闫老师小结时刻】

双刃剑的第二面，是让我们借助行业东风，选择优质的固收类产品，保障自己的投资权益。在这方面，我们首先要了解优质的固收类产品有哪些亮点，这些亮点是它们能够从众多同类产品中脱颖而出的关键所在。其次，我们要掌握发掘优质固收类产品的技巧，让发掘优质产品不再是一件困难的事情。最后，我们要认识到投资实际是一件需要认真的小事，需要我们不断学习，不断提升，让投资变成我们的一项专业技能!

在第十一章的内容中，闫老师希望大家能够对双刃剑的固定收益类产品有更多的了解，在双刃剑的第一面，要面对爆雷危机，避免投资踩雷，保障自身投资安全。在双刃剑的第二面，要筛选优质固收类产品，让投资保值升值。而在最后一章中闫老师将带领大家一同展望固收类产品的未来，请关注下一章节《固定收益类产品的未来趋势》。

第十二章
固定收益类产品的未来趋势

练好投资基本功

打破刚兑，也不怕

```
固定收益类产品
的未来趋势
├── 固定收益类产品的未来变局
│   ├── 变局一：打破刚兑已成为行业主流趋势
│   ├── 变局二：固定收益类产品管理机构进入洗牌期
│   └── 变局三：不断成熟专业的投资者带给固收类产品新的挑战
└── 固定收益类产品的未来破局
    ├── 未来破局一：打破刚兑后带给固收类行业的未来变化
    ├── 未来破局二：洗牌期后新的行业格局将出现，头部效应凸显
    └── 未来破局三：成熟专业的投资者带给固收类产品的新机遇
```

在第十一章中，闫老师为大家介绍了固定收益类产品具有双刃剑的特性，就其双刃剑的两面进行了分析，结合其潜在风险和投资价值，分别提出了建议。在规避投资风险方面，大家要记得使用闫老师的三个锦囊，以保障自身投资的安全性。在发掘优质固收类产品方面，大家要记得闫老师提到的优质固收类产品的亮点，以及发掘优质产品的小技巧。固定收益类产品虽然是一把双刃剑，但是如果我们运用得当，它仍然是一位可靠的伙伴。

最后一章，闫老师将为大家介绍固定收益类产品的未来趋势。我们不仅需要了解固定收益类产品的过往及现在，更需要用一种发展的眼光来看待它的未来。那么，如何预测固定收益类产品的未来趋势呢？它能带给我们哪些帮助呢？

首先，了解固定收益类产品未来趋势，可以帮助我们更好地把握现在的固收类产品。在产品的分析与筛选过程中，透过发展的视角，可以提升我们看产品的深度与广度，更好地发现产品的未来潜在风险。

其次，了解固定收益类产品未来趋势，可以帮助我们对未来固定收益类产品的变化，有更好的预判，并针对性地做好准备，以避免未来因市场、监管等要素的变化，对固定收益类产品造成冲击，进而影响到投资资金的安全。

最后，了解固定收益类产品未来趋势，有助于我们将固定收益类产品与其他类型投资产品进行对比，多元化配置投资资产，将投资价值最大化、风险最小化。

那么，固收类产品的未来趋势究竟是怎样呢？它将带给固收类产品哪些影响呢？带着这些疑问，让我们一同走进第十二章《固定收益类产品的未来趋势》。

第一节　固定收益类产品的未来变局

随着金融市场、监管政策的不断变化，固定收益类产品面临着发展的变局，以往一些不合规的操作、模式将被逐步禁止，一些新的交易规则也将被逐步确立。那么，固收类产品的未来变局有哪些？它们将带给固收类产品哪些影响呢？闫老师带领大家逐一分析。

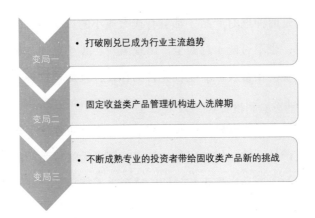

图 12-1　固定收益类产品未来三大变局

变局一：打破刚兑已成为行业主流趋势

2018 年 4 月，中国人民银行、中国银行保险监督管理委员会、中国证券监督管理委员会、国家外汇管理局联合发布《资管新规》标志着金融行业进入到统一监管的大资管时代。而在这份文件中，明确提出了打破刚兑，并在第十九条中列举了刚性兑付的行为，同时根据刚性兑付的机构主体不同，规定了不同的处罚措施。由此可见，打破刚兑已经上升到监管理念，也就意味着，打破刚兑已经成为资管行业不可逆的趋势。

对于固定收益类产品来说，刚性兑付的行为十分常见。甚至在以往，刚性兑付是一些固收类产品的宣传亮点。这样包赚不赔的产品，在市场中大受投资者欢迎，甚至让投资者形成了固收类产品一定是保本保收益的认知。刚性兑付的存在让固定收益类产品在投资市场中大受欢迎，但是，它的存在也为固定收益类产品戴上了镣铐。

不管是何种理财产品，都会有或大或小的风险。理财产品存续期限内，也不可能永远安全，出现风险、发生延期，都是产品管理过程中的正常现象。刚性兑付的存在，反而让这一正常现象变得扭曲了。

固收类产品管理机构一次次刚兑的行为，更强化了投资者对于固收类产品刚性兑付的印象，使得投资者无法接受产品发生风险违约，对于产品出现正常延期的情况也不能接受，甚至要求管理机构必须及时兑付本息。

这种情形，给固收类产品管理机构带来巨大的压力。不管是信托机构、银行还是私募基金，所有产品零风险的情况是难以做到的。而刚性兑付的存在，却让这种难以实现甚至说不可能实现的情况，成为常态。

刚性兑付，作为固定收益类行业的沉重镣铐，主要体现在以下几点：

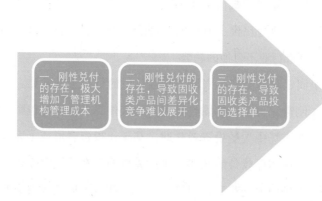

图 12-2　刚性兑付对固收类产品的影响

1. 刚性兑付的存在，极大增加了管理机构管理成本

按照正常的投资管理逻辑，只有在管理人有过错或存在重大过失的情况下，管理机构才应向投资者承担赔偿责任。这意味着投资者要树立"卖者尽责，买者自负"的风险意识，但是，刚性兑付的存在却让投资者形成了一种"买者无责，卖者全担"的认知，认为管理机构必须承担权责范围以外的风险和义务。

对于背负兜底义务的管理机构而言，一旦产品发生违约、延期，哪怕不是管理机构的原因，同样要替融资方承担责任。对于中小机构来说，可能一次兜底义务的承担，就将掏空之前两到三年的利润。而大机构兜底义务更重，一旦出现多个产品需要兜底的情况，甚至会引发管理机构现金流崩盘，致使管理机构陷入困境。这就如同在管理机构的头上悬挂了一把达摩克利斯之剑。

因此，刚性兑付的存在，极大地增加了管理机构的管理成本，让管理机构背负了本属于融资方的责任，加剧了管理机构潜在的运营风险。

2. 刚性兑付的存在，导致固收类产品间差异化竞争难以展开

对于健康的投资市场来说，每个产品都有自身的优势，需要不同产品之间相互竞争。丰富化、差异化的产品体系，有利于促进整个市场的健康发展。

但是，刚性兑付的存在，让这种丰富化、差异化的竞争难以开展。因为同类产品都主打刚性兑付，对于投资者而言，不管选择哪一家的产品，都承诺保本保收益，那么对于投资者来说，最初的筛选比较的意义并不大。换句话说，保本保收益成为投资者最主要的产品筛选标准，其他产品的特点或优势，对于投资者来

说参考价值不大。

因此，刚性兑付的存在，虽然在早期帮助固定收益类产品吸引了诸多投资者，但长期来看，却成为整个行业发展的巨大桎梏，使得行业的差异化竞争受限，各家机构间产品的优势和特点都难以展现。

3. 刚性兑付的存在，导致固收类产品投向选择单一

由于刚性兑付的存在，使管理机构背负着巨大的风险压力，要千方百计尽可能地降低产品的风险水平。那么如何最简单、最便捷地降低产品风险？很多管理机构的选择是跟背景实力更强的融资方进行合作。而当前两大强信用主体分别是地方政府平台和上市公司。因此，很多固收类产品的投向集中在这两大强信用主体上，导致固收类产品投向非常单一，产品的架构、风控、管理模式都越发相似，缺乏创新。

由于刚性兑付的存在，管理机构对于其他背景实力较弱的交易对手，并没有足够的信心和勇气去尝试合作，因为管理人要为这增加的风险买单。那么，最佳的选择，就是与安全性、稳定性较高的融资方合作，也就造成了固收类产品投向越发单一、风险相对集中的恶性循环。

打破刚兑，对投资者的影响有哪些？

打破刚兑对于投资者的影响，可谓是喜忧参半。喜的一面在于，固收类市场因刚兑的打破将快速发展，未来市场中产品竞争将更加激烈，产品的安全性、稳定性将成为各家机

构主打卖点，投资者可选择余地更大。忧的方面在于，投资者不能像过去一样"闭着眼选产品"，不再有百分百零风险的产品。投资者必须不断提升自身专业水平，提高产品筛选、识别的能力，在纷繁复杂的固收类市场中，寻找到真正优质、靠谱的产品。如果说过往刚性兑付时代投资者还有"躺赢"的可能，而如今投资者将不得不正视市场的变化，让自己转变成为一个理性、客观、专业的投资者。

变局二：固定收益类产品管理机构进入洗牌期

在第二章，闫老师为大家介绍过固定收益类产品与债权投资市场之间的联系，作为主要以债权标的为底层资产的投资产品，固定收益类产品受到了监管层的格外关注。而在这中间，固收类产品的管理机构资质一直是争议的焦点，即非持牌机构①能否投资非标准化债权资产，能否做固定收益类产品的管理人。

而这一争议伴随着固收类产品爆雷事件的发生愈演愈烈。其中受到影响最大的两类产品是：私募固定收益类产品及 P2P 产品。先说私募固定收益类产品，其管理机构为私募其他类基金管理人，在 2018 年遭遇了史上最难备案期。在 2018 年 1—3 月，私募其他类基金还保持着每月 400 只左右的备案产品数量，到了 2018 年 7 月后，这一备案产品数量下滑到每月不足 10 只。这种雪崩式的下滑速度，主要原因在于，监管层对于私募其他类基金备案的限制，

---

① 持牌机构是指，持有经证监会、银保监会审核批准的金融牌照。具体有12类金融牌照，分别为银行、保险、信托、券商、金融租赁、期货、公募基金、基金子公司、基金销售、第三方支付牌照、小额贷款、典当。

导致众多私募其他类基金管理人无法备案产品，使私募其他类行业进入了寒冬期。因此，从 2018 年 7 月开始，由私募其他类管理人所管理的固定收益类产品数量在市场中锐减，如今这一类型的固收类产品数量可谓是"去整存零"。

再说 P2P 产品。在 2018 年，P2P 产品规模增长陷入停滞状态。同时在 2019 年各地金融监管机构开展 P2P 平台清理整顿工作，针对 P2P 产品的监管进一步加强，整体行业规模锐减，行业内正常经营机构数量大幅减少，强监管带给该行业巨大的影响与冲击。

而非持牌机构在固收类产品市场中不断走弱的同时，持牌机构却动作频频，其主导地位日益凸显。其中较典型的，就是银行理财子公司和公募信托的逐步落地。

首先，要提及的是银行理财子公司，一只未来理财市场的巨兽。根据《商业银行理财子公司管理办法》的规定，银行理财子公司公募理财业务可投资资产范围为：标准化债权类资产、非标准化债权资产以及上市交易的股票。也就意味着，在未来固收类产品市场中，银行理财子公司将成为重要玩家之一。

对于投资者来说，未来可在银行理财子公司购买投资于非标类债权的公募理财产品，同时在《商业银行理财子公司管理办法》中，不但取消了以往对商业银行内设理财部门 10% 债务集中度（投资单一债务人及关联企业的非标准化债权资产余额不得超过银行资本净额 10%）和占银行总资产 4% 的限制，还取消了银行理财子公司公募理财产品的起投点限制（按照《商业银行理财业务监督管理办法》的规定，公募理财产品起投点是 1 万元）。因此，未来银行理财子公司的固收类产品，可能会占据市场中的主流。

其次，是公募信托试点的开展。信托一直是固收类产品投资中非常关键的一类机构，但是其一直受制于自身起投点限制。公募信托一旦全面落地，信托投资将实现松绑。那么，未来投资者可以以更低的起投点购买到公募信托产品，信托行业整体管理规模就会实现飞速增长，在固收类市场中的影响力也将越来越大。因此，未来在固收类市场中，银行理财子公司产品和公募信托产品将成为市场中的两大巨头。

最后，从当前的监管现状出发，能够明显看出持牌机构在固收类产品市场中的主导地位不断加强，而非持牌机构的影响力不断衰弱。可见，监管层在不断引导持牌机构主导固收类产品市场。而非持牌机构能否重振雄风，则要看监管政策未来是否会解绑了。

固定收益类产品管理机构进入洗牌期，对投资者的影响有哪些？

管理机构的洗牌期，对于投资者来说，就是一轮新的下注期，即筛选出洗牌期内能够屹立不倒的机构。而结合当前监管趋势，持牌机构的主导地位日益增强，而非持牌机构的地位不断衰弱。所以，在选择固收类产品时，尤其要注意产品的管理机构的性质。尤其是当前非持牌机构面临的产品备案发行困局，其极有可能对未来管理的产品造成影响。同时管理机构的背景实力也非常重要，在强监管的背景下，背景实力较强的管理机构，更能从容地面对监管的挑战，保障自身产品的安全性。当然，这里并不是说持牌机构管理的产品一定优于非持牌机构，投资者还要注意管理机构的历史，有无违约、延期等负面消息。

因此，在固收类产品市场的修罗场内，背景实力较强的持牌机构产品，有着更大的胜出可能。

究竟押大还是押小，这个决定权在每个投资者手中。而投资者的决定，不仅仅关系到自己投资产品的未来风险，也关系到整个固收市场的未来走向。

变局三：不断成熟专业的投资者带给固收类产品新的挑战

伴随着 2018 年固收类产品爆雷事件的发生，固收类产品的投资者出现了巨大的变化，主要体现在以下三点：

图 12-3　成熟专业的投资者带给固收类产品的影响

第一点，是在经历过投资风险后，投资者的风险意识加强，不再像过去一样只看重收益，忽视风险。未来的固收类产品投资者，会更加看重产品的安全性，以降低自身投资风险。

第二点，部分发达省市的投资者，在签署产品合同前会聘请律师到场审核，甚至出现专门为投资者尽调投资产品的服务机构。这说明整体投资者的专业度在不断提升。

第三点，是投资者接触的产品类型越来越多，不仅仅是固收类产品，还有股权类、证券类产品等，丰富的产品类型，让投资者的选择更丰富，产品之间的对比也更全面。

而投资者的三点变化，也带给固定收益类产品新的挑战。

首先，在产品定位及亮点上，不能只主打高收益，而是要提升产品的安全性。在打破刚兑的背景下，固定收益类产品不能承诺保本保收益，所以要体现产品的安全性，必须以自身的专业管理能力、全面有效的风控措施来证明。这也给固定收益类产品的设计、管理、风控等方面，提出了更高的要求。

其次，产品的管理更加规范化、专业化。随着投资者专业度的提升，对产品的分析将更加深入，也就意味着投资者对产品的真实情况会有更多的了解。那么，一旦产品模式、架构、风控上有任何不足，或者产品管理机构管理能力较弱，就很容易被投资者察觉。因此，投资者专业度的提升，将迫使一些模式、架构、风控存在缺陷的产品，逐步退出固定收益类产品的舞台。

最后，未来固收类产品的竞争，将不仅仅是固定收益类产品之间的竞争，还包括与其他类型产品之间的竞争。而随着其他类型的产品不断推陈出新，固定收益类产品能否与时俱进将成为取胜的关键。

> **【闫老师小结时刻】**
>
> 　　固定收益类产品面临的未来变局有三：一、打破刚兑已成为行业主流趋势；二、固定收益类产品管理机构进入洗牌期；三、不断成熟专业的投资者带给固收类产品新的挑战。面对未来固收产品的发展变局，投资者要了解这些变局带给自身投资的影响，未雨绸缪。

第二节　固定收益类产品的未来破局

　　面对行业未来的变局，固定收益类产品会如何破局呢？其能否在未来的投资市场中占据关键一席呢？下面，闫老师带领大家结合第一节固收类产品变局的内容，一同来分析固收类产品未来的破局之道。

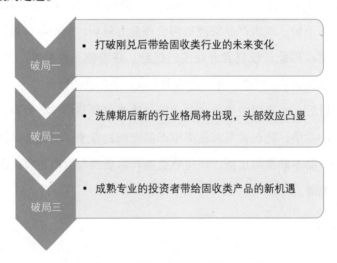

图 12-4　固定收益类产品未来三大破局

未来破局一：打破刚兑后带给固收类行业的未来变化

图 12-5　打破刚兑对固收类行业的连锁影响

（一）中小管理机构摆脱枷锁，促进中小管理机构差异化管理经营。

打破刚兑后，将会使得市场上同类产品竞争更加激烈。对于中小管理机构来说，一方面，刚兑的破除，解除了其背负的巨大枷锁，另一方面，需要其直面市场的竞争，寻找生存空间。相比于大机构的背景实力，中小管理机构需要另辟蹊径，找到自身产品的竞争优势。

在这样的背景下，中小管理机构将进一步差异化发展，也将为整个固收类产品市场提供更加丰富的产品选择，促进市场的进一步繁荣。

（二）大机构进一步转型，打造产品安全壁垒。

不同于中小机构的灵活多变，大机构在打破刚兑过程中面临着更大的项目端、募集端压力，市场中的格局会进一步被打破。

因此，对于大机构来说，急需转型，其中最为重要的是重筑产品安全壁垒。过去基于对大机构的实力背景信任以及保本保收益的承诺，投资者对其信任度非常高。但当不能做出保本承诺后，投资者将更加审慎地来选择投资产品，比较不同产品的收益性、安全性、稳定性，因此投资者对于产品的要求会进一步提高，对产品的风控体系、管理模式更为看重。

那么，大机构要保障在这轮行业变局中不掉队，就必须进一步转型，调整产品体系，重视产品风控。利用自身的管理优势、资源优势、团队优势，打造产品安全壁垒，让投资者看到其产品的安全性，增加对大机构产品的信任度，从而保障大机构在固收类产品市场中的主导地位。因此，这样背景下，大机构尤其是持牌机构，将发力产品端，提升自身产品安全系数，打造产品安全壁垒，抢占未来固收类产品市场份额。

（三）投资者教育进一步加强，转变投资观念。

对于投资者来说，打破刚兑后，急需转变投资观念。要树立"卖者尽责，买者自负"的投资理念，提高投资的风险意识。不能像过去一样，只看管理机构的保本承诺，甚至产品具体投向、风控都不关注。

打破刚兑后，要保障自己投资的安全性，就必须提升自身的专业水平，去分析、遴选、比对不同产品的优劣势。同时要关注不同产品的风控措施，了解产品的安全性、稳定性，并对市场的环境有所认识，结合自身的投资经验，做出最优的投资选择。

与此同时，为帮助投资者尽快转变观念，管理机构、监管部门也会加强对投资者的教育，提升投资者的投资能力，帮助投资者树立正确的投资观念，避免因为打破刚兑，造成投资者恐慌，引发市场下行的情况。

（四）固收类产品市场短期内震动，未来将平稳前行。

一旦打破刚兑被完全落实，对于整个固收类产品市场短期内会造成一定的冲击。但伴随着市场进一步发展，投资者所受相关教育水平的提高以及观念的转变，各家机构产品管理、风控改进，这种冲击会逐步下降。

同时从长期发展上看，刚兑的存在，是固收类市场巨大的桎梏，制约着固收类市场的发展。将其打破有助于市场的健康发展，解开以前因刚兑导致的症结。在震动过后，将迎来的是市场平稳前行，旧的秩序被打破，新的秩序将会建立。

未来破局二：洗牌期后新的行业格局将出现，头部效应凸显

在这一轮固定收益类产品管理机构洗牌期内，非持牌机构将首先遭到冲击，一些背景实力较弱的非持牌机构将率先出局。而对于持牌机构来说，也并不是高枕无忧，对于一些历史管理产品多次出现延期、违约等负面消息的持牌管理机构来说，市场口碑将会一路下行，最终也将在未来的行业竞争中败下阵来。

而对于头部机构而言，这一轮洗牌期，也是其做大做强的机遇期。一方面，实力背景较弱的机构将在这一轮洗牌期内退出市场竞争，也就意味着头部机构的市场份额有望进一步提升。另一方面，头部机构将更加注重产品的管理，提升所管理产品的安全性、稳定性，提高产品的竞争力。而其所管理的优质固收类产品，也将为其聚拢更多的客户，提升其在行业内的影响力。

因此，处于固收类产品管理机构洗牌期，可谓是几家欢喜几家愁。对于中小管理机构，尤其是非持牌机构，其未来的市场份额将进一步被吞食，生存空间进一步被压缩，极有可能成为洗牌期内的牺牲品。而对于头部机构，尤其是头部的持牌机构来说，通过洗牌期，可以进一步巩固自身市场地位，提高自身所管理产品的市场竞争力，同时可借由洗牌期，扩大自身市场份额，成为固收类行业中的龙头机构。所以，未来固定收益类产品行业格局将会是龙头机构与小而美机构并存的格局。

未来破局三：成熟专业的投资者带给固收类产品的新机遇

投资者的不断成熟、专业化，将有助于投资市场的进一步发展与完善，两者之间是相互作用、相互促进的关系。因此，投资者自身投资能力、素养的提升，对于固定收益类产品来说，是一件大大的好事。

首先，投资者专业能力的提升，有助于推动固定收益类产品专业度的提升。以往投资者专业能力较差，在产品筛选时往往只看期限和收益两点，忽略了其他要素的分析。这也使得固定收益类产品的架构相对简单，产品相关文件如产品合同、产品说明书、尽调报告等，内容简单粗糙。同时，因为投资者自身专业度不足，为固收类产品的野蛮生长提供了可乘之机，这也为后续固收类产品出现爆雷事件埋下了祸根。但是，随着投资者专业度提升，过往简单粗糙的固收类产品模式将逐步退出舞台，未来固收类产品模式将更加专业，相关文书、材料也将更加细致。所以，投资者自身能力的提升，也在倒逼固收类产品不断进步。

其次，投资者专业能力的提升，将让优质固收类产品从固收类产品市场中脱颖而出。"酒香不怕巷子深"，优质的固收类产品能够更加容易让大众识别认可，这一点，对于管理经验丰富、管理能力较强的管理机构来说，是重大利好。对于固收类产品来说，优质的产品受到认可，劣质的产品受到排斥，有助于整个固收类产品市场去伪存真，去劣存优，促进固收类产品不断提升自身产品质量，提高整个固收行业的安全性、合规性、稳定性。

最后，投资者专业能力的提升，不仅仅是对投资者自身投资安全的保护，也是对固收类产品市场的保护。在未来的固收类产品市场中，竞争将更加激烈，但是，各类固收类产品之间的竞争是有序的，而不是一团乱战。能够保障固收类产品市场有序竞争的关键便是投资者专业能力的提升，投资者专业能力提升后，以前存在的夸大宣传、虚假宣传就会更容易被识破，历史存在的违规操作将更容易被发现。投资者能够更加理性、专业地筛选、分析固收类产品，让固收类产品之间能够有序竞争，以保障固收类产品市场的长久、稳定发展。

【闫老师小结时刻】

围绕着固定收益类产品的未来变局，不管是固定收益类产品自身、产品的管理机构，还是投资者，都将会发生改变，以实现破局。变局不是死局，只要做好提前准备，迎接新的挑战，便可借助变局之势，实现自身的发展。对于固定收益类产品来说，安全性、稳定性是其竞争的最大优势，因此要不断加强对底层资产审核、风控模式设计等，以不断巩固自身竞争优势。对于固定收益类产品管理机构来说，合规化、专业化的管理，是其安身立命之本，要不断提升管理能力，以在洗牌期内做大做强。最后，对于固定收益类产品投资者来说，不断提升自身专业能力，是保障自身投资安全的关键一步，也是能够发掘优质固收类产品的基础。

以上便是第十二章《固定收益类产品的未来趋势》的全部内容，把握固收类产品的未来趋势，可以让投资者在未来投资中占据主动，同时结合未来的发展趋势，在固收类产品投资前能够做到更好的未来预判，进而规避产品未来潜在风险。

到第十二章为止，本书全部内容就由闫老师为大家介绍完了。从第一章到第十二章，闫老师从固定收益类产品角度出发，分析当前市场中主流的固定收益类产品，就每一产品类别，解读其投资方向、产品架构、风控措施、产品优劣势，并挑选每一类别中的典型产品作为案例，进行分析解读。以"案例＋分析"的方式，带领大家快速了解固定收益类产品，并就不同的固定收益类产品进行对比分析，筛选出真正优质的固定收益类产品，实现投资保值、增值。

最后，希望通过这本书的内容，读者对整个固定收益类产品有全面、综合、专业的认识，并能够基于这些知识探究当前的固定收益类产品投资。希望这本书能够成为投资者、独立理财师、金融机构最实用的科普手册。